北京市高等教育精品教材

The Practice of Court Clerks'work

书记员工作实务

第二版

张明丽◎著

法律出版社
LAW PRESS·CHINA
北京

作者简介

张明丽，北京大学法学硕士，现为北京政法职业学院副教授，北京市时代九和律师事务所律师。1998 年至 2006 年任职于北京市第二中级人民法院。

在法院工作期间：荣立人民法院二等功一次，荣立人民法院三等功一次，被评为北京法院系统先进法官；北京市第二中级人民法院主办的杂志《新法苑》以《谁说女子不如男》为标题报导过作者的先进事迹；北京市高级人民法院主办的杂志《北京法官》以《审判调研双争先》为标题报导过作者的先进事迹。

在学校工作期间：为学院实现了零的突破，主讲课程《书记员工作实务》被北京市教委评选为市级精品课程，成为学院建院以来的第一门市级精品课程；独著教材《书记员工作原理与实务》被北京市教委评选为市级精品教材，成为全院教师中唯一获得课程、教材双项市级奖项的老师。

目　录

第一编　法院诉讼工作常识

第二编　书记员民事案件工作规范

第一编　法院诉讼工作常识

第一章　法院设置及管辖范围

一、我国法院的设置及职权

（一）最高人民法院

最高人民法院是国家最高审判机关，依法审判下列案件：(1)法律规定由其管辖第一审案件；(2)对高级人民法院判决和裁定的上诉、抗诉案件；(3)按照审判监督程序提出的再审案件；(4)高级人民法院报请核准的死刑案件；(5)应当由最高人民法院审判的其他案件。

最高人民法院可以行使下列职权：(1)向全国人民代表大会及其常务委员会提出议案；(2)向全国人民代表大会常务委员会提出法律解释要求；(3)向全国人民代表大会常务委员会提出对行政法规、地方性法规、自治条例和单行条例进行审查的要求；(4)对审判工作中具体应用法律问题进行解释、发布指导性案例；(5)法律规定的其他职权。

（二）地方各级人民法院

1. 基层人民法院

基层人民法院包括：(1)县、自治县、旗人民法院；(2)不设区的市人民法院；(3)市辖区人民法院。

基层人民法院审判第一审案件，但法律另有规定的除外。基层人民法院对人民调解委员会调解民间纠纷进行业务指导。

2. 中级人民法院

中级人民法院包括：(1)省、自治区辖市的中级人民法院；(2)在省、自治区、直辖市内设立的中级人民法院；(3)自治州中级人民法院。

中级人民法院审判下列案件：(1)法律规定由其管辖的第一审案件；(2)基层人民法院报请审理的第一审案件；(3)上级人民法院指定管辖的第一审案件；(4)对基层人民法院判决和裁定的上诉、抗诉案件；(5)按照审判监督程序提出的再审案件；(6)应当由中级人民法院审判的其他案件。

中级人民法院对它所受理的刑事和民事案件，认为案情重大应当由上级人民法院审判的时候,可以请求移送上级人民法院审判。

3. 高级人民法院

高级人民法院包括:(1)省高级人民法院;(2)自治区高级人民法院;(3)直辖市高级人民法院。

高级人民法院审判下列案件:(1)法律规定由其管辖的第一审案件;(2)下级人民法院报请审理的第一审案件;(3)对中级人民法院判决和裁定的上诉、抗诉案件;(4)按照审判监督程序提出的再审案件;(5)中级人民法院报请复核的死刑案件;(6)应当由高级人民法院审判的其他案件。

(三)专门法院

专门法院包括:(1)军事法院;(2)海事法院;(3)知识产权法院;(4)互联网法院。

二、北京法院的设置及管辖范围

(一)北京法院设置

北京市法院系统由三级法院组成:包括一个高级法院,四个中级法院,一个知识产权法院,北京互联网法院和区、县人民法院。北京市三级法院的管辖关系如表1-1所示:

表1-1 北京市三级法院管辖关系

北京市高级人民法院				
北京市第一中级人民法院	北京市第二中级人民法院	北京市第三中级人民法院	北京市第四中级人民法院	北京知识产权法院
1. 北京市海淀区人民法院 2. 北京市石景山区人民法院 3. 北京市门头沟区人民法院 4. 北京市昌平区人民法院 5. 北京市延庆区人民法院	1. 北京市东城区人民法院 2. 北京市西城区人民法院 3. 北京市丰台区人民法院 4. 北京市房山区人民法院 5. 北京市大兴区人民法院	1. 北京市朝阳区人民法院 2. 北京市通州区人民法院 3. 北京市顺义区人民法院 4. 北京市怀柔区人民法院 5. 北京市平谷区人民法院 6. 北京市密云区人民法院	北京互联网法院	1. 北京互联网法院 2. 基层人民法院

(二)北京各级法院管辖范围

1. 北京市高级人民法院的管辖范围。北京市高级人民法院受理在本市有重大影响的第一审刑事、民事案件，本市重大复杂的第一审行政案件；经北京市中级人民法院审结后提起上诉、申诉的案件；人民检察院按照审判监督程序提出的抗诉案件；最高人民法院指定管辖的大要案等。北京市高级人民法院具体负责审理以下案件：

(1)管辖诉讼标的额在5亿元以上且当事人住所地均在本市的第一审民商事案件，以及诉讼标的额3亿元以上且当事人一方住所地不在本市的第一审民商事案件；

(2)管辖诉讼标的额2亿元以上的第一审涉外民商事案件；

(3)在本市有重大影响的第一审刑事、民事案件、行政案件；

(4)经北京市中级人民法院审结后提起上诉、申诉的案件；

(5)人民检察院按照审判监督程序提出的抗诉案件；

(6)最高人民法院指定管辖的大要案等；

(7)知识产权案件：诉讼标的额在2亿元以上且当事人住所地均在本市的第一审知识产权民事案件，以及诉讼标的额在1亿元以上且当事人一方住所地不在本市或者涉外、涉香港特别行政区、涉澳门特别行政区、涉台湾地区(以下简称涉港澳台)的第一审知识产权民事案件；对北京知识产权法院作出的第一审知识产权民事判决、裁定提起上诉的案件；对北京知识产权法院已经发生法律效力的知识产权民事判决、裁定、调解书申请再审的案件，但是当事人依法向北京知识产权法院申请再审的除外；在本市有重大影响的其他第一审知识产权民事案件。

2. 北京市第一中级人民法院的管辖范围。北京市第一中级人民法院管辖范围为海淀区、石景山区、门头沟区、昌平区、延庆区地域内法律规定由其审理的第一审案件以及上述区人民法院的上诉、同级检察机关提出的抗诉案件。北京市第一中级人民法院具体负责审理以下案件：

(1)管辖北京市海淀、石景山、门头沟、昌平、延庆5个区发生的重大一审案件；

(2)辖区内危害国家安全、恐怖活动和可能判处无期徒刑以上的第一审刑事案件；

(3)诉讼标的额在1亿元以上5亿元以下的第一审民商事案件；

(4)诉讼标的额在5000万元以上3亿元以下且当事人一方住所地不在本市辖区的第一审民商事案件；

(5)标的额在2000万元以上的第一审涉外(含涉港澳台)民事案件；

(6)涉及住所地在西城区的国家部委的第一审行政案件;

(7)对辖区法院的判决或者裁定提出的上诉或抗诉案件;

(8)人民检察院按照审判监督程序提出的抗诉案件等;

(9)最高人民法院指定管辖的大要案等;

(10)北京市(含本级)以上的工商行政管理机关核准登记公司(企业)的强制清算案件、破产案件;

(11)根据《北京市高级人民法院关于北京铁路运输法院撤销后调整相关案件管辖的规定》,自2018年9月9日起,对北京市海淀区人民法院受理的相应的执行异议裁定、执行决定申请复议的案件,由北京市第一中级人民法院受理。

3. 北京市第二中级人民法院的管辖范围。北京市第二中级人民法院管辖范围为北京市东城区、西城区、丰台区、房山区、大兴区地域内法律规定由其审理的第一审案件以及对上述区人民法院所作裁判的上诉、抗诉案件。北京市第二中级人民法院具体负责审理以下案件:

(1)管辖北京市东城、西城、丰台、房山、大兴5个区发生的重大一审案件;

(2)辖区内可能判处无期徒刑以上的第一审刑事案件;

(3)诉讼标的额在1亿元以上5亿元以下的第一审民商事案件;

(4)诉讼标的额在5000万元以上3亿元以下且当事人一方住所地不在本市辖区的第一审民商事案件;

(5)标的额在2000万元以上的第一审涉外(含涉港澳台)民事案件;

(6)在本辖区内有重大影响的第一审行政案件;

(7)对辖区法院的判决或者裁定提出的上诉或抗诉案件;

(8)人民检察院按照审判监督程序提出的抗诉案件等;

(9)最高人民法院指定管辖的大要案等。

4. 北京市第三中级人民法院的管辖范围。北京市第三中级人民法院管辖北京市朝阳区、通州区、顺义区、怀柔区、平谷区、密云区地域内法律规定由其审理的第一审案件以及上述区人民法院的上诉、同级检察机关提出的抗诉案件。北京市第三中级人民法院具体负责审理以下案件:

(1)管辖北京市朝阳、通州、顺义、怀柔、平谷、密云6个区发生的重大一审案件;

(2)辖区内可能判处无期徒刑以上的第一审刑事案件;

（3）诉讼标的额在1亿元以上5亿元以下的第一审民商事案件；

（4）诉讼标的额在5000万元以上3亿元以下且当事人一方住所地不在本市辖区的第一审民商事案件；

（5）标的额2000万元以上的第一审涉外（含涉港澳台）民事案件；

（6）在本辖区内有重大影响的第一审行政案件；

（7）对辖区法院的判决或者裁定提出的上诉或抗诉案件；

（8）人民检察院按照审判监督程序提出的抗诉案件等。

5. 北京市第四中级人民法院的管辖范围。北京市第四中级人民法院具体负责审理以下案件：

（1）北京市人民检察院第四分院提起公诉的案件。

（2）应由本市人民法院管辖的标的额在2亿元以下的第一审涉外、涉港澳台商事案件。

（3）应由本市人民法院管辖的申请确认仲裁协议效力案件、申请撤销仲裁裁决案件（不含申请撤销劳动争议仲裁裁决案件）。

（4）应由本市人民法院管辖的申请承认与执行外国仲裁裁决审查案件，申请认可与执行香港特别行政区、澳门特别行政区、台湾地区仲裁裁决审查案件；应由本市人民法院管辖的申请承认与执行外国法院裁判审查案件，申请认可与执行香港特别行政区、澳门特别行政区、台湾地区法院裁判审查案件。

（5）跨地区的重大环境资源保护第一审案件、重大食品药品安全第一审案件。

（6）以本市各区人民政府为被告的第一审行政案件。

（7）对北京铁路运输法院、天津铁路运输法院、石家庄铁路运输法院审理的铁路专门管辖案件的第一审裁判提起的上诉案件。

（8）依据《最高人民法院关于指定北京市第四中级人民法院管辖天津铁路运输法院审理的环境保护行政案件上诉案件的通知》，自2017年10月26日起受理天津铁路运输法院审理的环境保护行政案件上诉案件。

（9）依据《北京市高级人民法院关于指定北京铁路运输中级法院和北京铁路运输法院受理案件范围的通知》，自2013年12月21日起，按照现有级别管辖规定受理金融借款合同纠纷、保险纠纷第一审民事案件，受理对北京铁路运输法院审理的运输合同纠纷、保险纠纷民事案件的第一审裁判提起的上诉案件。

(10)北京市高级人民法院指定管辖的其他案件。

(11)按照《中华人民共和国刑事诉讼法》(以下简称我国《刑事诉讼法》)、《中华人民共和国民事诉讼法》(以下简称我国《民事诉讼法》)、《中华人民共和国行政诉讼法》(以下简称我国《行政诉讼法》)的规定受理申诉审查案件、申请再审审查案件、再审案件、执行案件。

(12)根据《北京市高级人民法院关于北京互联网法院案件管辖的规定》,对北京互联网法院作出的判决、裁定提起上诉的案件,由北京市第四中级人民法院审理,但互联网著作权权属纠纷和侵权纠纷、互联网域名纠纷的上诉案件,由北京知识产权法院审理;对北京互联网法院作出的执行异议裁定、执行决定申请复议的,由北京市第四中级人民法院受理。

(13)根据《北京市高级人民法院关于北京铁路运输法院撤销后调整相关案件管辖的规定》,自2018年9月9日起,受(处)理:①对北京市海淀区人民法院受理的铁路专门管辖案件第一审判决、裁定提起的上诉、抗诉;②检察机关对原北京铁路运输法院生效法律文书提出的抗诉;③当事人及其法定代理人、近亲属、案外人对原北京铁路运输法院已经发生法律效力的刑事案件判决、裁定提出申诉的;④当事人、案外人对原北京铁路运输法院已经发生法律效力的民事案件判决、裁定、调解书申请再审的。

6. 北京知识产权法院的管辖范围。依据《全国人民代表大会常务委员会〈关于在北京、上海、广州设立知识产权法院的决定〉》《最高人民法院〈关于北京、上海、广州知识产权法院案件管辖的规定〉》《最高人民法院〈关于知识产权法院案件管辖等有关问题的通知〉》《北京市高级人民法院〈关于知识产权案件管辖调整过渡有关问题的规定〉》,管辖各类知识产权,民事行政案件。北京知识产权法院具体负责审理以下案件:

(1)管辖下列知识产权民事案件:①诉讼标的额在2亿元以下且当事人住所地均在本市的,以及诉讼标的额在1亿元以下且当事人一方住所地不在本市或者涉外、涉港澳台的专利、植物新品种、集成电路布图设计、技术秘密、计算机软件、垄断以及涉及驰名商标认定的第一审知识产权民事案件;②诉讼标的额在1亿元以上、2亿元以下且当事人住所地均在本市的,以及诉讼标的额在5000万元以上、1亿元以下且当事人一方住所地不在本市或者涉外、涉港澳台的著作权、商标、技术合同、不正当竞争、特许经营合同等第一审知识产权民事案件;③对各基层人民法院作出的第一审知识产权民事判决、裁定提起上诉的案件;④对各基层人民法院已经发生法律效力的知识产权民事判决、裁定、调解书申请再审的案件,但是当事人依法向各基层人民法院申请再审的除外;⑤除北京市高级人民法院审理的知识产权一审案件之外的,在本市有重大影响的其他第一审知识产权民事案件。

(2)管辖下列第一审行政案件:①不服国务院部门作出的有关专利、商标、植物新品种、集成电路布图设计等知识产权的授权确权裁定或者决定的;②不服国务院部门作出的有关专利、植物新品种、集成电路布图设计的强制许可决定以及强制许可使用费或者报酬的裁决的;③不服国务院部门作出的涉及知识产权授权确权的其他行政行为的。

(3)当事人对知识产权法院所在市的基层人民法院作出的第一审著作权、商标、技术合同、不正当竞争等知识产权民事和行政判决、裁定提起的上诉案件。

(4)对北京互联网法院审结而提起的互联网著作权权属纠纷和侵权纠纷、互联网域名纠纷的上诉案件由北京知识产权法院审理。

7. 北京互联网法院的管辖范围。北京互联网法院成立于 2018 年 9 月 9 日,集中管辖北京市辖区内应当由基层人民法院受理的第一审特定类型互联网案件。法院将按照"网上案件网上审理"的基本思路,通过全流程一体化在线服务平台,实现案件起诉、调解、立案、送达、庭审、宣判、执行、上诉等诉讼环节的在线进行,切实做到高效便民,切实提高审判质效,从而推动我国科技强国战略的实施和网络空间治理的法治化进程。北京互联网法院具体负责审理以下案件:

(1)通过电子商务平台签订或者履行网络购物合同而产生的纠纷;

(2)签订、履行行为均在互联网上完成的网络服务合同纠纷;

(3)签订、履行行为均在互联网上完成的金融借款合同纠纷、小额借款合同纠纷;

(4)在互联网上首次发表作品的著作权或者邻接权权属纠纷;

(5)在互联网上侵害在线发表或者传播作品的著作权或者邻接权而产生的纠纷;

(6)互联网域名权属、侵权及合同纠纷;

(7)在互联网上侵害他人人身权、财产权等民事权益而产生的纠纷;

(8)通过电子商务平台购买的产品,因存在产品缺陷,侵害他人人身、财产权益而产生的产品责任纠纷;

(9)检察机关提起的互联网公益诉讼案件;

(10)因行政机关作出互联网信息服务管理、互联网商品交易及有关服务管理等行政行为而产生的行政纠纷;

(11)上级人民法院指定管辖的其他互联网民事、行政案件。

第二章　法院各类案件的立案条件

一、民事案件的立案条件

（一）第一审程序民事案件的立案条件

1. 当事人提起民事诉讼，应当提交起诉状、原告主体资格证明、起诉证据等材料。委托代理人代理原告提起民事诉讼的，还应提交委托代理资格证明。

2. 当事人应提交由本人签名或盖章的起诉状正本一份，并按对方当事人人数提交副本。书写起诉状确有困难的，可以口头起诉，由人民法院记入笔录，向原告宣读；原告确认无误后，应当签名或者盖章。

3. 起诉状和口头起诉笔录，应当记明下列事项：(1)当事人的姓名、性别、年龄、民族、职业、工作单位和住所、通信方式，法人或者其他组织的名称、住所和法定代表人或者主要负责人的姓名、职务以及通讯方式（以下简称当事人基本情况）；(2)诉讼请求和所根据的事实与理由；(3)证据和证据来源，证人姓名和住所。

4. 原告为自然人的，应提交身份证明材料复印件；原告为法人或个体工商户的，应提交营业执照副本复印件，其他组织应提交证明其有效成立的法律文件复印件。法人应提交年检证明，法人或其他组织的代表人或主要负责人应提交职务证明原件、身份证明复印件。另外，下列人员或组织以原告身份提起民事诉讼，还应提交下列材料：(1)清算组（人）、信托监察人、遗产管理人、遗嘱执行人、失踪人财产代管人代权利主体起诉的，应提交具有上述身份的证明材料复印件；(2)《最高人民法院关于适用〈中华人民共和国婚姻法〉若干问题的解释（一）》第7条规定的利害关系人起诉要求确认他人间婚姻关系无效的，应提交其与婚姻当事人为近亲属关系的证明材料复印件；(3)诉讼代表人提起诉讼的，除提交全部原告身份证明材料复印件外，还应当提交其他共同原告推选其为诉讼代表人的证明材料。

5. 法定代理人与指定代理人应提交本人的身份证明材料复印件以及其

与原告关系的证明材料复印件。委托代理人应提交身份证明材料复印件、授权明确的授权委托书、律师事务所或受托人接受委托的证明、函件(以下简称授权委托手续)。

6. 下列案件,原告应当附有相应的起诉证据:(1)劳动争议案件、人事争议案件,应当提交劳动争议仲裁裁决书、人事争议仲裁裁决书的复印件或者仲裁机构作出的不予受理的书面裁决、决定或通知的复印件。(2)投资人提起虚假陈述证券民事赔偿诉讼,应提交自然人、法人或者其他组织的身份证明文件,不能提供原件的,应当提交经公证证明的复印件;行政处罚决定或者公告,或者人民法院的刑事裁判文书;进行交易的凭证等投资损失证据材料。(3)按照管辖协议起诉的案件,应当提交书面管辖协议复印件。(4)其他法律、法规和司法解释对起诉证据有规定的,从其规定。

7. 原告申请缓交、减交、免交诉讼费用,应提交书面申请及符合规定的证明材料。

(二)第二审程序民事案件的立案条件

1. 当事人不服一审裁判提起上诉的,应提交由本人签名或盖章的上诉状正本一份,并按照对方当事人人数提出副本。

2. 上诉状应当记明下列内容:(1)当事人基本情况;(2)原审人民法院名称、案件的编号和案由;(3)具体的上诉请求和理由。上诉人应当在法定的期限内递交上诉状,如因不可抗拒的事由或者具有其他正当理由不能在法定期限内上诉的,在障碍消除后的10日内申请顺延上诉期限,应当提交能够证明不可抗拒的事由或者其他正当理由存在的相关证明材料。

3. 上诉人应提交身份证明材料复印件;授权委托代理人代理上诉的,还应提交经过上诉人特别授权的授权委托手续。

4. 上诉人申请缓交、减交、免交上诉费用的,应提交书面申请及符合规定的证明材料。

(三)诉前保全案件的立案条件

1. 申请书,申请书应当记载双方当事人基本情况、申请事由、申请的具体内容、范围和理由,保全的对象、保全对象所在地或相关线索,申请诉前证据保全的还应载明保全证据证明的对象。

2. 申请人身份证明材料复印件,申请人委托代理人的还应提交授权委托手续。

3. 申请人提出诉前停止侵犯注册商标专用权行为的申请时,应当提交下列证据:(1)商标注册人应当提交商标注册证,利害关系人应当提交商标使用许可合同、在商标局备案的材料及商标注册证复印件;排他使用许可合同的被许可人单独提出申请的,应当提交商标注册人放弃申请的证据材料;注册商标财产权利的继承人应当提交已经继承或者正在继承的证据材料。(2)证明被申请人正在实施或者即将实施侵犯注册商标专用权的行为的证据,包括被控侵权产品。

4. 申请人申请诉前停止侵犯专利权行为时,应当提交下列证据:(1)专利权人应当提交证明其专利权真实有效的文件,包括专利证书、权利要求书、说明书、专利年费缴纳凭证。提出的申请涉及实用新型专利的,申请人应当提交国务院专利行政部门出具的检索报告。(2)利害关系人应当提供有关专利实施许可合同及其在国务院专利行政部门备案的证明材料,未经备案的应当提交专利权人的证明,或者证明其享有权利的其他证据。排他实施许可合同的被许可人单独提出申请的,应当提交专利权人放弃申请的证明材料。专利财产权利的继承人应当提交已经继承或者正在继承的证据材料。(3)提交证明被申请人正在实施或者即将实施侵犯其专利权的行为的证据,包括被控侵权产品以及专利技术与被控侵权产品技术特征对比材料等。

5. 需要提供担保的,应当提交有关担保的材料。

(四)特别程序案件的立案条件

1. 公民不服选举委员会对选民资格的申诉所作的处理决定起诉的,应提交下列材料:(1)起诉书一式两份,起诉书应记载双方当事人基本情况,请求和事实依据;(2)起诉人身份证明材料复印件,有委托代理人的还应提交授权委托手续;(3)选举委员会对选民资格的申诉所作的处理决定。

2. 利害关系人申请宣告公民失踪、死亡,应提交下列材料:(1)申请书一式两份,申请书应记载申请人和被申请人基本情况、被申请人失踪或下落不明的事实、时间和请求;(2)申请人身份证明材料复印件及申请人作为利害关系人的证明材料复印件,委托代理人的还应提交授权委托手续;(3)公安机关或者其他有关机关关于该公民下落不明的书面证明,申请宣告因意外事故下落不明不满两年的公民死亡的,应提交有关机关证明该公民不可能生存的书面证明。

3. 其他特别程序案件,起诉人或申请人应提交下列材料:(1)起诉书或申请书一式两份,申请书应记载当事人基本情况、请求及事实依据;(2)起诉人或申请人身份证明材料复印件及作为利害关系人的证明材料复印件,有委托代理人的还应提交授权委托手续。

(五)审判监督程序案件的立案条件

1. 当事人对已经发生法律效力的判决、裁定或调解书,认为有错误申请再审的,应当提交以下材料:(1)由再审申请人本人签名或盖章的再审申请书一式两份,应当载明当事人的基本情况、申请再审的事实与理由。(2)原一审、二审判决书、裁定书等法律文书及其复印件,经过人民法院复查或再审的,应当附有驳回通知书、再审判决书或裁定书及其复印件。(3)以有新的证据证明原裁判认定的事实确有错误为由申请再审,应当提交证据目录、证人名单和主要证据复印件或者照片;需要人民法院调查取证的,应当附有证据。(4)再审申请人的身份证明材料复印件,有委托代理人的还应提交授权委托手续。

2. 人民检察院按照审判监督程序提出抗诉的,应提交抗诉书正本一份,按照当事人人数提出副本,并附原裁判文书复印件。以有新的证据证明原判决、裁定认定的事实确有错误为由提出抗诉的,应附有新的证据目录、证人名单和主要证据复印件。

(六)涉外、涉港澳台案件的立案条件

1. 原告应当提交证明其诉讼主体资格的材料:(1)原告是外国人的,应提交个人身份证件的复印件;本人在境外不能到人民法院起诉的,应提交经过公证、认证的身份证明复印件;原告是我国港、澳、台当事人的,应提交个人身份证件(港、澳、台居民身份证、回乡证)的复印件;在内地没有住所的香港特区居民,本人在内地以外不能到人民法院起诉的,应提交经香港特区律师(我国司法部委托)公证的身份证明复印件;在内地没有住所的澳、台居民,本人在内地以外不能到人民法院起诉的,应提交经公证的身份证明复印件。(2)原告是在我国领域内没有住所的外国企业或组织的,应提交经过公证、认证的依法成立的证明材料复印件(注册登记证明等);外国企业在华办事处代该公司起诉或者上诉的,应提交经公证、认证的公司授权委托书;原告是在内地没有住所的香港特区企业或组织的,应提交经香港特区律师(我国司法部委托)公证的依法成立的证明;原告是在内地没有住所的澳门、台湾企业或组织的,应提交依法成立的证明。(3)原告是在我国领域内没有住所的外国当事人,委托我国律师或者其他人代理诉讼,从我国领域外寄交或者托交的授权委托书,应当经所在国公证机关证明,并经我国驻该国使领馆认证,或者履行我国与该所在国订立的有关条约中规定的证明手续。在内地没有住所的香港特区居民、企业和组织委托内地律师或其他代理人起诉的,从内地以外寄交或托交的授权委托书须经香港特区律师(我国司法部委托)公证,并由中国法律服务(香港)有限公司加盖香港公证文书转递专用章;在内地没有住所的澳、台居民、企业和组织委托内地律师或其他代理人起诉的,应提交经公证的授权委托书。

2. 外国当事人、我国港澳台当事人提交的起诉状及企业依法成立的证明、授权委托书为外文文本的,应附中文译本。

3. 被告必须明确。在我国领域内没有住所的被告,其中文、外文姓名或名称及地址应当完整准确。

4. 当事人申请承认和执行外国法院判决、裁定、外国仲裁机构仲裁裁决,应当提交下列材料:(1)申请书一式两份。申请书应当写明申请人基本情况,请求和理由,当事人受传唤和应诉的情况。(2)经公证、认证的外国法院判决、裁定、外国仲裁机构仲裁裁决。(3)受合法传唤和应诉情况的证明文件。

5. 申请人申请认可和执行我国台湾地区民事判决,应提交下列材料:(1)申请书一式两份。申请书应当写明申请人基本情况,请求和理由,当事人受传唤和应诉的情况。(2)不违反一个中国原则的我国台湾地区有关法院民事判决书正本或经证明无误的副本。(3)受合法传唤和应诉情况的证明文件。

二、刑事案件的立案条件

(一)第一审程序公诉案件的立案条件

1. 人民检察院提起公诉的刑事案件,应当向人民法院移送起诉书、证据目录、证人名单和主要证据复印件或者照片、被害人名单(为保护被害人而起诉书不宜列明的)及附带民事诉讼原告名单等材料。

2. 起诉书一式八份,每增加一名被告人,需要增加起诉书五份。起诉书的主要内容包括:(1)被告人的基本情况,包括姓名、性别、出生年月日、出生地、身份证号码、民族、文化程度、职业、工作单位及职务、住址,是否受过刑事处罚,采取强制措施的种类、羁押地点、是否在案以及有无扣押、冻结在案的被告人的财物及存放地点等;如果是单位犯罪,应写明犯罪单位的名称,所在地址,法定代表人或代表的姓名、职务;如果还有应当负刑事责任的“直接负责的主管人员或其他直接责任人员”应当按上述被告人基本情况内容叙写。(2)被害人的姓名、住址、通信处,为保护被害人不宜列明的除外。(3)案由和案件来源。(4)案件事实,包括实施犯罪的时间、地点、经过、手段、犯罪事实、危害后果和罪名以及其他可能影响定罪量刑的情节。被告人被控有多项犯罪事实的,应当逐一列举,对于犯罪手段相同的同一犯罪可以概括叙写。(5)起诉的根据和理由,包括被告人触犯的刑法条款,犯罪的性质,法定从轻、减轻或者从重处罚的条件,共同犯罪各被告人应负的罪责等。被告人真实姓名、住址无法查清的,应当按其绰号或者自报的姓名、自报的年龄制作起诉书,并在起诉书中注明。被告人自报的姓名可能造成损害他人名誉、败坏道德风俗等不良影响的,可以对被告人编号并按编号制作起诉书,并在起诉书中附具被告人的照片。

3. 被告人身份应附户籍证明和照片;被告人真实身份不明的,附公安机关查证的有关证明;被告人是港澳台居民的,附其港澳台永久居住证明或身份证明;被告人是外国人的,附其入境所持有效证件;国籍不明的,附公安机关同外事部门查证的有关证明;职务犯罪的,附职务身份证明;被告是单位的,附代表该单位出庭的代表人的职务身份证明。

4. 附有身份、住址、通信处明确的出庭作证的证人、鉴定人、勘验检查笔录制作人名单和拟不出庭作证的证人、鉴定人的名单;但鉴定结论、勘验检查笔录已经作为主要证据移送复印件的,鉴定人、勘验检查笔录制作人姓名已载明,不再另行移送。

5. 证据目录应当是起诉前收集的证据材料目录。

6. 对于涉及被害人隐私或者为保护被害人人身安全不宜在起诉书中列明的,单独移送被害人名单。

7. 已委托辩护人、代理人的,附有辩护人、代理人的姓名、住址、通信处明确的名单及委托手续。

8. 附有侦查、起诉程序的各种法律手续和诉讼文书复印件。被告人被采取强制措施的,应附采取、变更、解除强制措施的相关手续,被羁押的应附换押票;扣押、冻结财物的应附扣押、冻结财物的相关手续;移送实物的应附移送清单,不移送实物的应附原物照片、清单及存放地点。

9. 附有能够证明指控犯罪行为性质、情节等内容的主要证据复印件或者照片,包括:(1)案件侦破证明;(2)《刑事诉讼法》第50条规定的证明犯罪事实的主要证据;(3)作为法定量刑情节的自首、立功、累犯、中止、未遂、防卫过当等证据;(4)作为酌定量刑情节的前科、坦白、退赔等证据;(5)收缴赃证物证明、赃物的附价格证明；(6)经济犯罪案件附有关财务账目、凭证单据和会计鉴定或有关机构不能出具会计鉴定的情况说明；(7)被害人身份证明。

10. 人民检察院建议适用简易程序的，应当制作《适用简易程序建议书》，在提起公诉时，连同全案卷宗、证据材料、起诉书一并移送人民法院。

11. 提起附带民事诉讼的，附有民事起诉书、民事原告、法定代理人身份证明、相关证据材料及通信方式。

(二)刑事自诉案件的立案条件

1. 自诉人或被害人法定代理人、近亲属提起刑事自诉，应提交自诉状、指控犯罪的证据等材料；提起附带民事诉讼的，还应当提交刑事附带民事自诉状。

2. 自诉状一式两份，每增加一名被告人需再提供自诉状副本一份；自诉人书写自诉状确有困难的，可以口头告诉，由人民法院工作人员作出告诉笔录，向自诉人宣读，自诉人确认无误后，应当签名或者盖章，按被告人人数复制告诉笔录。

3. 自诉状应当包括以下内容：(1)自诉人、被告人、代为告诉人的姓名、性别、年龄、民族、出生地、文化程度、职业、工作单位、住址；(2)被告人犯罪行为的时间、地点、手段、情节和危害后果等；(3)具体的诉讼请求；(4)致送人民法院的名称及具状时间；(5)证人的姓名、住址及其他证据的名称、来源等。自诉状一式两份，每增加一名被告人需再提供自诉状副本一份。

4. 已委托辩护人、代理人名单及委托手续，应当列明辩护人、代理人明确的姓名、住址、通信处。

5. 被害人不能告诉，由其法定代理人、近亲属代为告诉的，代为告诉人应当提供与被害人关系的证明和被害人不能亲自告诉的原因的证明。

6. 自诉案件，告诉人应当提供能够证明犯罪事实的证据材料。

(三)第二审程序刑事案件的立案条件

1. 被告人及其辩护人和近亲属、自诉人及其法定代理人，不服人民法院第一审刑事判决、裁定，附带民事诉讼的当事人及其法定代理人，不服人民法院第一审判决、裁定的附带民事诉讼部分，提出上诉的，除依法可以口头上诉的以外，应当提交上诉状正本一份，副本三份。地方各级人民检察院对同级人民法院第一审判决、裁定抗诉的，应提交抗诉书一式八份，每增加一名被告人，增加抗诉书五份。

2. 上诉状内容应当包括:(1)第一审判决书、裁定书的文号和上诉人收到的时间;(2)第一审法院的名称,上诉的请求和理由;(3)提出上诉的时间;(4)上诉人签名或者盖章;(5)如果是被告人的辩护人、近亲属经被告人同意提出上诉的,还应当写明提出上诉的人与被告人的关系,并应当以被告人作为上诉人。

3. 已委托辩护人、代理人的,应提交身份证明材料和委托授权手续。

(四)审判监督程序刑事案件的立案条件

1. 当事人及其法定代理人、近亲属,对已经发生法律效力的判决、裁定不服,提出申诉的,应当提交以下材料:(1)申诉状,应当载明当事人的基本情况、申诉的事实与理由;(2)原一审、二审判决书、裁定书等法律文书,经过人民法院复查或再审的,应当附有驳回通知书、再审判决书或裁定书;(3)以有新的证据证明原裁判认定的事实确有错误为由申诉的,应当同时附有证据目录、证人名单和主要证据复印件或者照片;(4)申诉人的身份证明材料,有委托代理人的,附授权明确的授权委托书。

2. 上级人民检察院按照审判监督程序,应当提交抗诉书一式八份,每增加一名被告人,增加抗诉书五份。

3. 人民检察院以"有新的证据证明原判决、裁定认定的事实确有错误"为由提出抗诉,抗诉书应当附有新的证据目录、证人名单和主要证据复印件或者照片。

(五)减刑、假释案件的立案条件

执行机关移送减刑、假释案件,应向人民法院提交下列材料:(1)减刑、假释建议书;(2)终审法院的判决书、裁定书、历次减刑裁定书的复制件;(3)罪犯确有悔改或者立功、重大立功表现的具体事实的书面证明材料;(4)罪犯评审鉴定表、奖惩审批表;(5)其他根据案件的审理需要移送的材料。

三、行政案件的立案条件

(一)第一审程序行政案件的立案条件

1. 当事人提起行政诉讼应当提交起诉状、原告主体资格证明、起诉证据等材料。委托代理人代理原告提起诉讼的,还应提交委托代理资格证明。

2. 当事人应提交由本人签名或盖章的起诉状正本一份,并按对方当事人人数提交副本。

3. 原告为自然人的,应提交身份证明材料复印件;原告为法人、个体工商户的，应提交营业执照副本复印件，其他组织应提交证明其有效成立的法律文件复印件。法人应提交年检证明，法定代表人或主要负责人应提交职务证明原件、身份证明复印件。另外，下列人员或组织以原告身份提起行政诉讼，还应提交下列材料：(1)有权提起诉讼的公民死亡，其近亲属（含配偶、父母、子女、兄弟姐妹、祖父母、外祖父母、孙子女、外孙子女和其他具有扶养、赡养关系的亲属）提起诉讼的，应提交该公民死亡的证明材料复印件、原告与死亡公民之间的关系证明材料复印件；(2)农村土地承包人等土地使用权人对行政机关处分其使用的农村集体所有土地的行为不服，以自己的名义提起诉讼的，应提交自己享有土地使用权的证明材料复印件；(3)有权提起诉讼的法人或者其他组织终止，承受其权利的法人或者其他组织提起诉讼，应提交该法人或者组织终止的证明材料复印件、起诉人与该终止法人或者组织之间关系的证明材料复印件；(4)诉讼代表人提起诉讼的，除提交全部原告身份证明材料复印件外，还应当提交其他共同原告推选其为诉讼代表人的证明材料；(5)联营企业、中外合资或者合作企业的联营、合资、合作各方以自己名义起诉的，应提交企业的营业执照副本或其他可以证明起诉人是联营、合资或合作一方的证据材料复印件。

4. 法定代理人与指定代理人应提交本人的身份证明材料复印件及其与原告关系的证明材料复印件。委托代理人应提交身份证明材料复印件、授权明确的授权委托书、律师事务所或受托人接受委托的证明、函件。被限制人身自由的公民的近亲属依其口头委托代为起诉的，无须提交委托手续，但应提交与该公民为近亲属关系的证明材料复印件。

5. 原告起诉应当附有相应的起诉证据：当事人对行政机关作出的具体行政行为不服起诉的，应提交行政机关制作的相应法律文书复印件；行政机关没有制作、没有送达法律文书或者因正当原因无法提交的，原告应提交能证明具体行政行为存在的其他证据。在起诉被告不作为的案件中，原告应提交其在行政程序中曾经提出申请的证据材料，但有下列情形的除外：(1)被告应当依职权主动履行法定职责的；(2)原告因被告受理申请的登记制度不完善等正当事由不能提交相关证据材料并能够作出合理说明的。法律、法规规定行政复议为提起诉讼必经程序，原告应提交复议机关的复议决定复印件或已经申请复议的证明材料。人民法院认为原告起诉超过起诉期限的，原告应当提交相关的证据材料予以证明。

6. 当事人申请缓交、减交、免交诉讼费用的，应当提交书面申请及符合规定的证明材料。

(二)第二审程序行政案件的立案条件

1.当事人不服一审裁判提起上诉的,应提交由本人签名或盖章的上诉状正本一份,并按照对方当事人人数提出副本。

2.上诉人应提交身份证明材料复印件,委托代理人代理上诉的,还应提交经过上诉人特别授权的授权委托手续。

3.上诉人应当在法定的期限内递交上诉状,如因不可抗拒的事由或者具有其他正当理由不能在法定期限内上诉的,应提交能够证明不可抗拒的事由或者具有其他正当理由存在的相关证明材料。

4.上诉人申请缓交、减交、免交上诉费用的,应提交书面申请及符合规定的证明材料。

(三)审判监督程序行政案件的立案条件

1.当事人对已经发生法律效力的判决、裁定、行政赔偿调解书,认为有错误申请再审的,应当提交以下材料:(1)由再审申请人本人签名或盖章的再审申请书一式两份,应当载明当事人的基本情况、申请再审的事实与理由。(2)原一审、二审判决书、裁定书等法律文书及其复印件,经过人民法院复查或再审的,应当附有驳回通知书、再审判决书或裁定书及其复印件。(3)以有新的证据证明原裁判认定的事实确有错误为由申请再审,应当提交证据目录、证人名单和主要证据复印件或者照片;需要人民法院调查取证的,应当附有证据线索。(4)再审申请人的身份证明材料复印件,委托代理人的还应提交授权委托手续。

2.人民检察院按照审判监督程序提出抗诉的,应提交抗诉书正本一份,按照当事人人数提出副本,并附原审裁判文书复印件。以有新的证据证明原判决、裁定认定的事实确有错误为由提出抗诉的,应附有新的证据目录、证人名单和主要证据复印件。

(四)涉外、涉港澳台行政案件的立案条件

1.原告应当提交证明其诉讼主体资格的材料:(1)原告是外国人的,应提交个人身份证件的复印件;本人在境外不能到人民法院起诉的,应提交经过公证、认证的身份证明复印件;原告是港、澳、台当事人的,应提交个人身份证件(港、澳、台居民身份证、回乡证)的复印件;在内地没有住所的香港特区居民,本人在内地以外不能到人民法院起诉的,应提交经香港特区律师(我国司法部委托)公证的身份证明复印件;在内地没有住所的澳、台居民,本人在内地以外不能到人民法院起诉的,应提交经公证的身份证明复印件。(2)原告是在我国领域内没有住所的外国企业或组织的,应提交经过公证、认证的依法成立的证明(注册登记证明等);外国企业在华办事处代该公司起诉或者上诉的,应提交经公正、认证的公司授权委托书;原告是在内地没有住所的香港特区企业或组织的,应提交经香港特区律师(我国司法部委托)公证的依法成立的证明;原告是在内地没有住所的澳门特区、台湾地区企业或组织的,应提交依法成立的证明。(3)原告是在我国领域内没有住所的外国当事人,委托我国律师或者其他人代理诉讼,从我国领域外寄交或者托交的授权委托书,应当经所在国公证机关证明,并经我国驻该国使领馆认证,或者履行我国与该所在国订立的有关条约中规定的证明手续。在内地没有住所的香港特区居民、企业和组织委托内地律师或其他代理人起诉的,从内地以外寄交或托交的授权委托书须经香港特区律师(我国司法部委托)公证,并由中国法律服务(香港)有限公司加盖香港特区公证文书转递专用章;在内地没有住所的澳、台居民、企业和组织委托内地律师或其他代理人起诉的,应提交经公证的授权委托书。

2. 外国当事人、港澳台当事人提交的起诉状及企业依法成立的证明、授权委托书为外文文本的,应附中文译本。

四、执行案件的立案条件

1. 当事人申请强制执行,应当提交申请执行书、申请执行人主体资格证明及其他证明材料。委托代理人代理申请执行人申请强制执行的,还应提交委托代理资格证明。

2. 申请执行人应向人民法院提交下列文件和证件:(1)由本人签名或盖章的申请执行书正本一份,申请执行书中应当写明申请执行的依据、理由、事项、执行标的,以及申请执行人所了解的被执行人的财产状况。书写申请执行书确有困难的,可以口头申请,由人民法院记入笔录,向申请执行人宣读;申请执行人确认无误后,应当签名或者盖章。(2)生效法律文书副本一份。(3)申请执行人的身份证明。公民个人申请的,应提交本人身份证明材料复印件;法人申请的,应当提交法人营业执照副本、法定代表人职务证明原件和身份证明复印件;其他组织申请的,应当提交证明其有效成立的法律文件、主要负责人职务证明原件和身份证明复印件。(4)继承人或权利承受人申请执行的,应提交继承或承受权利的证明文件。(5)其他应当提交的文件或证件。

3. 委托执行应提交下列材料:(1)委托执行函。委托执行函应写明双方当事人的基本情况和委托事项、委托法院执行情况。(2)生效法律文书副本。(3)裁定追加或变更被执行人的,应提交生效的判决书和追加或变更被执行人的裁定书。(4)申请执行人的身份证明材料和授权委托手续。

4. 申请执行仲裁机构的仲裁裁决,应当向人民法院提交有仲裁条款的合同书或仲裁协议书。

5. 行政机关申请人民法院强制执行其具体行政行为,应提交申请执行书、据以执行的行政法律文书、证明该具体行政行为合法的材料和被执行人财产状况以及其他必须提交的材料。享有权利的公民、法人或者其他组织申请人民法院强制执行的,应提交申请执行书、申请执行人身份证明及据以执行的行政法律文书。

6. 申请执行人委托代理人代为申请执行的,还应提交代理人身份证明材料复印件和授权委托书。委托代理人代为放弃、变更民事权利,或代为进行执行和解,或代为收取执行款项的,应当提交特别授权的委托书。

7. 申请承认和执行外国法院判决、裁定和外国仲裁机构裁决,应提交下列材料:(1)中文申请执行书。当事人所在国与我国缔结或共同参加的司法协助条约有特别规定的,按照条约规定办理。(2)申请人具有申请执行的主体资格的证明材料。(3)被执行人的基本情况证明。(4)申请人的身份证明。(5)符合我国有关委托律师代为申请规定的委托手续。(6)申请执行国外仲裁机构的仲裁裁决的,应提交经我国驻外使领馆认证或我国公证机关公证的仲裁裁决书中文文本。(7)外国法院判决、裁定或外国仲裁机构仲裁裁决的正本和经证明无误的中文译本。"经证明无误的中文译文",可经如下途径证明:①外国公证机构公证、外交部或外交部授权机构认证及我驻外使领馆认证;②驻外使领馆直接公证;③国内公证机关公证。

8. 本规定中要求当事人提交的材料,除有明确规定外,均为一份。

9. 当事人提交的证明其主体身份的证据材料为复印件的,应同时提供原件,并经人民法院核对无误。

五、互联网案件的立案条件

1. 当事人及其他诉讼参与人应当遵循诚实信用原则,如实填写相关信息,确保提交的有关材料完整、清晰、真实;不得进行虚假诉讼,不得冒用他人名义进行诉讼,不得滥用诉权。

2. 当事人及其他诉讼参与人使用诉讼平台实施诉讼行为的,应首先登录“北京互联网法院电子诉讼平台”主页，通过证件证照比对、生物特征识别或者国家统一身份认证平台认证等在线方式完成身份认证，并取得登录诉讼平台的专用账号。使用专用账号登录诉讼平台所作出的行为，视为被认证人本人行为，但因诉讼平台技术原因导致系统错误，或者被认证人能够证明诉讼平台账号被盗用的除外。

3.起诉必须符合下列条件：

(1)原告是与本案有直接利害关系的公民、法人和其他组织；

(2)有明确的被告；

(3)有具体的诉讼请求和事实、理由；

(4)属于人民法院受理民事诉讼的范围和受诉人民法院管辖。

4.注册完成后即可进行立案，通过点击“我要立案”，选择起诉的案由并填写标的金额。

5.诉讼参与人应填写信息并根据诉讼地位上传提交相应身份材料。原告须提交的材料：普通个人需提供居民身份证、护照或其他户籍材料；法人或其他组织，需提供营业执照、组织机构代码证、法定代表人或负责人居民身份证。诉讼代理人还需提供授权委托书、代理人身份证明及其他关系证明等材料。

6.原告应提交起诉状。已有起诉状的，可将文书拍照或扫描上传；无起诉状的，可根据系统导引，填写诉讼请求及事实理由等内容，系统将自动生成起诉状。提交起诉状后，通过添加材料上传证据。

7.起诉状应记明下列事项：

(1)原告的姓名、性别、年龄、民族、职业、工作单位、住所、联系方式(含电子邮箱、微信号)，法人或者其他组织的名称、住所和法定代表人或者主要负责人的姓名、职务、联系方式(含电子邮箱、微信号)；

(2)被告的姓名、性别、工作单位、住所、联系方式(含电子邮箱、微信号)等信息，法人或者其他组织的名称、住所、联系方式(含电子邮箱、微信号)等信息；

(3)诉讼请求和所根据的事实与理由；

(4)证据和证据来源，证人姓名和住所。

8.确认起诉信息无误后，通过扫描二维码进行签名确认。

9.诉讼平台设置调解前置程序，原告提交起诉书后，可申请在线调解，通过网上调解系统由调解组织进行立案前调解，当事人可在“在线调解”中输入自己的调解意向,调解成功的,当事人可以在线申请司法确认;调解不成功,则案件进入立案审核状态,转交立案法官进行审核。

10. 立案法官自收到网上立案申请材料之日起7日内,在线审查起诉材料是否齐全,并通过手机短信告知结果。

(1)符合起诉条件的,立案法官应及时登记立案。

(2)当事人或诉讼代理人提交材料不符合要求的,立案法官及时发出补正通知,并于收到补正材料后次日重新起算受理时间;原告未在指定期限内按要求补正的,起诉材料作退回处理。

(3)当事人的起诉不符合起诉条件的,经释明后,原告无异议的,起诉材料作退回处理;原告坚持继续起诉的,依法作出不予受理裁定。

11. 案件立案后,将通过诉讼平台向当事人发送诉讼费交款通知,当事人可以通过“农行在线支付平台”交费,或下载诉讼费交款通知书前往农行交费。当事人应在收到交纳诉讼费用通知书次日起7日内完成交费。如未按时交纳,经审理法官审核后,按撤诉处理,当事人在系统内可自行查看相应的裁定书。

12. 法院受理案件后,诉讼平台向原告及诉讼参与人送达案件受理通知书、举证通知书、权利义务告知书等诉讼材料。

一、民事案件立案流程

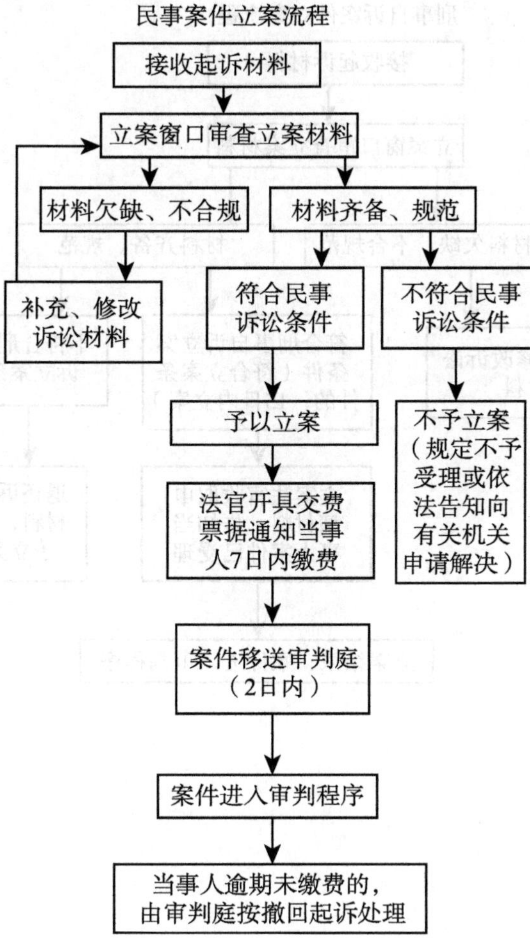

注：根据《民事诉讼法》的相关规定，当事人起诉到人民法院的民事纠纷，适宜调解的，可先行调解，对于当事人同意调解的案件，立案流程将有所变化。

二、刑事自诉案件立案流程

刑事自诉案件立案流程

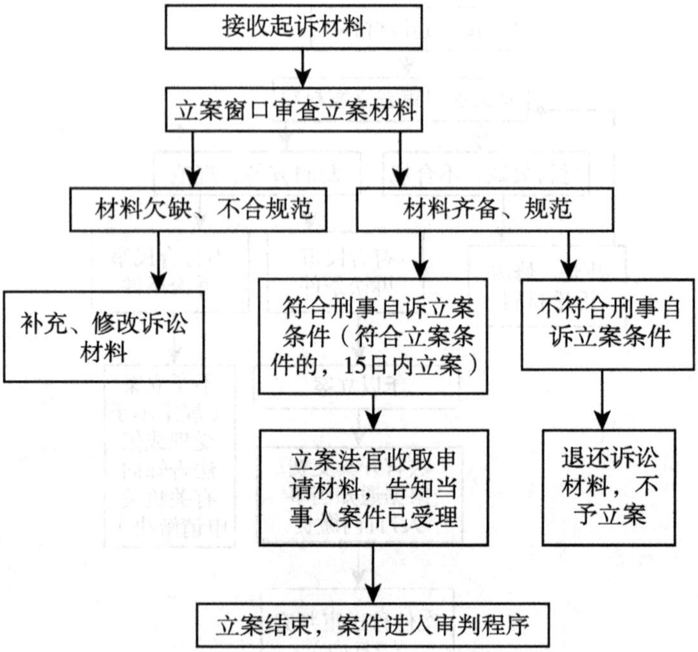

三、执行案件立案流程

执行案件立案流程

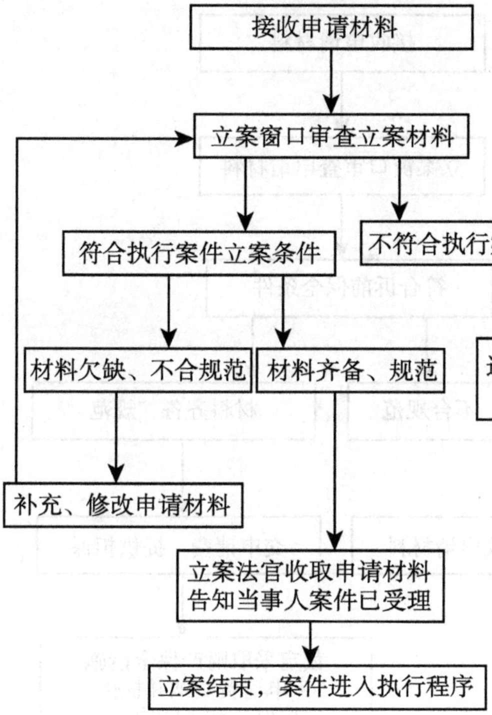

四、诉前保全申请流程

诉前保全申请流程

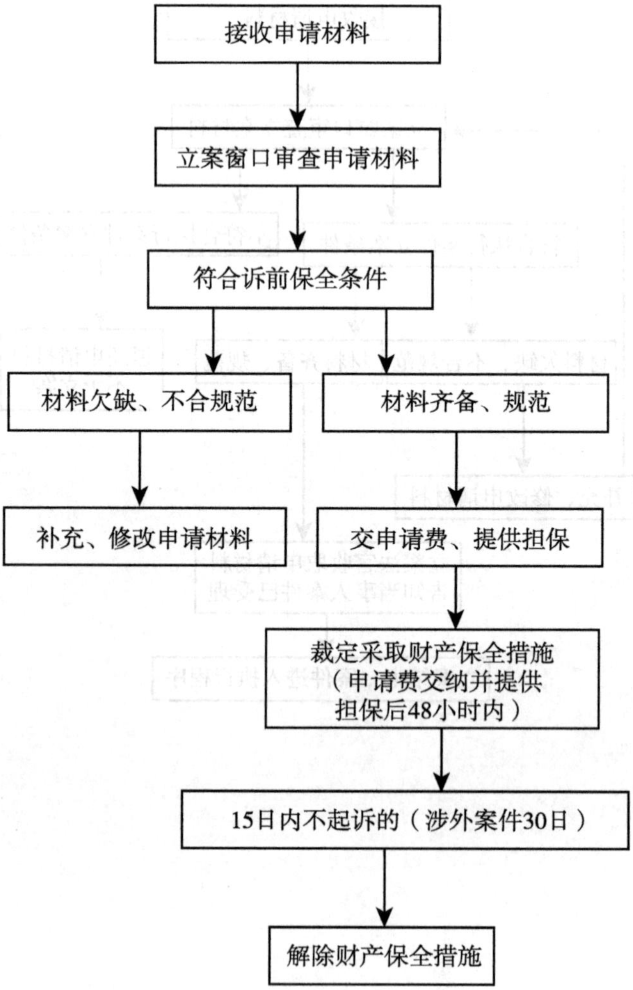

第三章　诉讼风险提示

一、民事案件诉讼风险提示

1. 起诉应当符合法律规定的受理条件，否则要承担不予受理或驳回起诉的风险。

2. 除法律规定可以减、免、缓交诉讼费的特殊情况外，原告起诉、增加诉讼请求、被告反诉、申请保全及上诉，应按规定交纳诉讼费用、保全费用，否则要承担请求不予受理的风险。

3. 当事人增加、变更诉讼请求或提出反诉，以及提出管辖异议、申请回避等应当在法定期限内提出，否则要承担请求不被准许的风险。

4. 当事人应当依法、有据地提出诉讼请求，不应夸大损失，任意扩大诉讼请求范围，否则要承担请求不予支持及相应诉讼费用的风险。

5. 当事人申请保全按照法律规定或者法院决定需要提供担保，应当提供而拒不提供的，将承担不予保全的风险。

6. 一方当事人下落不明，会导致审理时间过长或难以执行等风险。

7. 原告起诉或被告提出反诉，负有对自己的主张提供证据予以证明的责任，如未能及时提供证据或提供的证据不足以支持其事实主张，将承担该主张不成立的风险，法律、司法解释对举证责任另有规定的除外。

8. 向法院提供证据，应当提供原件或原物，特殊情况下，可以提供经人民法院核对无异的复制件或者复制品；若证据系在境外形成的，还应办理相应的证明手续，否则将承担该证据材料证明力弱或者无证明力的风险。

9. 当事人提供证人证言的，除法律、司法解释规定的特殊情况外，证人应当亲自到庭作证并接受询问，否则将承担证人证言证明力弱的风险。

10. 申请证人出庭作证，应当在举证期限届满前 10 日提出（简易程序除外），并预交证人出庭作证所需的有关费用，否则将承担举证不能的法律后果。

11. 申请法院调查收集证据应在举证期限届满前 7 日提出（简易程序

除外),并且属于法院可以调查收集证据的范围,否则将承担法院不予调查的风险;经法院调查仍然无法收集到相应证据的,申请调查的当事人承担举证不能的法律后果。

12. 当事人申请评估、鉴定,未在规定期限内提出或不预交评估、鉴定费用,或拒不提供相关材料,致使案件事实无法通过鉴定结论予以认定的,承担对该事实举证不能的法律后果。

13. 申请法院保全证据应在举证期限届满前 7 日提出,并根据法院要求提供相应的担保,否则将承担不予保全的风险。

14. 诉讼过程中,当事人及其委托代理人承认对己方不利的事实和证据后如果反悔,除非有相反证据足以推翻,否则承担法院直接予以确认的风险。

15. 有证据证明一方当事人持有证据无正当理由拒不提供,如果对方当事人主张该证据的内容不利于证据持有人,可以推定该主张成立。

16. 原告经传票传唤,无正当理由拒不到庭或者未经法庭许可中途退庭的,可以按撤诉处理;被告反诉的,可以缺席判决。被告经传票传唤,无正当理由拒不到庭的,或者未经法庭许可中途退庭的,可以缺席判决;必须到庭的被告无正当理由拒不到庭的,可以拘传到庭。

17. 当事人参加诉讼应当遵守法庭纪律和有关的法律、司法解释,不得扰乱审判秩序,否则要承担被训诫、责令退出法庭、罚款或者拘留的风险。

18. 原告起诉超过诉讼时效期间,又不能证明有中止、中断、延长事由的,除对方当事人同意外,将承担丧失胜诉权的风险。

19. 当事人拒收、拒签裁判文书,不妨碍裁判文书发生法律效力,并可能影响其上诉权、申诉权及其他权利的行使。

20. 当事人对一审判决、裁定不服,可在法定期间内提起上诉;逾期不上诉的,丧失上诉权,一审判决、裁定发生法律效力。对已生效的判决、裁定不服,可以在法定期间内申请再审;逾期申请的,将丧失再审申请权。

21. 申请执行应在法定期限内提出,逾期不申请的,将承担不予执行的风险。

22. 申请执行人在申请执行时,应提供被执行人的准确下落或被执行财产的确切线索,否则将承担执行可能被中止的风险。

23. 被申请人没有财产或没有足够财产可供执行的,申请人将承担财产权益无法实现或不能完全实现的风险。

24. 当事人不履行裁判文书确定的相应义务,可能要承担支付迟延履行期间的债务利息或迟延履行金和罚款、拘留等强制措施以及被依法追究刑事责任的风险。

二、执行风险提示

1. 申请执行应在法定期限内提出,逾期不申请的,将承担不予执行的风险。

2. 申请执行人在申请执行时,应提供被执行人的准确下落或被执行财产的确切线索,否则将承担执行可能被中止的风险。

3. 被申请人没有财产或没有足够财产可供执行的,申请人将承担财产权益无法实现或不能完全实现的风险。

4. 当事人不履行裁判文书确定的相应义务,可能要承担支付迟延履行期间的债务利息或迟延履行金和罚款、拘留等强制措施以及被依法追究刑事责任的风险。

三、互联网诉讼风险告知

1. 起诉应当符合法律规定的受理条件,否则要承担不予受理或驳回起诉的风险。

2. 除法律规定可以减、免、缓交诉讼费的特殊情况外,原告起诉、增加诉讼请求、被告反诉、申请保全及上诉,应按规定交纳诉讼费用、保全费用,否则要承担请求不予受理的风险。

3. 当事人增加、变更诉讼请求或提出反诉,以及提出管辖异议、申请回避等应当在法定期限内提出,否则要承担请求不被准许的风险。

4. 当事人应当依法、有据地提出诉讼请求,不应夸大损失,任意扩大诉讼请求范围,否则要承担请求不予支持及相应诉讼费用的风险。

5. 当事人申请保全按照法律规定或者法院决定需要提供担保,应当提供而拒不提供的,将承担不予保全的风险。

6. 一方当事人下落不明,会导致审理时间过长或难以执行等风险。

7. 原告起诉或被告提出反诉,负有对自己的主张提供证据予以证明的责任,如未能及时提供证据或提供的证据不足以支持其事实主张,将承担该主张不成立的风险,法律、司法解释对举证责任另有规定的除外。

8. 向法院提供证据,应当提供原件或原物,特殊情况下,可以提供经人民法院核对无异的复制件或者复制品;若证据系在境外形成的,还应办理相应的证明手续,否则将承担该证据材料证明力弱或者无证明力的风险。对于通过诉讼平台进行线上审判的,当事人对自己提出的主张,可以通过诉讼平台提供证据。网上诉讼举证期限与线下案件一致。

9. 当事人提供证人证言的,除法律、司法解释规定的特殊情况外,证人应当亲自到庭作证并接受询问,否则将承担证人证言证明力弱的风险。

10. 申请证人出庭作证,应当在举证期限届满前 10 日提出(简易程序除外),并预交证人出庭作证所需的有关费用,否则将承担举证不能的法律后果。

11. 申请法院调查收集证据应在举证期限届满前 7 日提出(简易程序除外),并且属于法院可以调查收集证据的范围,否则将承担法院不予调查的风险;经法院调查仍然无法收集到相应证据的,申请调查的当事人承担举证不能的法律后果。

12. 当事人申请评估、鉴定,未在规定期限内提出或不预交评估、鉴定费用,或拒不提供相关材料,致使案件事实无法通过鉴定结论予以认定的,承担对该事实举证不能的法律后果。

13. 申请法院保全证据应在举证期限届满前 7 日提出,并根据法院要求提供相应的担保,否则将承担不予保全的风险。

14. 诉讼过程中,当事人及其委托代理人承认对己方不利的事实和证据后如果反悔,除非有相反证据足以推翻,否则承担法院直接予以确认的风险。

15. 有证据证明一方当事人持有证据无正当理由拒不提供,如果对方当事人主张该证据的内容不利于证据持有人,可以推定该主张成立。

16. 原告经传票传唤,无正当理由拒不到庭或者未经法庭许可中途退庭的,可以按撤诉处理;被告反诉的,可以缺席判决。被告经传票传唤,无正当理由拒不到庭的,或者未经法庭许可中途退庭的,可以缺席判决;必须到庭的被告无正当理由拒不到庭的,可以拘传到庭。

17. 当事人参加诉讼应当遵守法庭纪律和有关的法律、司法解释,不得扰乱审判秩序,否则要承担被训诫、责令退出法庭、罚款或者拘留的风险。

18. 原告起诉超过诉讼时效期间,又不能证明有中止、中断、延长事由的,除对方当事人同意外,将承担丧失胜诉权的风险。

19. 当事人拒收、拒签裁判文书,不妨碍裁判文书发生法律效力,并可能影响其上诉权、申诉权及其他权利的行使。

20. 当事人对一审判决、裁定不服,可在法定期间内提起上诉;逾期不上诉的,丧失上诉权,一审判决、裁定发生法律效力。对已生效的判决、裁定不服,可以在法定期间内申请再审;逾期申请的,将丧失再审申请权。

21. 申请执行应在法定期限内提出,逾期不申请的,将承担不予执行的风险。

22. 申请执行人在申请执行时,应提供被执行人的准确下落或被执行财产的确切线索,否则将承担执行可能被中止的风险。

23. 被申请人没有财产或没有足够财产可供执行的,申请人将承担财产权益无法实现或不能完全实现的风险。

24. 当事人不履行裁判文书确定的相应义务,可能要承担支付迟延履行期间的债务利息或迟延履行金和罚款、拘留等强制措施以及被依法追究刑事责任的风险。

第四章　法院的审判组织

法院审判案件是通过一定的组织形式进行的,这种代表人民法院对案件进行审理和裁判的组织形式,称为审判组织。根据《人民法院组织法》和我国《民事诉讼法》《刑事诉讼法》《行政诉讼法》的规定,审判组织有3种形式:独任庭、合议庭、审判委员会。作为法院工作人员,书记员应当了解各审判组织的组成方式和基本职能。

一、独任庭

独任制是人民法院审理案件的一种审判组织形式,是指由审判员一人对具体案件进行审理和裁判的制度。独任庭是"独任制法庭"的简称,是实现独任制这种审判制度的具体审判组织,独任庭由一名审判员代表法院行使审判权,对案件进行审理和裁判。人民法院适用简易程序审理简单的民事案件和刑事案件时可以由审判员一人独任审判,其他案件均应组成合议庭进行审理。在保障案件审判质量的前提下,对于某些比较简单的民事案件和刑事案件采用独任制方式进行审理,可以方便当事人诉讼,提高审判效率,便于人民法院及时审结案件。

《民事诉讼法》规定,基层人民法院和它派出的法庭在审理事实清楚、权利义务关系明确、争议不大的简单民事案件时,可以采用简易程序进行审理,即采用独任制的审理方式。采用独任制方式审理案件,可以用简便方式随时传唤当事人和证人。人民法院适用简易程序审理民事案件,应当在立案之日起3个月内审结。

应当注意的是,审理民事案件时独任庭只能由基层人民法院及其派出法庭适用,中级人民法院、高级人民法院和最高人民法院均不能采用独任制方式审理民事案件;独任庭只适用于审理一审民事案件。我国实行两审终审制,二审法院所作的裁判是终审裁判,因此二审法院的审判对民事案件的当事人意义重大,为慎重起见,二审案件不得采用独任制方式审理;独任庭只能由人民法院的专职审判人员独任审判,人民陪审员不能担任独任庭审判人员，因为人民陪审员不是专职审判人员，法律只赋予人民陪审员与审判员共同组成合议庭审理案件的权利，他们不具备独自代表人民法院行使审判权的资格。

《刑事诉讼法》规定，人民法院审理下列刑事案件，可以适用简易程序，由审判员1人独任审判：(1)对依法可能判处3年以下有期徒刑、拘役、管制、单处罚金的公诉案件；(2)事实清楚，证据充分；(3)被告人承认自己所犯罪行，对指控的犯罪事实没有异议的；(4)被告人对适用简易程序没有异议的。

适用简易程序审理刑事案件，人民法院应当在受理后20日以内审结；对可能判处的有期徒刑超过3年的，可以延长至一个半月。适用简易程序审理刑事案件，不受送达时限、讯问被告人、询问证人、鉴定人、出示证据、法庭辩论程序规定的限制，但在判决宣告前应当听取被告人的最后陈述意见。

适用简易程序审理公诉案件，人民检察院可以不派员出席法庭，被告人可以就起诉书指控的犯罪进行陈述和辩护。适用简易程序审理案件，经审判人员许可，被告人及其辩护人可以同公诉人、自诉人及其诉讼代理人互相辩论。

二、合议庭

(一)合议制与合议庭的关系

合议制是人民法院的一种审判组织形式，是集体审判案件的一种制度。合议制是民主集中制原则在我国审判活动中的具体体现。合议制对于审判活动的意义在于：有利于充分发挥集体的智慧和力量，弥补审判人员个人知识上的缺陷和个人审判能力的不足；可以避免和克服可能出现的主观片面性，防止个人独断专行，在审判组织内部形成有效的监督机制，以保证案件审理的客观公正性；体现我国的司法民主，有助于培养审判人员的民主意识，有利于审判人员相互学习取长补短，提高审判业务水平。

合议庭是“合议制法庭”的简称，是实现合议制这种集体审判制度的具体审判组织。合议庭是人民法院审理案件的主要审判组织，合议庭由3名以上审判人员组成审判集体代表法院行使审判权，对案件进行集体审理和裁判。

(二)合议庭的组成方式

合议庭在评议案件时实行少数服从多数的原则，合议庭的组成人数必须是单数。合议庭的组成方式有两种：由审判员组成合议庭；由审判员与人民陪审员共同组成合议庭。

1. 审判员组成合议庭

审判员组成合议庭即合议庭成员全部由人民法院的专职审判员组成。

一审民事案件、行政案件和刑事案件的审理,可以由审判员组成合议庭进行审理,也可以由审判员与人民陪审员共同组成合议庭进行审理。

对于二审案件,《民事诉讼法》明确规定了二审民事案件只能由审判员组成合议庭进行审理。

审理民事案件、行政案件和刑事案件的合议庭组成人数一般是 3 人;但高级人民法院和最高人民法院审理重大、疑难、复杂的案件时,也可以由 5 人或 7 人组成合议庭。

2. 审判员与人民陪审员共同组成合议庭

人民法院审理第一审民事案件、行政案件和刑事案件,可以由审判员和人民陪审员共同组成合议庭进行审理。究竟哪些案件由审判员组成合议庭进行审理,哪些案件由陪审员参加合议庭审理,法律未作明确规定,由人民法院根据案件实际情况,本着有利于审判活动的原则来确定。在审判实践中,对于某些技术性、业务性比较强的案件,可以邀请陪审员参加合议庭进行审理,这样对于准确认定案件事实、正确适用法律,说服和教育当事人都具有一定意义。

实行人民陪审员制度,对于加强审判的民主和公正都有重要意义,陪审制度也是人民群众对人民法院的审判工作进行监督的有效渠道。人民陪审员在人民法院执行职务期间,除不能担任审判长外,与审判员有同等的权利义务,人民陪审员有权查阅全部案件材料,有权参加案件的调查,有权参加开庭审理,有权参加案件评议,同时人民陪审员也有义务依法公正办案。

陪审员参与案件审理过程当中,可以由当事人申请而提起,也可以由人民法院根据工作需要主动提起。

三、审判委员会

审判委员会是各级人民法院集体领导审判工作、决定本院承办案件的最终处理结果的组织机构。根据我国《民事诉讼法》《行政诉讼法》《刑事诉讼法》规定,审判委员会是人民法院审判组织的最高形式,是人民法院定案的最高权力部门,在审判工作中,起着十分重要的作用。审判委员会的工作由本院院长主持,实行少数服从多数的原则,审判委员会的成员由同级人民代表大会常务委员会任免。

合议庭与审判委员会的关系表现在：合议庭对重大、疑难案件的处理，由院长提交审判委员会讨论决定；合议庭已经审结的案件，如果发现已经发生法律效力的判决、裁定或调解书确有错误，由院长提请审判委员会再审；审判委员会有权决定诉讼当事人及其法定代理人请求对本院院长担任审判长的回避问题，有权讨论、决定其他有关审判工作事项。

各级人民法院设立审判委员会，实行民主集中制，审判委员会的任务是总结审判工作经验，讨论决定重大的或者疑难、复杂的案件，讨论决定本院已经发生法律效力的判决、裁定、调解书是否应当再审和其他有关审判工作的重大问题。这一法律规定，明确了法院审判委员会的工作职能及任务。在实际工作中，审判委员会的职能表现在以下几个方面：

1. 讨论决定重大、疑难、复杂案件

所谓"重大案件"，就是在本地区有重大影响的案件。疑难、复杂案件就是案情较为复杂难以认定或在审判实践中遇到的新情况、新问题难以解决的案件。这些案件要通过审判委员会的讨论、研究，方能定案，这也是《法院组织法》明文规定应由审判委员会讨论研究的案件。

2. 总结审判工作经验

这是《法院组织法》赋予审判委员会的又一职能，对法院的审判工作尤为重要。大多数审判委员会研究的案件都很有代表性，特点突出，将其作为案例总结出来，对法院的审判工作具有一定的指导意义。故法院的审判委员会应将会上讨论、研究的案件编撰成案例，供借鉴。另外还应在本院经常组织、召开审判工作研讨会，以研究、讨论在审判工作中遇到的新情况、新问题等。

3. 讨论决定本院已经发生法律效力的判决、裁定、调解书是否应当再审

4. 讨论决定其他有关审判工作的重大问题

根据《法院组织法》的规定，审判委员会除上述工作职能外，还应负责其他的审判工作问题。法院很多重大的审判工作决定都出自审判委员会，如提拔、任免法官，决定重大审判工作，作出本法院在法院工作、法官管理上的一些规定、制度和措施等。

第五章　书记员应遵守的职业道德

一、社会道德与职业道德

（一）社会道德

调节社会的基本规范通常被划分为三个层次：道德、纪律和法律。其中道德是规范人们日常行为的第一道防线，从一个人到一个家庭，从一个民族到一个国家，如果没有良好的道德风尚，就不可能被尊重，也不可能兴旺发展。

“道德”一词由来已久。早在两千多年以前，我国古代的著作中就出现了“道德”这个词语。“道”表示事物运动变化的规律和规则，“德”表示人的品格和行为。从中国儒家的创始人，伟大的思想家、教育家孔子开始，千百年来人们一直都重视道德问题。

道德是发展先进文化，构成人类文明，特别是精神文明的重要内容，是调整个人之间以及个人和社会之间的行为规范的总称。我们通常讲的道德是指人们行为应遵循的原则和标准。道德的定义可以概括为：道德是一定社会、一定阶级向人们提出的处理个人与个人、个人与社会之间各种关系的一种特殊的行为规范。这一概念说明，道德是以善恶为标准，调整人们之间和个人与社会之间关系的行为规范。道德总是扬善抑恶的。

道德对社会有非常重要的作用，但它并不像法律规范那样有国家强制力作为后盾，道德是依靠社会舆论、信念理想、自我约束、传统习惯和教育示范等力量来实现的，主要依靠人们自觉的内心观念来维持。道德虽然没有国家强制力作保障，但它能够调节社会关系，促进人们对社会现实的认识，并对人们的行为进行指导，最终起到完善自我、维护社会秩序的作用。

在社会生活中，道德分为以下几个层次：损人利己、损公肥私、破坏和谐发展，是不讲道德；平等互利、诚信互助、实现和谐发展，是一般道德；助人为乐、克己奉公、促进和谐发展，是高尚道德；舍己救人、为公牺牲达到了道德的顶峰，是最高道德。

（二）职业道德

1. 职业道德概述

职业道德是社会道德的特殊表现形式，在一定程度上体现着社会的一般道德内容，反映了整个社会的道德水平和状况，并且受整个社会道德水平的制约。职业道德是指以职业分工为基础，在特定的职业生活实践中形成的职业理想、职业态度、职业技能、职业纪律、职业良心、职业荣誉、职业作风以及由此产生的各种规范的总称。职业道德是同人们的职业活动紧密联系的符合职业特点所要求的道德准则、道德情操与道德品质的总和，它既是对本职人员在职业活动中行为的要求，同时又是职业对社会所负的道德责任与义务。

不同的行业和职业，具有不同的职业道德，正如恩格斯所说："实际上，每个阶段，甚至每个行业，都各有各的道德。" 每个从业人员，不论是从事哪种职业，在职业活动中都要遵守道德。医生的职业道德是救死扶伤、实行人道主义，新闻工作者的职业道德是弘扬正义、揭露邪恶、敢讲真话，国家公务员的职业道德是秉公办事、廉洁奉公、全心全意为人民服务，人民教师的职业道德是授业解惑、教书育人，商人的职业道德是公平买卖、童叟无欺、货真价实、诚实守信，等等。

2. 职业道德的特点

（1）职业道德的内容总是要鲜明地表达职业义务、职业责任以及职业行为上的道德准则。它不是一般地反映社会道德和阶级道德的要求，而是要反映职业、行业以至产业特殊利益的要求；它不是在一般意义上的社会实践基础上形成的，而是在特定的职业实践的基础上形成的，因而它往往表现为某一职业特有的道德传统和道德习惯，表现为从事某一职业的人们所特有道德心理和道德品质，甚至造成从事不同职业的人们在道德品貌上的差异。如人们常说，某人有"军人作风""工人性格""农民意识""干部派头""学生味""学究气""商人习气"等。

（2）职业道德的表现形式往往比较具体、灵活、多样。它总是从本职业的交流活动的实际出发，采用制度、守则、公约、承诺、誓言、条例、标语口号之类的形式，这些灵活的形式既易于为从业人员所接受和实行，而且易于形成一种职业的道德习惯。

（3）从职业道德的调节范围来看，职业道德一方面是用来调节从业人员内部关系，加强职业、行业内部人员的凝聚力；另一方面，它也是用来调节从业人员与其服务对象之间的关系,用来塑造本行业从业人员的形象。

(4)职业道德兼有强烈的纪律性。纪律也是一种行为规范,但它是介于法律和道德之间的一种特殊的规范。它既要求人们能自觉遵守,又带有一定的强制性。就前者而言,它具有道德色彩;就后者而言,又带有一定的法律色彩。就是说,一方面,遵守纪律是一种美德;另一方面,遵守纪律又带有强制性,具有法令的要求。例如,工人必须执行操作规程和安全规定,军人要有严明的纪律,等等。因此,职业道德有时又以制度、章程、条例的形式表达,让从业人员认识到职业道德具有纪律的规范性。

(5)从产生的效果来看,职业道德既能使一定的道德原则和规范"职业化",又能使个人道德品质"成熟化"。职业道德主要表现在实际从事一定职业的成人的意识和行为中,是道德意识和道德行为成熟的阶段。职业道德与各种职业要求和职业生活相结合,具有较强的稳定性和连续性,形成比较稳定的职业心理和职业习惯,以致在很大程度上改变人们在学校生活阶段和少年生活阶段所形成的品行,影响道德主体的道德风貌。

3. 职业道德的作用

职业道德是社会道德体系的重要组成部分,它一方面具有社会道德的一般作用,另一方面又具有自身的特殊作用,具体表现在:

(1)调节职业交往中从业人员内部以及从业人员与服务对象间的关系。职业道德的基本职能是调节。一方面,它可以调节从业人员内部的关系,即运用职业道德规范约束职业内部人员的行为,促进职业内部人员的团结与合作。如职业道德规范要求各行各业的从业人员,都要团结、互助、爱岗、敬业、齐心协力地为发展本行业、本职业服务。另一方面,职业道德又可以调节从业人员和服务对象之间的关系。如职业道德规定了制造产品的工人要怎样对用户负责,营销人员怎样对顾客负责,医生怎样对病人负责,教师怎样对学生负责,等等。

(2)有助于维护和提高本行业的信誉。一个行业、一个企业的信誉,也就是它们的形象、信用和声誉,是指企业及其产品与服务在社会公众中的信任程度,提高企业的信誉主要靠产品的质量和服务质量,而从业人员具有较高的职业道德水平是产品质量和服务质量的有效保证。若从业人员职业道德水平不高,很难生产出优质的产品,提供优质的服务。

(3)促进本行业的发展。行业、企业的发展有赖于高的经济效益,而高的经济效益源于高的员工素质。员工素质主要包含知识、能力、责任心三个方面，其中责任心是最重要的。而职业道德水平高的从业人员其责任心是极强的，因此，职业道德能有效促进本行业的发展。

(4)有助于提高全社会的道德水平。职业道德是整个社会道德的主要内容。一方面，职业道德涉及每个从业者如何对待职业，如何对待工作，同时也是一个从业人员的生活态度、价值观念的表现；是一个人的道德意识、道德行为发展的成熟阶段，具有较强的稳定性和连续性。另一方面，职业道德也是一个职业集体，甚至一个行业全体人员的行为表现，如果每个行业，每个职业集体都具备优良的道德，对整个社会道德水平的提高会发挥重要作用。

二、书记员应具备的职业道德

司法本身具有的公正性、平等性以及中立性，要求所有从事与审判活动有关的人员，包括书记员，都必须遵守相应的职业道德。具体来讲，书记员应当遵守的职业道德的基本内容包括以下五个方面：保障司法公正、提高司法效率、保持清正廉洁、遵守司法礼仪、加强自身修养。

(一)保障司法公正

司法公正是审判工作的生命和灵魂，是法治国家的重要标志，也是书记员必须遵守的基本准则。书记员只有本着公正的精神，正确履行司法职责，才能实现司法活动的目的。

司法公正包括实体公正和程序公正两个方面的内容。实体公正是指法院认定事实清楚，适用法律正确，最终的裁判结果正确无误。程序公正是诉讼过程中的公正，它要求在诉讼过程中，当事人享有相应的诉讼权利和诉讼义务，诉讼地位平等，诉讼程序公开。实体公正是司法活动追求的重要目标，程序公正是实体公正的前提和基本要素。

要做到司法公正，书记员在案件审理的过程中应做到以下几个方面：

1.公开审理和公开宣判

公开审理原则是一项基本的诉讼原则，是确保司法公正的重要方式。《民事诉讼法》、《刑事诉讼法》和《行政诉讼法》对公开审理都作了相应规定，按照法律规定应该公开审理的案件都要公开审理。对公开审理的案件和不公开审理的案件，人民法院一律应当公开宣告判决。公开审理和宣判不仅是对当事人公开，而且也要对社会公众公开，允许公民自由旁听，允许新闻记者进行客观报道。只有公开审理和宣判，才能消除当事人和社会公众对裁判公正的怀疑，从而提高司法公信力。公开审理要做到公开开庭，公开举证、质证和认证,公开调查、公开辩论、公开裁决、公开宣判,切实解决庭审过程中各个环节、各个细节中存在的暗箱操作问题,增加案件审理的公开性和透明度。

在案件审理的过程中,保证案件公开审理和公开宣判的具体实务工作,如发布开庭公告、发布宣判公告等,都是由书记员来完成的,因此,书记员在实际工作中要严格依法办案,保证公开审理和公开宣判工作的顺利进行,不能因为书记员的工作失误导致案件审理程序违法。

2. 严格执行回避制度

回避制度作为公正行使司法权力的保障,在很大程度上影响着司法公正的实现。回避制度与司法公正息息相关,是我国三大诉讼法确立的基本制度,回避制度中对书记员的回避也作了相应规定,书记员应严格遵守回避制度。

3. 禁止单独接触一方当事人

从职业道德的角度来讲,单独接触一方当事人与法院工作人员公正、中立的角色不符,不仅影响当事人对本案裁判过程与裁判结果的信任,而且也会损害审判职业整体的公信力。因此,无论是审判员还是书记员,如果单独会见一方当事人,都会有损司法公正。

4. 抵制人情案、关系案

由于中国文化和中国社会的特殊性,人情、关系成为容易影响司法公正的因素之一。职业道德要求书记员应当抵制当事人及其代理人、辩护人或者案外人利用各种社会关系的说情,抵制和排除来自当事人和其他任何人基于人情关系对案件处理过程和结果施加的任何影响。人情案、关系案是司法公正的一大威胁,实践中多数裁判不公的情况都是由于人情关系造成的。防止人情案、关系案要求书记员做到以下几点:(1)自己不得为案件当事人说情。(2)抵制来自各方面的人情关系对裁判的影响。(3)不能为当事人介绍律师。除在刑事案件中法院为犯罪嫌疑人指定辩护人的情况外,严禁书记员为当事人介绍或推荐律师。

(二)提高司法效率

司法公正与司法效率是审判工作的主题,共同构成了司法正当性的两个方面。“迟来的正义不是正义。”司法活动只有保持一定的效率,才能真正实现司法公正,没有司法效率,司法公正就会失去存在的基础。司法效率是实现司法公正的保障,司法公正是司法效率的最终目标。提高司法效率,要求书记员在履行审判职责时,应当具备司法高效意识和诉讼经济意识,充分利用司法制度设计,迅速高效地履行司法职责,尽可能简化诉讼程序,缩短诉讼周期,降低诉讼费用,以最经济、最合理的投入,获得最充分、最满意的效果,节约司法资源、降低诉讼成本,减少当事人诉累、杜绝司法拖延。

提高司法效率的具体要求是:

1. 勤勉敬业

勤勉敬业是司法职责得以优质高效实现的基本条件,职业道德要求书记员勤勉敬业,全身心地致力于履行审判职责,不得因个人的事务、日程安排或者其他行为影响审判职责的正常履行。在审判工作中不认真、不踏实、不负责任、不投入或没有工作热情,都是缺乏勤勉敬业精神的表现。

书记员在审判工作中应当具有高度的责任心,正确处理审判活动与个人事务和其他公务活动的关系,不因个人事务和其他公务影响正常履行工作职责,保证自己有足够的精力投入到审判工作中。

2. 严格执行案件审理期限的规定

各类案件都应当在法定期限内尽快立案、审理和判决。我国《民事诉讼法》、《行政诉讼法》、《刑事诉讼法》和最高人民法院的司法解释对于审判案件应当遵守的审理期限都作了明确规定,在审限内审结案件,是提高司法效率、实现司法公正的重要保障。遇到特殊情况不能在法定审限内审结案件的,应当依照法定程序办理延长审限的手续,未经批准不能超期审理。超过审理期限未审结案件,不仅违反了诉讼法的规定,也违反了职业道德。书记员在工作中要严格执行审限制度,安排开庭和其他工作时要统筹兼顾,合理安排,不能影响案件的审理期限。

3. 全面提高司法效率

书记员应当在审判工作的每一个环节中注重司法效率,以节约审判时间。书记员在工作中应当做到:(1)合理安排各项审判事务,提高诉讼效率。书记员应当培养有利于提高司法效率的工作作风,合理安排各项审判事务,在工作中不得粗心大意、无故拖延、贻误工作。严格遵守工作纪律,及时、有效、审慎、适当地完成本职工作,不能因个人事务和其他公务影响审判职责的正常履行。(2)对于各项司法职责的履行都给予足够的重视,对于每个案件都给予同样审慎的关注,并且投入合理的、足够的时间。案件审理过程中的各个审判环节都很重要,对立案、送达、采取保全措施、审理、执行等各项司法职责的履行都必须给予足够重视,不能掉以轻心、随便应付。

(3)在保证审判质量的前提下,注意节省当事人及其代理人、辩护人的时间,注重与其他法官和审判工作人员共事的有效性。诉讼活动是审判人员与当事人和其他诉讼参与人共同参加的活动,在诉讼活动过程中,只有全部参与的人员互相理解、支持与配合,共同保持高效意识,才能真正实现司法效率的提高。因此,一方面,书记员应当尊重当事人和其他诉讼参与人,注意节省当事人和其他诉讼参与人的时间;另一方面,当书记员发现当事人和其他诉讼参与人在诉讼活动中不注重效率甚至有意拖延时,应当督促其提高效率、减少拖延,避免因当事人和诉讼参与人的原因导致不合理、不必要的延误。另外,书记员还应尊重同一审判组织中其他人员的时间,与他们协调一致,彼此珍惜对方的劳动和时间,共同创造高效、和谐的司法环境。

(三)保持清正廉洁

清正廉洁是维护司法公正、树立司法权威的重要保障,也是书记员应当具备的价值观念和品质。书记员应当保持在物质利益和精神生活方面的纯洁与清廉,不怕清贫,耐得住寂寞;合理处理公职与私利之间的关系,正确对待不当利益,不得直接或间接地利用职务和地位谋取任何不当利益;保持生活上的简朴,两袖清风,一身正气,维护司法尊严和公信力。保持清正廉洁的具体内容包括:

1. 禁止获取不正当利益

书记员在履行职责时,不得直接或间接地利用职务和地位谋取任何不当利益,不得接受当事人及其代理人、辩护人的款待、财物和其他利益。除合法投资收入、继承、稿酬等合法财产之外,书记员不得获取可能影响司法公正与廉洁的任何收入。

2. 不得从事商业活动和提供法律服务

为了确保司法的中立地位,保持清正廉洁,书记员不得参与可能导致公众对其廉洁形象产生不信任感的商业活动或者其他经济活动,并不得兼任律师、企事业单位或者个人的法律顾问等职务,不得就未决案件为当事人及其代理人、辩护人提供咨询意见和法律意见。

(四)遵守司法礼仪

司法礼仪是指司法活动主体在司法活动中应当遵守的礼节、仪式以及行为态度和方式。司法礼仪作为一种程式化的礼节和仪式,在司法活动中有着特殊意义,它是司法活动的外在形象,体现出书记员的职业素养和职业文明,有助于提高司法公信力,提升法院形象。司法礼仪虽然不是法定的诉讼程序,但它可以强化司法活动的神圣性,体现司法的权威和尊严,因而遵守司法礼仪往往被视为司法公正的重要标准,在一定程度上成为司法公正的一部分。书记员在审判活动中不拘小节、随心所欲,不仅会损害自己的形象,也有损司法的权威、尊严和公正。遵守司法礼仪具体包括以下内容:

1. 举止文明,仪表得体

书记员的文明举止和良好仪表会向当事人和诉讼参与人发出一种司法公正信息,使他们对裁判过程和裁判结果产生信服。因此,书记员在司法活动中应当保持与其身份、职责和形象相符的仪表和举止,无论是手势、面部表情,还是站姿、坐姿、走姿等都要大方得体,高雅有度,即要反映出审判职业的神圣和庄严,又要体现出超凡脱俗的权威感。书记员衣着不整、浓妆艳抹、奇装异服、挽裤赤脚等仪表不端的行为,会损害法律的权威和公正形象。因此,为维护和保持司法的威信和形象,书记员在审判活动中应当举止得体,仪表端庄,使其精神气质与司法活动的要求相协调。

2. 礼貌对待当事人和诉讼参与人

能否礼貌对待当事人,不仅反映出书记员个人素质的高低,更体现了司法活动文明程度的高低。在审判活动中,书记员应当尊重当事人和其他诉讼参与人的人格尊严,以礼貌、文明、善意的态度对待当事人、其他诉讼参与人以及旁听人员,为他们能够正常了解审判活动、参与审判活动提供平等条件。书记员在审判活动中应当使用规范、准确、文明的语言,不得使用讽刺挖苦的语言,不得对当事人或其他诉讼参与人有任何不公的训诫和不恰当的言辞。

3. 遵守法庭规则

法庭是司法活动的主要场所,所有参加庭审活动的人都应当遵守法庭纪律和规则。书记员在开庭时应当遵守法庭规则,并监督法庭内所有人员遵守法庭规则,保持法庭的庄严感。书记员应当遵守的法庭规则是:(1)模范遵守司法礼仪,按规定着法官制服、佩戴徽章,并保持整洁。法官制服和徽章,是法官形象及司法形象的一种强烈的、无声的语言,代表着司法的尊严和神圣,因此,书记员在法庭内代表国家从事审判活动时,一定要按照相关规定着法官制服并佩戴徽章。(2)准时出庭,不缺席、不迟到、不早退、不随意出入。庭审活动是一项非常严肃的司法活动,庭审秩序的混乱不仅有损司法尊严和法律权威,还会影响到审判实体结果的公正。在庭审过程中,书记员不准时到庭、缺席、迟到、早退、随意出入等行为,直接破坏了法庭秩序,违反了职业道德,应予严禁。(3)集中精力、专注庭审,不做与审判活动无关的事。

(五)加强自身修养

书记员应当具备以下修养和素质:

1. 坚定的法律信仰和政治素质

法律信仰直接决定了书记员的执法动机和价值目标,书记员只有获得了法律信仰的精神支持,才能具有坚强的守法精神和勇敢的执法品格,全身心投入审判工作,在审判工作中获得职业崇高感和成就感。

政治素质决定着书记员行使审判权的立场,忠实于宪法和法律,全心全意为人民服务,是书记员应当具备的基本素质,也是书记员的个人品德在审判工作中的具体表现。坚定的政治素质要求书记员必须坚持学习政治理论,树立全心全意为人民服务的信念,树立正确的世界观、人生观和价值观。

2. 良好的业务素质

书记员业务素质的高低直接影响其履行审判职责的质量和水平,影响国家审判职能的正常发挥。每一位书记员都应当在司法实践中通过自身努力不断提高业务素质,使自己的业务素质与书记员的职业要求相适应。书记员应树立终身教育、终身培训的观念,认真参加专业培训和岗位培训,刻苦学习,不断增强业务素质。为了提高业务素质,书记员在职业生涯中除了参加教育培训外,还应当在平时不间断地刻苦钻研法律业务,不断汲取新知识,不断提高速录等各项司法技能,使自己具备从事审判工作所必需的法律知识和司法技能。

3. 良好的职业道德素质

书记员作为社会的一员,除了以职业行为树立职业形象外,在日常生活和处理社会关系、个人事务的过程中,还应当以其表现出的是非标准和善恶判断标准,体现出书记员的道德素质,促进审判权的有效履行;书记员应当严格自律,行为检点,培养崇高的道德操守,成为遵守社会公德和家庭美德的楷模;书记员应当刚正不阿、疾恶如仇、善良、诚实、正直、勤奋、进取、忘我、无私。

第二编　书记员民事案件工作规范

第六章　庭审前书记员的工作规范

第一节　新收案件的检查、登记和装订工作

【工作情境一】

王兰刚分配到北京市第二中级人民法院民事审判庭做书记员，有一天内勤陈刚拿来两本案卷对她说："王兰，这是分给李义法官的两个案件，一个一审案件，一个二审案件，你签收一下吧。"说完递给王兰两张表格让她签字，王兰在"收卷人"处签上了自己的名字，之后，陈刚把两本案卷交给王兰，把王兰签字的两张表格拿走了。

见到李义法官后，王兰把两本案卷交给他，李义看完卷后又把卷交给王兰，对她说："你安排开庭吧。"

王兰接过案卷就放在卷柜中保存起来了。

【工作分析】

在上述工作情境中，王兰的做法是否正确？如果你是该案的书记员，应该怎么做？

【工作步骤】

一、接收新案件时对卷宗材料进行检查

二、对新收案件进行登记

三、对新收案件的卷宗材料进行初步装订

【岗位技能】

一、检查新收案件的技能

二、初步装订卷宗材料的技能

一、对新收案件的卷宗材料进行检查

【工作分析】

陈刚让王兰签收新案件时，王兰不应该直接签字，而应该先对新收案件的卷宗材料进行检查，检查后对卷宗材料齐全无误的案件可以签字；对卷宗材料缺失有误的案件不能签字，应告知陈刚所缺失的材料并要求将案件退回补充材料。

【工作步骤】

1. 检查新收案件中是否有“两表”；
2. 检查当事人是否已交纳诉讼费用；
3. 审核当事人提交的证据材料和诉讼手续；
4. 新收二审案件的审查。

(一)检查新收案件中是否有“两表”

新收案件应首先检查是否具备“两表”，即立案审批表和立案审查信息表。立案审批表和立案审查信息表可以证明案件属于法院受理案件的范围并符合法院的立案条件。无论是一审民事案件还是二审民事案件，必须属于法院受案范围并符合立案条件才能够进入审判程序。新收案件中没有“两表”，案件不能进入审判程序。书记员在签收新案件时发现卷宗材料中没有“两表”，应将案件退回内勤，由内勤退回立案庭补齐“两表”。

人民法院立案庭对所受理的案件按照法律规定进行审查后，对符合立案条件的案件，应予立案并填写立案审批表和立案审查信息表。

检查新收案件环节所涉及的诉讼文书是立案审批表和立案审查信息表。

一审民事案件立案审批表中的主要内容有：案由、收到诉状日期、当事人情况、起诉状内容摘要、立案庭审查意见、立案时间、案件编号等信息；一审民事案件立案审查信息表中除了以上信息外，还有以下内容：案件来源、管辖依据、涉诉标的、当事人联系方式、审查人、审查日期、审批人、审批日期、应收受理费、预交受理费等。

二审民事案件立案审批表中的主要内容有：案由、承办庭、案号、立案时间、立案人、收案人、当事人情况、原审案卷号、诉讼费等信息；二审民事案件立案审查信息表中除了以上信息外，还有以下内容：上诉案件类型、提出上诉日期、收到一审法院移送案卷日期、原审法院、诉讼标的、当事人联系方式、审查人、审查日期、审批人、审批日期、应收受理费、预交受理费等。

立案审批表(民事一审案件)

案由	一般股权转让侵权纠纷	收到诉状日期	2019年10月12日
当事人	原告:北京双鹤药业股份有限公司 被告:湖北省医药公司		
诉状内容摘要			
审查意见	(签名) 年　月　日		
领导批示	(签名) 年　月　日		
立案时间	2019年10月16日	案件编号	(2019)京02民初00439号
发出受理案件及缴款通知书或者发出不予受理裁定书的日期	年　月　日		

立案审查信息表(民事一审案件)

<table>
<tr><td colspan="4">民事一审案件立案审查情况</td><td colspan="2">案号:(2019)京02民初00439号</td></tr>
<tr><td colspan="2" rowspan="2">案由:一般股权转让侵权纠纷</td><td colspan="2" rowspan="2">收到诉状日期:2019年10月12日</td><td colspan="2">案件来源:新收</td></tr>
<tr><td colspan="2">管辖依据:协议管辖</td></tr>
<tr><td>涉诉标的:5000万元</td><td>保全方式:</td><td colspan="2">证据保全:</td><td>先予执行:</td><td>涉外:</td></tr>
<tr><td colspan="6">合同、权属及侵权纠纷种类:</td></tr>
<tr><td colspan="6">当事人基本情况</td></tr>
<tr><td>诉讼地位</td><td>姓名或单位名称</td><td colspan="2">自然人居住地、经常居住地或单位所在地</td><td>联系电话</td><td>邮政编码</td></tr>
<tr><td>原告</td><td>北京双鹤药业股份有限公司</td><td colspan="2">北京市朝阳区望京利泽东二路1号</td><td>010－64742229</td><td></td></tr>
<tr><td>被告</td><td>湖北省医药公司</td><td colspan="2">湖北省武汉市硚口区航空路1－5号</td><td>027－83646861</td><td></td></tr>
<tr><td rowspan="2">审查人意见</td><td colspan="3" rowspan="2"></td><td colspan="2">审查人:李玉凤</td></tr>
<tr><td colspan="2">审查日期:</td></tr>
<tr><td rowspan="2">审批人意见</td><td colspan="3" rowspan="2">同意立案</td><td colspan="2">审批人:</td></tr>
<tr><td colspan="2">审批日期:2019年10月12日</td></tr>
<tr><td colspan="2">对不予受理裁定上诉:</td><td colspan="2">收到上诉状日期:</td><td colspan="2">二审裁定日期:</td></tr>
<tr><td colspan="6">二审裁定结果:</td></tr>
<tr><td rowspan="2">应收受理费:260010.00元</td><td colspan="2">预交日期:</td><td rowspan="2"></td><td colspan="2" rowspan="2">实收受理费:260010.00元</td></tr>
<tr><td colspan="2">预交受理费:260010.00元</td></tr>
<tr><td>司法救助对象</td><td colspan="5"></td></tr>
<tr><td colspan="3"></td><td colspan="3">备注:</td></tr>
</table>

立案人:李玉凤　　　　承办人:李　义　　　　审判长或庭长:

立案审批表(民事二审案件)

<table>
<tr><td>案由</td><td colspan="4">其他股东权纠纷</td></tr>
<tr><td>承办庭</td><td colspan="4">民四庭</td></tr>
<tr><td>案号</td><td colspan="4">(2019)京02民终02767号</td></tr>
<tr><td colspan="2">立案时间</td><td colspan="2">立案人</td><td>收案人</td></tr>
<tr><td colspan="2">2019年10月16日</td><td colspan="2">王丽娟</td><td>李　义</td></tr>
<tr><td>当事人</td><td colspan="4">上诉人(原审被告):北京荣华商贸有限公司
被上诉人(原审原告):左宝强</td></tr>
<tr><td>案卷号</td><td colspan="4">(2019)京0102民初21081号</td></tr>
<tr><td rowspan="2">诉讼费</td><td>应交金额(元)</td><td colspan="2">已交金额(元)</td><td>尚欠金额(元)</td></tr>
<tr><td>2604.00</td><td colspan="2">2604.00</td><td>0.00</td></tr>
<tr><td rowspan="2">批缓诉讼费</td><td>时间</td><td>金额(元)</td><td>缓交批准人</td><td>缓交截止时间</td></tr>
<tr><td></td><td></td><td></td><td></td></tr>
<tr><td rowspan="4">详细信息</td><td>移送函</td><td colspan="2">上诉状</td><td>送达回证、答辩状</td></tr>
<tr><td></td><td colspan="2"></td><td></td></tr>
<tr><td>收费四联(张)</td><td colspan="2">收费二联(张)</td><td>其他材料</td></tr>
<tr><td></td><td colspan="2"></td><td></td></tr>
<tr><td>退卷时间</td><td colspan="4">年　　月　　日</td></tr>
</table>

立案审查信息表(民事二审案件)

<table>
<tr><td colspan="3">民事二审案件立案审查情况</td><td colspan="2">案号:(2019)京 02 民终 02767 号</td></tr>
<tr><td rowspan="2">上诉案件类型</td><td rowspan="2">对判决不服</td><td>提出上诉日期</td><td colspan="2"></td></tr>
<tr><td>收到一审法院移送的案卷日期</td><td colspan="2"></td></tr>
<tr><td colspan="2">案由:其他股东权纠纷</td><td>原审法院:北京市西城区人民法院</td><td colspan="2">原审案号:(2019)京 0102 民初 21081 号</td></tr>
<tr><td>案件涉及:</td><td>保全方式:</td><td>证据保全:</td><td>先予执行:</td><td>诉讼标的:6.98065 万元</td></tr>
</table>

<table>
<tr><td colspan="5">当事人基本情况</td></tr>
<tr><td>诉讼地位</td><td>姓名或单位名称</td><td>自然人居住地、经常居住地或单位所在地</td><td>联系电话</td><td>邮政编码</td></tr>
<tr><td>上诉人(原审被告)</td><td>北京荣华商贸有限公司</td><td>朝阳区望京西园三区 716 号楼住宅(A)4 单元 1257 号</td><td>13911169××2</td><td></td></tr>
<tr><td>被上诉人(原审原告)</td><td>左宝强</td><td>崇文区广渠门北里甲 93 号 1 号楼 2105</td><td>13501119××8</td><td></td></tr>
</table>

<table>
<tr><td rowspan="2">审查意见</td><td colspan="3" rowspan="2"></td><td colspan="2">审查人:王丽娟</td></tr>
<tr><td colspan="2">审查日期:2019 年 10 月 16 日</td></tr>
<tr><td rowspan="2">审批人意见</td><td colspan="3" rowspan="2">同意立案</td><td colspan="2">审批人:</td></tr>
<tr><td colspan="2">审批日期:2019 年 10 月 16 日</td></tr>
<tr><td rowspan="2">应收受理费(元)</td><td rowspan="2">2604.00</td><td>预交日期:</td><td rowspan="2"></td><td rowspan="2">实收受理费(元)</td><td rowspan="2">2604.00</td></tr>
<tr><td>预交受理费:2604.00 元</td></tr>
<tr><td>司法救助对象</td><td colspan="5"></td></tr>
</table>

立案人:王丽娟　　承办人:李　义　　审判长或庭长:

（二）检查当事人是否已交纳诉讼费用

新收案件要检查案卷材料中是否有当事人交纳诉讼费用的交费凭证。如果没有当事人交纳诉讼费用的凭证，按下列方式处理：

1. 当事人没有交纳诉讼费用的凭证，也没有提交缓交、减交或免交诉讼费的申请，书记员在接收案件时可以要求内勤将案件退回立案庭；也可以在告知内勤并注明情况后接收案件。接收案件后应当及时通知当事人交纳诉讼费，当事人接到预交诉讼费的通知次日起 7 日内不交纳诉讼费的，按自动撤诉处理。

2. 当事人没有交纳诉讼费用的凭证，但提交了缓交、减交或免交诉讼费的申请，书记员应及时将申请提交合议庭，由合议庭审查决定是否批准当事人提出的申请。合议庭对当事人提出的缓交、减交、免交诉讼费的申请研究后决定批准当事人的申请的，当事人可以缓、减、免交诉讼费；合议庭不批准当事人的申请的，由书记员通知当事人交纳诉讼费，当事人接到预交诉讼费的通知次日起 7 日内不交纳诉讼费的，按自动撤诉处理。

原告或上诉人在人民法院规定的缓交诉讼费期间内仍未交纳诉讼费的，经人民法院决定减交或者免交的外，应按自动撤回起诉或上诉处理。因当事人不交纳或不能足额交纳案件受理费和上诉费的，人民法院按撤诉处理后不应收费，当事人已预交的部分，法院应予退还。

书记员在工作中，还应掌握下列与诉讼费有关的知识：

1. 诉讼费用的交纳

当事人进行民事诉讼，应当向人民法院交纳案件受理费，案件受理费由当事人预交。

下列民事案件不交纳案件受理费：（1）依照《民事诉讼法》规定的特别程序审理的案件；（2）裁定不予受理、驳回起诉、驳回上诉的案件；（3）对不予受理、驳回起诉和管辖权异议裁定不服，提起上诉的案件；（4）根据民事诉讼法规定的审判监督程序审理的案件，当事人不交纳案件受理费。但是，下列情形除外：（1）当事人有新的证据，足以推翻原判决、裁定，向人民法院申请再审，人民法院经审查决定再审的案件。（2）当事人对人民法院第一审判决或者裁定未提出上诉，第一审判决、裁定或者调解书发生法律效力后又申请再审，人民法院经审查决定再审的案件。除以上可以不交或免交诉讼费的案件外，其他民事案件的当事人均应当向法院交纳案件受理费。

一审民事案件由原告在向法院起诉时预交诉讼费，原告自接到人民法院预交诉讼费用通知的次日起7日内预交,反诉案件由提起反诉的当事人自提起反诉次日起7日内交纳案件受理费。预交确有困难的,可以在预交期内向人民法院申请缓交,在预交期内未预交又不提出缓交申请的,按自动撤回起诉处理;上诉案件的诉讼费用,由上诉人向人民法院提交上诉状时预交,双方当事人都提出上诉的,由上诉的双方当事人分别预交。上诉人在上诉期内未预交诉讼费用的,人民法院应当通知其预交。上诉人在接到人民法院预交诉讼费用的通知后7日内仍未预交又不提出缓交申请的,按自动撤回上诉处理;申请执行等费用由申请人在提出申请时预交。

2. 诉讼费用的负担

案件受理费由败诉的当事人负担,双方都有责任的由双方负担;共同诉讼当事人败诉,由人民法院根据他们各自对诉讼标的的利害关系,决定各自应负担的金额,其中如有专为自己利益的诉讼行为所支出的费用,由该当事人负担;第二审人民法院对第一审人民法院的判决作了改判的,除了应当确定当事人对第二审诉讼费用的负担外,还应当相应地变更第一审人民法院对诉讼费用负担的决定;离婚案件诉讼费用的负担由当事人协商,协商不成的由人民法院决定;申请执行费和执行中实际支出的费用,由被申请人负担。

当事人不得单独就人民法院关于诉讼费用的决定提出上诉。

第二审人民法院决定将案件发回重审的,应当退还上诉人已交纳的第二审案件受理费;第一审人民法院裁定不予受理或者驳回起诉的,应当退还当事人已交纳的案件受理费;当事人对第一审人民法院不予受理、驳回起诉的裁定提起上诉,第二审人民法院维持第一审人民法院作出的裁定的,第一审人民法院应当退还当事人已交纳的案件受理费。

3. 缓交、减交、免交诉讼费用的审查

当事人确因经济困难不能按时交纳诉讼费用的,可以向人民法院申请缓交、减交或免交诉讼费用的司法救助,是否缓、减、免,由人民法院审查决定。诉讼费用的免交只适用于自然人。当事人申请司法救助,应当在起诉或者上诉时提交书面申请、足以证明其确有经济困难的证明材料以及其他相关证明材料。因生活困难或者追索基本生活费用申请免交、减交诉讼费用的,还应当提供本人及其家庭经济状况符合当地民政、劳动保障等部门规定的公民经济困难标准的证明。

当事人申请司法救助,符合下列情形之一的,人民法院应当准予免交诉讼费用:(1)残疾人无固定生活来源的;(2)追索赡养费、扶养费、抚育费、抚恤金的;(3)最低生活保障对象、农村特困定期救济对象、农村五保供养对象或者领取失业保险金人员,无其他收入的;(4)因见义勇为或者为保护社会公共利益致使自身合法权益受到损害,本人或者其近亲属请求赔偿或者补偿的;(5)确实需要免交的其他情形。

当事人申请司法救助,符合下列情形之一的,人民法院应当准予减交诉讼费用:(1)因自然灾害等不可抗力造成生活困难,正在接受社会救济,或者家庭生产经营难以为继的;(2)属于国家规定的优抚、安置对象的;(3)社会福利机构和救助管理站;(4)确实需要减交的其他情形。人民法院准予减交诉讼费用的,减交比例不得低于30%。

当事人申请司法救助,符合下列情形之一的,人民法院应当准予缓交诉讼费用:(1)追索社会保险金、经济补偿金的;(2)海上事故、交通事故、医疗事故、工伤事故、产品质量事故或者其他人身伤害事故的受害人请求赔偿的;(3)正在接受有关部门法律援助的;(4)确实需要缓交的其他情形。

人民法院对一方当事人提供司法救助,对方当事人败诉的,诉讼费用由对方当事人负担;对方当事人胜诉的,可以视申请司法救助的当事人的经济状况决定其减交、免交诉讼费用。

(三)审核当事人提交的证据材料和诉讼手续

1. 证据材料的审核

书记员对案卷负有保管责任,在接管案卷后证据材料的丢失和损坏都由书记员负责,因此书记员在接收新收案件时一定要认真对证据材料进行核对。

新收案件证据材料的审查,主要是审查当事人提交的证据材料的名称和份数与其提交的证据清单中的名称和份数是否一致,如果证据清单中列举了证据材料的名称,而在其提交的证据中没有该份证据,在签收新收案件时应向内勤说明情况,由内勤在证据清单中注明情况。之后及时与提交证据的当事人联系并限期重新补充未提交的证据。

对证据材料的审核是划分责任的一项重要工作,在接收案卷时证据材料不在接收范围之内的,书记员不负任何责任。但是如果书记员在接收案卷时没有对证据材料进行核对,书记员就要对证据清单中列举的所有证据负有保管和出示的责任。

2. 诉讼手续的审核

当事人及诉讼参与人到法院参加诉讼应当向法院提交诉讼手续,当事人是公民的,应向法院提交本人身份证复印件;当事人是法人或其他组织的,应向法院提交加盖公章的法定代表人身份证明书(不具备法人资格的其他组织应提交加盖公章的单位负责人身份证明书),企业法人营业执照正副本原件及复印件(事业单位需提交事业单位代码证书原件及复印件);委托代理人到庭参加诉讼,应向法院提交授权委托书,委托代理人是律师的,还应向法院提交其律师事务所出具的所函。

在接收新收案件时当事人和诉讼参与人没有提交上述诉讼手续的,影响不大,可以先将案件收下,然后通知当事人和诉讼参与人在开庭审理前交齐诉讼手续,否则法院无法确认其参加诉讼的合法身份,当事人及其他诉讼参与人将无法参加开庭审理。

(四)新收二审案件的审查

新收二审案件除了检查以上三项内容外,还需要审核一审法院移送的一审案卷和上诉材料是否与上诉移送函开列一致。一审案件上诉后,一审法院要将一审案卷和上诉材料移交给二审法院,二审法院在接收一审案卷和上诉材料时,要认真审查一审法院移送的卷宗数和上诉材料是否与其在上诉移送函中填写的内容一致。这项审查工作十分必要,一审法院移送上来的案卷和材料是二审法院对案件进行审理的重要依据,同时二审法院还有义务妥善保管一审法院的案卷,待二审案件审结后将一审案卷退回一审法院。一审卷宗的保管责任自接收案件时由二审法院负责,直至二审法院将一审卷宗退回一审法院,在此期间发生一审卷宗丢失或损坏的情况,由二审法院承担责任。一审法院出具的上诉移送函中具体填写了其移送的卷宗数和相关材料,这也是二审法院接收卷宗材料的范围和保管的责任范围,因此,二审法院应认真对照上诉移送函中的内容核对一审法院移送的卷宗和材料,发现有出入的,应向内勤说明情况,由内勤将卷宗和相关材料退回立案庭,立案庭退回一审法院,待一审法院将案卷和相关材料补充齐全后再予接收。

在检查新收二审案件时主要是对照上诉移送函核对一审卷宗材料,上诉移送函中有一审法院移送的案卷和材料的名称和数量。上诉移送函中所写的案卷和材料数量与实际收到的一致时才可以对案件进行签收。

北京市西城区人民法院

民事案件上诉移送函

（2019）京 0102 民初 21081 号

北京市第二中级人民法院：

我院审理的左宝强诉北京荣华商贸有限公司其他股东权纠纷一案，已于 2019 年 9 月 15 日作出（2019）京 0102 民初 21081 号民事判决。因北京荣华商贸有限公司不服提出上诉。我院已将该案的上诉状副本送达被上诉人左某某，并已收到被上诉人的答辩状。

现将该案的上诉状、答辩状、一审民事判决书三份连同全部案卷共计两宗一并送上，请查收。

2019 年 10 月 13 日

（院印）

二、对新收案件进行登记

【工作分析】

李义把案卷交给王兰后,王兰不应直接把案卷放入卷柜保存,而应对案件进行登记。

书记员在接到新收案件后,应将新收案件登记在“案件登记表”中。登记新收案件时,应将案件的当事人名称、立案时间、案由和案号都登记清楚,并留出填写登记开庭时间、结案时间以及归档时间的地方。对新收案件进行登记有以下作用:

1. 便于书记员合理安排开庭时间

书记员新收的案件很多,如果不进行登记就直接把案卷放在卷柜中,很容易将某些案件遗忘,致使案件不能及时安排开庭,甚至会延误案件的审理期限。新收案件登记在册后,每个案件的基本情况都一目了然,可以根据案件的立案时间和审理期限要求,合理安排开庭时间。已经开过庭的案件在案件登记表中的“开庭时间”处注明开庭时间,这样就可以及时发现未开庭的案件,不会将未开庭的案件遗漏致使案件不能得到及时审理。

2. 便于书记员掌握裁判文书送达的情况

在审判实践中,双方当事人领取裁判文书的时间往往不一致,经常出现一方按照法院指定的时间及时领取了裁判文书,而另一方迟迟未领取裁判文书的情况。如果对双方当事人领取裁判文书的情况不做统计,很容易延误裁判文书的送达,致使裁判文书不能及时产生法律效力。案件登记表中的“结案时间”处可以标明各方当事人接受裁判文书送达的时间,这样就可以掌握每个案件裁判文书的送达情况,及时完成裁判文书的送达工作。

3. 便于书记员的案卷归档工作

每个案件审结后,书记员都要整理卷宗材料、编写卷宗页码、将卷宗装订成册,然后将装订好的卷宗送到档案室归档。档案室对归档的案卷审查后,要在书记员登记的归档案件中盖上案卷已归档的章,表明该案卷已交由档案室保管,书记员不再对该案卷负有保管义务。案件登记表中的“归档时间”一栏就是书记员归档时档案室盖章的地方,书记员先把归档的日期填在“归档时间”处,然后由档案室在书记员填写的归档日期处盖上案卷已归档的章,至此,书记员对该案件的所有工作均已完成。

案件登记表

（一审民事案件用）

序号	原告（名称及联系方式）	被告（名称及联系方式）	立案时间	案由	案号	开庭时间	结案时间	归档时间
1								
2								
3								
4								
5								
6								

案件登记表

(二审民事案件用)

序号	上诉人(名称及联系方式)	被上诉人(名称及联系方式)	立案时间	案由	案号	开庭时间	结案时间	归档时间
1								
2								
3								
4								
5								
6								

三、对新收案件的卷宗材料进行初步装订

【工作分析】

王兰对新收案件登记完毕后,还应对卷宗材料进行初步装订,完成上述工作后才能将案卷放入卷柜保存。

书记员在接到新收案件后,应当在5个工作日内对卷宗材料进行初步装订。卷宗材料的初步装订与案件审结后的正式立卷装订有所不同,初步装订不需要编写页码,不需要永久固定所装订的材料,也不需要装订正式卷皮,只需要将案卷材料按时间顺序排列好,用锥子在排列好的材料上扎两个眼,然后在扎好的眼上穿入两个双脚钉,把卷宗材料固定好就可以。对卷宗材料的初步装订是为了防止卷宗材料在审理案件的过程中散落丢失,或者混入其他案卷。随着案件审理的进展,会不断出现新的诉讼材料,新的诉讼材料要随时加入已经订好的诉讼材料中。

初步装订卷宗材料时要注意分正卷和副卷分册装订。分册装订正、副卷的目的是为了有利于保密并方便利用,副卷中的材料都是涉及审判机密的材料,这些材料只有本案的合议庭成员才能查阅,合议庭之外的其他审判员、书记员以及当事人和诉讼代理人均不能查阅。

应当订入副卷的材料包括:阅卷笔录、庭审提纲、审理报告、合议庭评议笔录、汇报记录、审判委员会记录、研究记录、与有关部门的内部交换意见记录、内部请示及批复、内部函件、裁判文书原本、发回重审意见书、司法建议及其他不宜对外公开的材料。除了必须订入副卷的材料外,其他诉讼材料均订入正卷。

案卷材料分册装订好之后,书记员应当妥善保管案件正、副卷宗。当事人或诉讼代理人查阅卷宗时,按相关规定处理。

《民事诉讼法》规定当事人可以查阅本案有关材料,并可以复制本案有关材料和法律文书。根据《最高人民法院关于诉讼代理人查阅民事案件材料的规定》的规定,代理民事诉讼的律师和其他诉讼代理人有权查阅所代理案件的有关材料,但诉讼代理人查阅案件材料不得影响案件的审理。诉讼代理人为了申请再审的需要,可以查阅已经审理终结的所代理案件的有关材料。诉讼代理人在诉讼中查阅案件材料限于案件审判正卷和执行卷的正卷,包括起诉书、答辩书、庭审笔录及各种证据材料等。案件审理终结后,可以查阅案件审判卷的正卷。诉讼代理人查阅案件材料可以摘抄或者复印。涉及国家秘密的案件材料,依照国家有关规定办理。查阅案件材料中

涉及国家秘密、商业秘密和个人隐私的,诉讼代理人应当保密。

第二节　一审民事案件开庭前的送达工作

【工作情境二】

王兰在李义和其他书记员的指导和帮助下,知道了签收新案件时应对卷宗材料检查完毕后再签字,并对新收的两个民事案件进行了登记和初步装订。

王兰不知道接下来开庭之前还需要做什么工作,就问承办法官李义下一步做什么工作?李义告诉王兰新收的一审民事案件需要公开开庭,在开庭之前需要向当事人送达诉讼材料和传票;新收的二审民事案件可以不开庭,通知当事人到法院接受询问即可。

【工作分析】

在开庭之前王兰需要向一审民事案件的当事人送达哪些诉讼材料?王兰可以采用哪些送达方式?

【工作步骤】

四、向原告送达诉讼材料和传票

五、向被告送达诉讼材料和传票

【岗位技能】

三、送达回证的使用方法

四、法院常用的6种送达方式

一、送达的概念和特征

送达,是指人民法院依法定的程序和方式将诉讼文书送交当事人及其他诉讼参与人的行为。代表法院向当事人及其他诉讼参与人履行诉讼义务的人,称为送达人;接受法院送达的诉讼文书的当事人及其他诉讼参与人,称为受送达人。

送达具有以下特征:

1.送达是人民法院的职权行为

当事人或其他诉讼参与人向人民法院递交诉讼文书的行为不是送达,当事人之间递交诉讼材料的行为及法院内部互递诉讼文书的行为都不是诉讼法意义中的送达。

2. 送达应当依法定的程序和方式进行

未按法定程序和方式进行的送达不产生送达的法律效力，也就不能产生相应的法律后果。例如，当事人在法定期间收到法院的传票，就必须按照传票规定的时间出庭应诉，否则就要承担按撤诉处理或者缺席判决的法律后果；如果法院没有按照法定程序和方式送达传票，当事人可以拒绝出庭，在这种情况下，法院就不可以按撤诉处理或者缺席判决。

3. 送达的内容是各种诉讼文书

如起诉状副本、开庭通知书、答辩状副本、合议庭组成人员通知书、限期举证通知书、判决书、裁定书、调解书、支付令等。

送达是诉讼过程中非常重要的一项工作，在庭审之前如果不按照法律程序进行送达，就会导致案件审理程序违法。送达贯穿案件审理过程的始终，在案件开庭审理之前就要给原、被告送达开庭传票和其他诉讼材料，开庭之前的送达工作是当事人双方享有平等诉讼权利的保障，也是法院的庭审工作能够顺利进行的保障；案件审结之后也要进行送达工作，给双方当事人送达裁判文书（包括判决书、裁定书或调解书），裁判文书的送达是案件审理完结的标志，只有向当事人合法送达了裁判文书，一个案件的审理才算结束。

送达是诉讼过程中的一项重要制度，它直接关系到诉讼程序的顺利进行。一方面，法院通过送达工作的完成将诉讼文书交给受送达人，使其了解诉讼文书的内容，便于当事人参加诉讼活动；另一方面，送达本身具备一定的法律效力，法院依照法定程序和方式完成送达工作后，就会产生相应的法律后果，当事人应当在规定的期间内行使相应的诉讼权利或履行相应的诉讼义务，否则就要承担相应的法律后果。例如，一审民事判决书送达当事人后，当事人有权在收到一审判决书之日起 15 日内向上一级人民法院提起上诉，如果当事人在收到一审判决书后 15 日内没有提起上诉，就丧失了上诉的权利。因此，送达对于保障当事人和其他诉讼参与人的合法权利，保证诉讼活动的顺利进行都具有重要意义。

二、送达回证的作用和使用方法

（一）送达回证的作用

送达回证，是人民法院用以证明完成了送达行为的格式化的诉讼文书，也是证明受送达人收到人民法院送达的诉讼文书的凭证。送达工作完成后,送达回证要附在卷宗当中备查。

由于送达工作涉及受送达人的诉讼权利和实体权利,因此法律规定必须将诉讼文书送达给受送达人后才产生法律效力。送达诉讼文书必须有送达回证,由受送达人在送达回证上记明收到日期,签名或者盖章。受送达人在送达回证上的签收日期为送达日期。送达回证是表明受送达人已经接受了送达的依据和凭证,它对当事人和诉讼参与人计算诉讼期限,行使诉讼权利,履行诉讼义务都有重要意义。送达回证不仅能够证明人民法院是否履行职责完成了送达任务,还能够证明当事人是否行使了诉讼权利,履行了诉讼义务,送达回证在送达工作中是必不可少的。如一审人民法院判决后,当事人是否收到判决书,何时收到判决书,都以送达回证为准,当事人在送达回证上的签名即可证明已收到判决书,当事人签字的日期就是收到判决书的日期,以此作为计算上诉期限的依据。

(二)送达回证的使用方法

1. 送达回证的主要内容

送达回证的基本内容包括:送达法院的名称,案由,案号,送达文书的名称和件数,受送达人,送达地址,受送达人或者代收人的签名或盖章、备考、填发人、送达人。

××××人民法院
送达回证

案由		案号	
送达文书 名称和件数			
受送达人			
送达地址			
受送达人 签名或盖章	年　　月　　日		
代收人及 代收理由	年　　月　　日		
备考			

填发人　　　　　　　　　　　　　　送达人

2. 送达回证的使用方法

在使用送达回证的过程中要注意以下问题:

(1)首先要在送达法院的名称处盖上该院的院章,只有加盖了人民法院院章的送达回证才是有效的。在书记员的日常工作中送达回证使用量很大,如果用到一份送达回证去盖一次章很烦琐,因此通常的做法是把一摞空白的送达回证都盖上院章备用。

(2)准确填写案由与案号。案由与案号的填写一定要准确,在新收案件的"立案审批表"中,能找到具体的案由和案号,书记员应在立案审批表中找到案由与案号并准确填写在送达回证中的相应位置。

(3)"送达文书的名称和件数"处不仅要填写送达文书的名称,同时送达的件(份)数也要写上,如"民事判决书两份"。送达文书的名称处可以填写法院向当事人送达的所有诉讼材料:应诉通知书、限期举证通知书、证据材料、合议庭组成人员通知书、开庭传票、判决书、裁定书、调解书等,给当事人送达了哪些诉讼材料就写上该诉讼材料的具体名称和件(份)数。同时还要注意的是,"送达文书名称和件数"这一栏,并不是只能填写一项文书名称,而是可以填写多项文书名称,如果你给当事人同时送达了多项诉讼材料,可以把多项诉讼材料的名称和件数都填写在这一栏,如"限期举证通知书一份、合议庭组成人员通知书一份、开庭传票一份"。这样不仅节省工作时间、提高工作效率,还节约资源。

(4)"受送达人"指的是法院送达诉讼材料的对象,书记员把诉讼材料送达给谁就把谁的名称(或姓名)写在该栏,名称(或姓名)一定要写全称并注意文字的准确性。

(5)"送达地址"如果是在法院就可以写"本院",如果是在其他地方就写上送达的具体地址。

(6)"受送达人签名或盖章"一栏,不仅要求受送达人要签名或盖章,尤其注意一定要让受送达人填写送达日期,因为送达日期会在法律上对受送达人产生诉讼权利和诉讼义务,如果只有签名而没有送达日期,就不能确定受送达人权利义务的开始期间。

(7)"代收人及代收理由"栏需要注意,代收人必须有合法的代收手续,即代收人必须是当事人向人民法院指定的代收特定文书的人,当事人指定代收人要向法院出具书面代收材料并注明代收人的名字和代收事项,口头指定代收人或者打电话指定代收人的行为是无效的。核对了代收手续后,还要核对代收人的身份,代收手续与代收人的身份都核对无误后,让代收人在该栏签名或盖章,并写明代收日期。

代收事项只发生在当事人或其诉讼代理人无法签收的情况下,如果当事人本人或其诉讼代理人签收,就不会发生代收事项。

(8)"备考"一项一般情况下不用填写,在发生特殊情况时(如当事人拒绝签收),在"备考"栏写明特殊状况并由在场的其他人员签字盖章。

(9)"填发人"和"送达人"处写上法院具体工作人员的名字。

以上内容均填写完整后,将要送达的诉讼材料交给受送达人或其代收人,送达工作就完成了。送达工作完成后,书记员应妥善保管送达回证,将送达回证放在卷宗中备查。

三、法院常用的六种送达方式

【工作分析】

王兰向本案的原告北京双鹤药业股份有限公司和被告湖北省医药公司送达诉讼材料时应分别采用哪些送达方式?在送达过程中应注意哪些具体问题?

(一)直接送达

直接送达,是指人民法院将诉讼文书直接交付给受送达人或者其同住成年家属、诉讼代理人、单位负责人、代收人签收的送达方式。

直接送达是最基本、最常用的一种送达方式,在司法实践中,凡是能够直接送达的就应当采用直接送达,以防止拖延诉讼,保障诉讼程序的顺利进行。一般情况下,受送达人是公民(自然人)的,由该公民(自然人)本人签收。该公民不在时,可交由与其同住的成年家属签收;受送达人是法人或者其他组织的,应当由法人的法定代表人、其他组织的主要负责人或者该法人、组织负责收件的人签收;受送达人有诉讼代理人的,可以送交其代理人签收;受送达人已向人民法院指定代收人的,送交代收人签收。受送达人本人或其同住成年家属,法人或者其他组织的法定代表人、负责人以及负责收件的人,诉讼代理人或者代收人在送达回证上签收的日期为送达日期。

在采用直接送达方式中应注意两点:

1. 在离婚案件中,如果除夫妻双方外,没有其他同住的成年家属的,受送达的一方当事人不在时,不能交由对方当事人签收。

2. 调解书的送达,必须直接送达给当事人本人,如果送达给其诉讼代理人,要严格审查诉讼代理人是否有调解权限,如果授权委托书中有调解权限,送达给诉讼代理人同样有效。调解书应由人民法院送达双方当事人,并由双方当事人在送达回证上签收后,才具有法律效力;送达时当事人不签收就不具有法律效力,仅一方当事人签收,调解书也不具有法律效力。

如果当事人在调解协议上签了字,但在法院给其送达调解书时拒收的,不能将调解书送达给其同住成年家属,也不能留置送达或公告送达,调解书只能直接交给当事人本人或者有调解权限的诉讼代理人,当事人指定的代收人签收调解书的行为也是有效的。当事人拒绝签收调解书应视为调解不成立,调解书不发生法律效力,法院应及时将这一情况通知对方当事人,如果案件没有开庭审理过,应通知双方继续开庭审理,如果案件已经开庭审理过,法院应当依法进行判决。

为防止调解书不能同时送达双方当事人引起麻烦,人民法院主持双方当事人达成调解协议后,应立即制作调解书发给双方当事人。当调解书确实不能同时送达双方当事人时,应当告知先收到调解书的一方等另一方签收后调解书才发生法律效力。不然,先收到调解书的一方当事人以为调解书已经生效,按照调解书执行,而另一方当事人又反悔了,不同意调解,拒收调解书,从而导致调解书无效,使审判工作陷入被动。尤其是在离婚案件中,先收到调解书的一方认为调解书已经发生法律效力,领到调解书后就与他人另行结婚,另一方在送达调解书时却反悔了,就会造成无法弥补的后果。

(二)留置送达

留置送达,是指受送达人没有正当理由拒收诉讼文书时,送达人依法将诉讼文书放置在受送达人的住处并视为已经送达的送达方式。留置送达与直接送达具有同等的法律效力,留置送达必须符合法律要求。

适用留置送达时,应首先向当事人宣传法律,讲明不接收诉讼文书并不影响法院送达,尽量做通当事人的工作让其签收诉讼文书。如果当事人仍不签收,送达人应当邀请有关基层组织(城市的居民委员会、街道办事处,农村的村民委员会或村民小组)或者受送达人所在单位的代表等见证人到场,向见证人说明当事人拒收诉讼文书的情况,并在送达回证上记明拒收事由和日期,由送达人和见证人共同签名或盖章,将诉讼文书留在受送达人的住所。

但是,在审判实践中,由于个别当事人蛮横粗野,威胁被邀请到场的基层组织代表或相关单位代表,致使见证人不愿在送达回证上签字,遇到这种特殊情况,法律也作了相应规定,受送达人拒绝接收诉讼文书,有关基层组织或者所在单位的代表及其他见证人不愿在送达回证上签字或盖章的，由送达人在送达回证上记明情况，把送达文书留在受送达人住所，即视为送达。因此，见证人不签名或不盖章也不影响留置送达的效力，送达人只需将邀请到场人的身份以及见证人不愿签名盖章的原因在送达回证上记明，把诉讼文书留在受送达人的住所，即视为送达。

（三）委托送达

委托送达，是指人民法院直接送达诉讼文书有困难的，可以依法委托受送达人所在地人民法院代为送达的送达方式。

委托送达与直接送达具有同等法律效力，负责审理该案件的人民法院称为委托法院，接受送达任务的法院称为受委托法院（以下简称受托法院）。委托送达应当出具委托函，并附相关的诉讼文书和送达回证。受送达人在送达回证上签收的日期为送达日期。

人民法院在案件审理和执行过程中，根据需要，可以委托其他人民法院代为送达。受送达人在外地，或者虽在本地但由受理案件的人民法院直接送达有困难的，可以委托送达，由受理案件的人民法院将需要送达的诉讼文书交由受送达人住所地的基层人民法院代为送达。委托送达时，委托法院应当出具委托送达函，并附上需要送达的诉讼文书和送达回证，如果对送达的诉讼文书有特殊要求的，应当在委托送达函中说明。受托法院应当在收到委托送达函之日起7日内完成送达，并将送达回证寄回委托法院。受托法院因故无法送达的，应当及时告知委托法院。受送达人下落不明，或者诉讼文书需要由有关单位转交送达的，受理案件的人民法院不得委托其他法院代为送达。

人民法院之间相互委托代为一定的诉讼行为，不仅可以节省人力、物力、财力和时间，而且受托法院熟悉当地情况，可以根据受送达人的具体情况做好当事人的思想工作，有利于案件的审理。法院接受委托代为一定的诉讼行为是法律规定的义务，必须认真做好，每个法院都应指派专人负责这项工作，做到收件有登记，件件有着落，准确及时完成其他法院的委托事项。对委托法院来说，发出委托送达函后经过一段时间未收到受托法院的送达回证或回音，应当主动与委托法院联系，仍无结果的，可通过受托法院的上级法院催办，决不能不管不问，认为寄出了委托送达函就算完成了送达任务。

委托送达函分两联，第一联为底稿，供存档用；第二联为正本，供送交受托法院用。委托送达函的首部应写明委托法院的名称和案号，文书开头顶格写明受托法院名称，正文写明案件当事人情况、案由、委托事项和要求。

人民法院委托送达函(稿)

(20　　)　　　　　号

×××人民法院:

我院受理原告　　　　　　诉被告　　　　　　纠纷一案,现委托你院送达诉讼文书,随函寄去　　　　和送达回证　　份,请在收到诉讼文书和送达回证后　　日内代为向　　　　送达,并将送达回证尽快寄回我院。

年　　月　　日

(院印)

签发人:　　　　　　经办人:

(本联存卷)

人民法院委托送达函

（20　　）　　号

×××人民法院：

我院受理原告　　　　诉被告　　　　纠纷一案，现委托你院送达诉讼文书，随函寄去　　　和送达回证　　份，请在收到诉讼文书和送达回证后　　日内代为向　　　　送达，并将送达回证尽快寄回我院。

年　月　日

（院印）

地址：

邮编：

(四)邮寄送达

邮寄送达,指人民法院直接送达诉讼文书有困难时,将要送达的诉讼文书以挂号信的方式通过邮局寄给受送达人的一种送达方式。邮寄送达一般是在前述几种送达方式都无法送达的情况下才使用的送达方式,邮寄送达一定要注意收回挂号信回执,因为挂号信回执是确认送达日期的唯一凭证。

邮寄送达时除了要寄出送达的诉讼文书外,还要附上送达回证。虽然在实践中邮寄送达诉讼文书时受送达人很少会把送达回证寄回法院,但书记员还是应当附上送达回证。从邮局投递邮件的实际情况看,有些地方投递员往往把邮件投递给单位收发室,单位负责收件的人在挂号信回执上签字盖章,然后再把邮件转交给收件人本人,这样,就造成了邮件回执上的收件日期与收件人在送达回证上注明的收到日期不一致。还有一些人虽然收到了邮件,但并不把送达回证寄回法院。出现这些异常情况,法院该怎么确认送达日期呢?如果还以送达回证签收的日期来确认送达日期,那么确认送达工作是否完成就成为一项非常艰难的工作,这种方法不利于法院的正常工作安排。为避免这些问题给法院的工作带来困扰,法律规定了不管是出现受送达人不将送达回证寄回的情况,还是出现受送达人在送达回证上签收的送达日期与挂号信回执上注明的收件日期不一致的情况,送达日期都以挂号信回执上注明的收件日期为准。邮寄送达,应当附有送达回证。挂号信回执上注明的收件日期与送达回证上注明的收件日期不一致的,或者送达回证没有寄回的,以挂号信回执上注明的收件日期为准。

关于邮寄送达,2004 年最高人民法院制定了专门文件——《最高人民法院关于以法院专递方式邮寄送达民事诉讼文书的若干规定》。

第一条　人民法院直接送达诉讼文书有困难的,可以交由国家邮政机构(以下简称邮政机构)以法院专递方式邮寄送达,但有下列情形之一的除外:

(一)受送达人或者其诉讼代理人、受送达人指定的代收人同意在指定的期间内到人民法院接受送达的;

(二)受送达人下落不明的;

(三)法律规定或者我国缔结或者参加的国际条约中约定有特别送达方式的。

第二条　以法院专递方式邮寄送达民事诉讼文书的,其送达与人民法院送达具有同等法律效力。

第三条　当事人起诉或者答辩时应当向人民法院提供或者确认自己准确的送达地址,并填写送达地址确认书。当事人拒绝提供的,人民法院应当告知其拒不提供送达地址的不利后果,并记入笔录。

第四条　送达地址确认书的内容应当包括送达地址的邮政编码、详细地址以及受送达人的联系电话等内容。

当事人要求对送达地址确认书中的内容保密的,人民法院应当为其保密。

当事人在第一审、第二审和执行终结前变更送达地址的,应当以书面方式告知人民法院。

第五条　当事人拒绝提供自己的送达地址,经人民法院告知后仍不提供的,自然人以其户籍登记中的住所地或者经常居住地为送达地址;法人或者其他组织以其工商登记或者其他依法登记、备案中的住所地为送达地址。

第六条　邮政机构按照当事人提供或者确认的送达地址送达的,应当在规定的日期内将回执退回人民法院。

邮政机构按照当事人提供或确认的送达地址在五日内投送三次以上未能送达,通过电话或者其他联系方式又无法告知受送达人的,应当将邮件在规定的日期内退回人民法院,并说明退回的理由。

第七条　受送达人指定代收人的,指定代收人的签收视为受送达人本人签收。

邮政机构在受送达人提供或确认的送达地址未能见到受送达人的,可以将邮件交给与受送达人同住的成年家属代收,但代收人是同一案件中另一方当事人的除外。

第八条　受送达人及其代收人应当在邮件回执上签名、盖章或者捺印。

受送达人及其代收人在签收时应当出示其有效身份证件并在回执上填写该证件的号码;受送达人及其代收人拒绝签收的,由邮政机构的投递员记明情况后将邮件退回人民法院。

第九条　有下列情形之一的,即视为送达:

(一)受送达人在邮件回执上签名、盖章或者捺印的;

(二)受送达人是无民事行为能力或者限制民事行为能力的自然人,其法定代理人签收的;

(三)受送达人是法人或者其他组织,其法人的法定代表人、该组织的主要负责人或者办公室、收发室、值班室的工作人员签收的;

(四)受送达人的诉讼代理人签收的;

(五)受送达人指定的代收人签收的;

(六)受送达人的同住成年家属签收的。

第十条　签收人是受送达人本人或者是受送达人的法定代表人、主要负责人、法定代理人、诉讼代理人的,签收人应当当场核对邮件内容。签收人发现邮件内容与回执上的文书名称不一致的,应当当场向邮政机构的投递员提出,由投递员在回执上记明情况后将邮件退回人民法院。

签收人是受送达人办公室、收发室和值班室的工作人员或者是与受送达人同住成年家属,受送达人发现邮件内容与回执上的文书名称不一致的,应当在收到邮件后的三日内将该邮件退回人民法院,并以书面方式说明退回的理由。

第十一条　因受送达人自己提供或者确认的送达地址不准确、拒不提供送达地址、送达地址变更未及时告知人民法院、受送达人本人或者受送达人指定的代收人拒绝签收,导致诉讼文书未能被受送达人实际接收的,文书退回之日视为送达之日。

受送达人能够证明自己在诉讼文书送达的过程中没有过错的,不适用前款规定。

(五)转交送达

转交送达,是指在不宜或不便采用直接送达的特定情况下,法院将要送达的诉讼文书送交受送达人所在的特定单位代收,然后由代收单位转交给受送达人的送达方式。

转交送达适用于以下三种情况:

1. 受送达人是军人的,可以通过其所在部队团以上单位的政治机关转交。

2. 受送达人被监禁的,可以通过其所在监所转交。

3. 受送达人被采取强制性教育措施的,通过其所在强制性教育机构转交。

在上述三种情况下,为了保障受送达人的诉讼权利,不妨碍人民法院审判工作的顺利进行,代为转交的机关、单位收到诉讼文书后,应立即将诉讼文书交给受送达人签收,然后将受送达人签收的送达回证交给人民法院,这是相关单位应尽的法律义务。但在实际工作中,转交单位收到诉讼文书的时间,与转交单位将诉讼文书交给受送达人的时间之间仍会出现一个时间差,在有可能出现时间差的情况下如何确认送达日期?由有关单位转交送达的,以受送达人在送达回证上注明的签收日期为送达日期,也就是以受送达人实际收到诉讼文书的日期为送达日期。

(六)公告送达

公告送达,指人民法院以公告的方式,将需要送达的诉讼文书的相关内容告知受送达人,公告期满即视为送达的送达方式。受送达人下落不明,或者采用本节规定的其他方式无法送达的,公告送达。自发出公告之日起,经过 60 日,即视为送达。公告送达,应当在案卷中记明原因和经过。

1. 公告送达的适用条件

根据相关法律规定,公告送达适用于受送达人下落不明,或者用直接送达、留置送达、委托送达、转交送达、邮寄送达五种送达方式均无法送达的情况。可见,公告送达是一种不得已而为之的送达方式,它是为了解决送达过程中遇到的特殊困难而设计的。需要注意的是,书记员在送达过程中必须是在用尽以上五种送达方式均不能送达的情况下,才可以使用公告送达的方式,因为每个案件都有审理期限的要求,公告送达的生效期为 60 日,使用公告送达方式必然会延长案件的审理期限。所以,在实际工作中能使用其他送达方式的应尽量使用其他送达方式,不到万不得已不要采用公告送达方式。还需要注意的是如果使用了公告送达方式,书记员应将送达过程(采用其他送达方式均不能送达的情况)写在工作记录中入卷备查。

2. 公告送达的使用方式

关于公告的方式问题,公告送达可以根据案件的情况和当事人的具体情况采用不同的公告方式。对公告送达的方式有特殊要求的,应按要求的方式进行公告;对公告的方式没有要求的,可以在报纸上刊登公告,也可以在人民法院的电子公告栏内发布公告,或者在受送达人原来的住所地或下落不明以前的经常居住地张贴公告(把公告贴在受送达人有可能看到的地方后,要拍张照片放在卷宗中做证明,照片中应能看到公告和相应地理位置)。

人民法院在公告送达起诉状或上诉状副本时,应注明起诉或上诉要点,以及受送达人逾期答辩和逾期不答辩的法律后果;公告送达传票时,应注明出庭时间、地点及逾期不出庭的法律后果;公告送达判决书、裁定书时,应注明裁判主要内容,若公告送达一审判决书或允许上诉的裁定书,还应注明上诉权利、上诉期限和上诉的人民法院。

3. 公告送达的生效条件

从公告刊登或张贴之次日起,经过60日,无论受送达人是否看到公告内容,都视为已经送达,公告即产生法律效力。之所以法律规定经过60日推定受送达人已经知道公告内容,是因为公告送达本身就是针对受送达人下落不明才使用的送达方式,保证受送达人必然看到公告内容是不切实际的,所以只能推定经过60日受送达人已经知道公告内容,这也是法律为了保障诉讼能够顺利进行所做的最大努力。如果是在报纸上刊登公告,就需要另一方当事人支付公告费用。

人民法院公告

××××：

本院受理　　　　　　　　　　纠纷一案，因　　　　　　　　　　无法送达，依照《中华人民共和国民事诉讼法》之规定，向你公告送达起诉状（或上诉状）副本，起诉状（上诉状）的主要内容为　　　　　　　　　　。

自本公告发出之日起，经过六十日，即视为送达。提出答辩状的期限为公告送达期满后的十五日。逾期将依法判决。

特此公告。

二〇　　年　　月　　日

（院印）

人民法院公告

××××:

本院受理　　　　　　　　纠纷一案,因　　　　　　　　无法送达,依照《中华人民共和国民事诉讼法》之规定,向你公告送达开庭传票。自本公告发出之日起,经过六十日,即视为送达。

本院定于公告期满后的第三日上(下)午　　时　分(遇法定假日顺延)本院在第　　　　法庭依法公开开庭审理本案,逾期不到庭,将依法缺席判决。

特此公告。

二〇　　年　　月　　日

(院印)

人民法院公告

××××：

本院受理　　　　　　　　　　纠纷一案，已审理终结。因　　　　无法送达，依照《中华人民共和国民事诉讼法》之规定，现依法向你公告送达本院（20　　）××字第××号民事判决书（或裁定书），本判决书（裁定书）的结果为　　　　　　　。限你自发出本公告之日起六十日内来本院领取民事判决书（或裁定书），逾期即视为送达。如不服本判决（裁定），可于公告送达期满后的十五日（裁定书十日）内向本院提交上诉状及副本，上诉于　　　　人民法院。

特此公告。

二〇　　年　　月　　日

（院印）

四、一审民事案件开庭前需要送达的诉讼材料

【工作分析】

王兰在开庭之前应向本案的原告北京双鹤药业股份有限公司和被告湖北省医药公司送达哪些诉讼材料?

【送达内容】

受理案件通知书、起诉状副本、应诉通知书、答辩状副本、限期举证通知书、证据材料、合议庭组成人员通知书、开庭传票(出庭通知书)、人民陪审员参加审判的告知书和申请书、送达地址确认书。

(一)向原告送达受理案件通知书

1. 原告起诉时应向法院提交起诉状

原告起诉应当向法院提交书面起诉状,并按照所诉被告的人数向法院提供起诉状副本。为了充分保障当事人的诉权,法律又规定了对书写起诉状确有困难的当事人,可以允许口头起诉,这也是法律的人性化体现,如果不允许口头起诉,则有可能使那些书写起诉状确有困难的人被迫放弃其正当权利。口头起诉,应由法院工作人员将口头起诉的内容记入笔录,并由口述人签名或盖章,口述起诉笔录与起诉状具有同等法律效力。

法院收到原告提交的起诉状(或为当事人制作了口头起诉笔录)后,要对原告的起诉进行审查,对于符合起诉条件的,应当在 7 日内立案受理,并通知当事人;对于不符合起诉条件的,应当在 7 日内裁定不予受理。原告对裁定不服的,可以在收到裁定书之日起 10 日内向上一级人民法院提起上诉。

2. 法院受理案件后应向原告送达受理案件通知书

对于立案受理的案件,法院要进一步审查原告的诉讼材料是否齐全,原告在起诉时应提交的诉讼材料包括:法定代表人身份证明书、企业法人营业执照副本、授权委托书、公民个人的身份证和相关证据材料等。如果原告的诉讼手续不完备、诉状内容不明确,应要求原告限期补齐,这样有助于案件审理的顺利进行。

起诉经审查决定立案后,应当编立案号,填写立案登记表,计算案件受理费,向原告送达受理案件通知书,并书面通知原告预交案件受理费。受理案件通知书中应告知原告其起诉已被法院受理以及原告在诉讼中所享有的诉讼权利和应尽的诉讼义务,原告预交诉讼费用的通知也可以在受理案件通知书中一并告知。立案工作完成后,立案庭应当在 2 日内将案件移送民

事审判庭进行审理,并办理移交手续,注明立案日期。决定受理或立案登记的日期为立案日期,立案日期的确定很重要,它标志着诉讼程序的开始期间。

以上工作属于立案阶段的工作,由立案庭的工作人员来完成。

人民法院受理原告的起诉后,产生以下法律后果:

(1)人民法院依法产生了审判职权。人民法院经过审查决定受理原告的起诉后,有权利也有义务对该案件行使审判权,对当事人之间的争议依法作出裁决。同时,法院必须按照法定程序行使审判职权,不得随意中止或终结诉讼,更不能在立案后随意注销案件。

(2)双方当事人各自取得相应的诉讼地位。双方当事人分别取得原告、被告诉讼地位,各自享有法律赋予的诉讼权利,并承担相应的诉讼义务。原告就是认为自己的民事权益受到侵害,主动提起诉讼引起诉讼程序发生的人;被告就是被诉称侵害了原告的民事权益,被人民法院依法传唤而应诉的人。

(3)诉讼时效中断。诉讼时效因原告提起诉讼而中断,从中断时起,诉讼时效期间重新计算,同时开始计算一审程序的审理期限。

(4)不得另行起诉和受理。原告的起诉依法在法院立案后,原告不得以同一事实和理由、同一诉讼标的、同一被告在其他法院另行起诉,其他法院对这种案件应不予受理。

××××人民法院

受理案件通知书

（20　　）　　　　　　　号

××××××：

你(你单位)诉××××××一案的申请书已收到。经审查,起诉符合法定受理条件,本院决定立案审理。并将有关事项通知如下：

一、在诉讼进程中,当事人必须依法行使诉讼权利,有权行使《中华人民共和国民事诉讼法》第四十九条、第五十条、第五十一条等规定的诉讼权利,同时也必须遵守诉讼秩序,履行诉讼义务。

二、应在　　年　　月　　前向本院　　审判庭递交法定代表人身份证明书和经年检的营业执照副本复印件。如需委托代理人代为诉讼,还须递交由法定代表人签名并加盖单位公章的授权委托书。授权委托书须记明委托事项和权限。

三、应在接到本通知书后　日内,向本院预交案件受理费　　　元。本院开户银行：　　　　　　　　,账号：　　　　　　。

附：空白法定代表人身份证明书一份；

　　空白授权委托书二份。

二〇　　年　　月　　日

（院印）

法定代表人身份证明书

在我　　　　　　任　　　　　　　　职务,是我　　　　　的法定代表人。

特此证明。

附:上述法定代表人国籍:

住址:

电话:

电传:

电报挂号:

邮政编码:

年　　月　　日

(公章)

授权委托书
(法人单位用)

委托单位：

法定代表人：

受委托人：

姓名：　　　　,工作单位：

职务：　　　　,电话：

姓名：　　　　,工作单位：

职务：　　　　,电话：

现委托上述受委托人在我单位与　　　　　　　　　　纠纷一案中，作为我方诉讼代理人。

代理人　　　　　　　　的代理权限为：

代理人　　　　　　　　的代理权限为：

委托单位：

法定代表人：

年　　月　　日

(公章)

授权委托书

（公民个人用）

委托人：

姓名：　　　　，工作单位：

性别：　　　　，住址：

受委托人：

姓名：　　　　，工作单位：

职务：　　　　，电话：

姓名：　　　　，工作单位：

职务：　　　　，电话：

现委托上述受委托人在我与　　　　　　　　纠纷一案中，作为我的诉讼代理人。

代理人　　　　　　　　的代理权限为：

代理人　　　　　　　　的代理权限为：

委托人：

年　　月　　日

(二)送达起诉状副本、应诉通知书和答辩状副本

1. 向被告送达起诉状副本

诉讼程序是因原告的起诉而启动的,被告并不知道原告的起诉原因和起诉内容。被告因原告的起诉被动成为了案件的当事人,而且必须参与诉讼。被告参加诉讼首先要了解原告的起诉情况,了解自己为什么被起诉,而被告只有拿到起诉状副本才能了解起诉情况,并准备相应的抗辩内容。因此,得到起诉状副本是被告参加诉讼的基本诉讼权利,而向被告送达起诉状副本则是法院的义务。向被告送达起诉状副本是为了保障被告对诉讼的知情权,以便被告为庭审做好准备。

立案庭把案件材料移送到民事审判庭后,书记员首先应当做的工作就是向被告送达起诉状副本。在送达起诉状副本时要注意3个问题:

(1)审查起诉状副本中是否有侮辱、谩骂和攻击性语言。起诉状中有侮辱、谩骂和攻击性语言的,应告知原告这类语言可能会激化与对方的矛盾,不利于案件审理和解决,并说服原告客观地修改起诉状。经说服后原告仍不修改起诉状的,可以向被告送达。

(2)确定案件被告人数。书记员在送达起诉状副本时要审查一下原告起诉的被告有几个,要向每个被告都送达起诉状副本,不能遗漏被告。

(3)及时送达起诉状副本。民事案件应当在立案之日起5日内将起诉状副本送达给被告,不能延误送达时间。书记员收到案件后首先要确定立案日期,送达起诉状副本的时间必须要在立案之后的5日内,超过5日就违反了法定程序。

2. 向被告送达应诉通知书

在向被告送达起诉状副本的同时,还应向被告送达应诉通知书。应诉通知书是一审法院受理民事案件后,通知被告应诉的书面文件。内容主要是告知被告提出答辩状的权利及有关的诉讼权利义务,以便维护其合法权益,保证案件审理的顺利进行。

送达起诉状副本是为了让被告了解起诉情况,而送达应诉通知书的目的就是告知被告相应的诉讼权利和诉讼义务。被告收到了起诉状副本和应诉通知书,就可以了解起诉内容,行使法律赋予他的诉讼权利并履行相应的诉讼义务,准备进行答辩和应诉。

民事案件中被告得知自己被诉之后,可以在15日内向法院提交答辩状,承认或者反驳原告的诉讼请求;可以提起反诉;也可以对管辖权提出

异议。

被告不提交答辩状,不影响人民法院审理案件;如果被告提交答辩状,必须在收到起诉状后 15 日之内提交。

被告应诉还要带相应的诉讼手续:法定代表人身份证明书、营业执照副本的原件及复印件、委托代理手续、公民的身份证原件及复印件。

答辩,是相对起诉而言,即被告针对原告起诉的事实和理由向人民法院提出的答复和辩解,是当事人行使辩论权利的一种形式。答辩是被告的一项诉讼权利,被告行使答辩权利的方式有两种:一种方式就是向法院提交书面答辩状。提交书面答辩状的时间必须是在收到起诉状副本后 15 日之内。被告在 15 日内没有提交书面答辩状,并不影响人民法院审理案件。另一种方式就是在开庭时口头答辩。被告在庭审前没有提交书面答辩状,并不丧失答辩权利,还可以在开庭时进行口头答辩。在审判实践中,被告不提交书面答辩状的情况比较普遍,为了保证审判程序顺利进行,不受延误,法律规定被告是否提交书面答辩状不影响人民法院对案件的审理。

3. 向原告送达答辩状副本

如果被告在法定期间内向法院提交了书面答辩状,书记员应要求被告根据原告人数同时提交答辩状副本,并在收到答辩状之日起 5 日内将答辩状副本送达给原告。得到答辩状副本也是原告的诉讼权利之一,得到答辩状副本后,原告就可以了解被告对所起诉的事由有哪些方面不认可,不认可的理由和依据是什么,为进一步的举证和开庭工作做准备。

××××人民法院

应诉通知书

（20　　）　　　　　　号

××××××：

本院已受理　　　　　　诉你（你单位）　　　　　　（案由）纠纷一案，现随文发送起诉状副本及有关证据材料一份，并将有关应诉事项通知如下：

一、在诉讼过程中，当事人依法享有诉讼权利，有权行使《中华人民共和国民事诉讼法》第四十九条、第五十条、第五十一条等规定的诉讼权利，同时也必须遵守诉讼秩序，履行诉讼义务。

二、在收到起诉状副本后十五日内提交答辩状（正本一份，副本　　份），送交本院　　审判庭。如不按时提交答辩状，不影响本案的审理。

三、在　　　年　　月　　日前递交法定代表人身份证明书、经年检的营业执照副本复印件各一份（如果被告是公民的不写该句）。如需委托代理人代为诉讼，还应提交由委托人签名或者盖章的授权委托书。授权委托书须记明委托事项和权限。

四、以上各项诉讼文书，规格均应为A4纸张（纸张左侧须留出至少3厘米空白，以便于装订）。书写均使用蓝黑、碳素墨水。

附：空白法定代表人身份证明书一份；

空白授权委托书二份。

二〇　　年　　月　　日

（院印）

（三）送达限期举证通知书和证据材料

1. 当事人参加诉讼要向法院提交证据材料

一个案件从起诉到裁判甚至执行，一切诉讼活动都是围绕着证据的提供、收集和审查判断展开的。当事人向法院提供证据，请求法院确认其主张，法院则凭借证据查明案情，适用法律，正确裁判。可以说，离开了证据审判活动就无法进行，证据制度是诉讼制度中最重要的制度。证据必须查证属实，才能作为认定事实的根据，民事诉讼中的证据有 8 种表现形式：书证、物证、视听资料、证人证言、当事人的陈述、电子数据、鉴定结论和勘验笔录。

证据与证据材料，是既有联系又有区别的两个概念，证据是指能够证明案件真实情况的各种事实依据，也是法院认定案件事实的依据。证据材料是当事人向人民法院提供的或人民法院依职权收集的用以证明案件事实的各种材料。证据来源于证据材料，证据材料是证据的初始状态。证据与证据材料的区别在于：(1)证据材料是为了证明事实而提供的诉讼材料，这些诉讼材料有的符合证据的条件，能够成为法院认定案件事实的依据，而有的不具备证据条件，不能作为认定案件事实的依据。证据材料成为认定案件事实的证据，还需经过质证和合议庭的审查、认定。(2)证据材料出现在诉讼中的早期阶段，一般是在起诉、答辩或者案件审理的初期，由当事人向法院提供的。而证据则形成于诉讼中的后期阶段，一直到法庭调查终结直至合议庭评议阶段，才能确定哪些证据材料能够作为认定案件事实的证据使用。

当事人对自己提出的主张，有责任提供证据。当事人提交的书证应为原件，提交的物证应为原物。提交原件或者原物确有困难的，可以提交复制品、照片、副本、节录本；提交外文书证，必须附有中文译本。

原件也叫正本，指文书制作人签字的原本；复制品是指原件的影印件；副本指加盖公章或签字的，与原本同一内容的抄送本，与原本具有同样效力；节录本指原本、副本的主要内容，是从原本或副本中摘录下来的内容。法律规定当事人提交外文书证必须附有中文译本，是因为在我国人民法院审理案件必须使用中国的语言和文字，否则不仅有损我国主权，也不利于诉讼活动的顺利进行。

2. 向原、被告送达限期举证通知书和相关证据材料

人民法院应当向当事人说明举证的要求及法律后果，促使当事人在合理期限内积极、全面、正确、诚实地完成举证。法院的这项工作就是通过向

当事人送达限期举证通知书来完成的,法院应当在送达案件受理通知书和应诉通知书的同时向当事人送达限期举证通知书。限期举证通知书中应当载明举证责任的分配原则与要求,可以向人民法院申请调查取证的情形,人民法院根据案件情况指定的举证期限以及逾期提供证据的法律后果。举证期限可以由当事人协商一致,并经人民法院认可;也可以由人民法院指定举证期限,法院指定的举证期限不得少于 30 日,自当事人收到限期举证通知书的次日起计算。

收到限期举证通知书后,当事人应当在举证通知书中限定的举证期限内向法院提交证据材料,当事人在举证期限内不提交证据材料的,视为放弃举证权利。对于当事人逾期提交的证据材料,人民法院审理案件时可以不组织质证,但对方当事人同意质证的除外。当事人增加、变更诉讼请求或者提起反诉的,应当在举证期间届满前提出。当事人在举证期限内提交证据材料确有困难的,应当在举证期限内向人民法院申请延期举证,经人民法院准许,可以适当延长举证期限;在延长的举证期限内提交证据材料仍有困难的,可以再次提出延期申请,是否准许由人民法院决定。

限期举证通知书向原、被告双方都要送达,不管是原告还是被告,负有的举证责任是一样的,所以,向原、被告送达的限期举证通知书的格式都是一样的。

原告作为起诉方,在向法院提交起诉状时就应当向法院提供相应的证据材料,以便法院审查立案。对于原告提交的证据材料,应当在向被告送达起诉状副本、应诉通知书和限期举证通知书时同时送达。如果被告在提交答辩状时也提交了证据材料,书记员应将被告提交的证据材料及时送达给原告。

××××人民法院

限期举证通知书

（20　　）　　　　号

××××××：

我院受理的原告　　　　　与被告　　　　　纠纷一案，你作为本案的原告（被告），负有对自己提出的主张提供证据证明的义务。应当在收到本通知书后于　　　年　　月　　日前向本院提交证据。如无正当理由在规定的期限内未提交证据，视为放弃举证权利并承担举证不能的法律后果。

附：空白证据清单。

年　　月　　日

（院印）

证据清单

序号	证据名称	证明内容	原 件	复印件	页码
1					
2					
3					
4					
5					
6					
7					
8					
9					
10					
11					
12					
13					
14					
15					
16					

举证人：　　　　　　　　　　收件人：

年　月　日　　　　　　　　　年　月　日

(四)送达合议庭组成人员通知书

1. 告知合议庭组成人员是为了保证当事人行使回避权利

(1)回避制度。申请回避是当事人的一项重要的诉讼权利,为保证各类案件得到公正审理和判决,《民事诉讼法》中规定了回避制度。根据《民事诉讼法》的规定,民事案件的回避适用于审判人员、书记员、翻译人员、鉴定人和勘验人。审判人员包括审理本案的审判长、审判员、助理审判员和人民陪审员。

《民事诉讼法》第44条第1款规定:"审判人员有下列情形之一的,应当自行回避,当事人有权用口头或者书面方式申请他们回避:(一)是本案当事人或者当事人、诉讼代理人的近亲属的;(二)与本案有利害关系的;(三)与本案当事人、诉讼代理人有其他关系,可能影响对案件公正审理的。"上述规定,适用于书记员、翻译人员、鉴定人、勘验人。

当事人是诉讼活动的直接参与者,案件的审理结果与当事人有着最密切的利益关系;诉讼代理人是接受当事人的委托,为当事人主张权利的人,代表着当事人的利益。如果当事人或其诉讼代理人是本案审判人员或参与案件审理工作的其他工作人员的近亲属,就有可能使他们以权谋私,偏袒一方当事人而损害对方当事人的合法权益,影响案件的公正审理,所以必须回避。最高人民法院的司法解释对该项近亲属也作了具体界定,"与本案的诉讼代理人、辩护人有夫妻、父母、子女或者兄弟姐妹关系"即"与审判人员有夫妻、直系血亲、三代以及旁系血亲及近姻亲关系"。

与本案有利害关系是指与案件的处理结果有法律上的利益关系。

与本案当事人、诉讼代理人有其他关系,可能影响对案件的公正审理,这里说的"其他关系",是指其他比较亲近或亲密的关系,如感情比较深的老同学、老朋友、老同事以及远亲、近邻等。有必要指出的是,不是所有这些关系都应当回避,这种关系必须达到足以影响案件的公正审理才应当回避,达不到影响案件公正审理的程度不属于回避事由。关于这些"其他关系"是否影响到了案件的公正审理,应当实事求是地分析、认定,不能主观判断和推测,更不能不加分析地一律回避。

(2)回避的方式和条件。属于回避事由的,回避的方式有两种:

①自行回避。自行回避是指参与案件审理的审判人员或其他工作人员,认为自己符合法定回避条件的,主动要求不参与该案审判活动的行为。

②申请回避。申请回避是指当事人或其诉讼代理人认为该案的审判人

员或其他工作人员属于法定回避条件之列,以口头或者书面形式申请他们退出该案审判活动的行为。申请回避是法律赋予当事人的一项诉讼权利,当事人有权依法要求审判人员和其他工作人员不参与审判活动,人民法院对当事人的这一重要诉讼权利必须予以切实保护。

(3)当事人提出回避申请时应当注意的问题。

①提出回避申请必须说明合法理由。当事人提出回避申请,必须说明申请回避的具体工作人员以及回避的理由和证据。

按照《最高人民法院关于审判人员在诉讼活动中执行回避制度若干问题的规定》,审判人员具有下列情形之一的,当事人及其法定代理人有权要求回避:私下会见本案一方当事人及其诉讼代理人、辩护人的;为本案当事人推荐、介绍诉讼代理人、辩护人,或者为律师、其他人员介绍办理该案件的;索取、接受本案当事人及其受托人的财物、其他利益,或者要求当事人及其受托人报销费用的;接受本案当事人及其受托人的宴请,或者参加由其支付费用的各项活动的;向本案当事人及其受托人借款、借用交通工具、通信工具或者其他物品,或者索取、接受当事人及其受托人在购买商品、装修住房以及其他方面给予的好处的;有其他不正当行为,可能影响案件公正审理的。

②申请回避必须在法定期间内提出。当事人提出回避申请,应当说明理由,在案件开始审理时提出;回避事由在案件开始审理后知道的,也可以在法庭辩论终结前提出。被申请回避的人员在人民法院作出是否回避的决定前,应当暂停参与本案的工作,但案件需要采取紧急措施的除外。

(4)回避的法律后果。人民法院对当事人提出的回避申请,应当在申请提出后3日内,以口头或者书面形式作出决定。申请人对决定不服的,可以在接到决定时申请复议一次。复议期间,被申请回避的人员,不停止参与本案的工作。如果当事人在开庭时提出了回避申请,应尽量当庭作出是否准予回避的决定,或在短暂休庭合议或汇报后,及时恢复开庭并宣布决定内容。当庭不能作出答复的,应当宣布延期审理,待3日内作出决定后再通知当事人。

被申请回避的人员在人民法院作出是否回避的决定前,应当暂停参与本案的工作,但案件需要采取紧急措施的除外。如急需扣押和查封当事人可能转移的财产及可能毁灭的证据,必须立即对诉讼标的采取保全措施等,在这些紧急情况下,被申请回避的人员可以不停止参与本案的工作,以保证案件的顺利进行。

(5)回避的审批程序。无论是参与审判的审判人员和其他工作人员自行提出回避申请,还是当事人提出回避申请,都需要经过一定的审批手续,以保证正确执行回避制度。根据被申请回避人员的身份和职务不同,审批回避的程序和权限也不同:院长(包括人民法院的现任正、副院长)担任审判长参加审判活动时的回避,是否准许由审判委员会决定;审判人员(包括参加案件审理的正庭长、副庭长、审判员、助理审判员和人民陪审员)参加审判活动时的回避,是否准许由院长决定;其他参与审判活动人员(包括书记员、翻译人员、鉴定人员、勘验人员等)的回避,是否准许由审判长决定。

2. 向原、被告送达合议庭组成人员通知书

审理案件的合议庭组成人员确定后,应当在3日之内告知双方当事人。《民事诉讼法》中关于告知当事人合议庭组成人员的规定是为了保障当事人的诉讼权利。如果我们忽视了向当事人告知合议庭组成人员这项工作,当事人在诉讼过程中一直不知道审判人员或其他工作人员的名字,法院就剥夺了当事人的诉讼权利,导致当事人无法行使申请回避的权利,所产生的法律后果就是审判程序违法。

根据《民事诉讼法》规定,合议庭组成人员确定后,应当在3日内告知当事人,但是对合议庭组成人员的确定时间并没有作出规定。虽然法律没有对合议庭组成人员的确定时间作出明确规定,但一般情况下我们收到一个新的案件应该马上确定合议庭组成人员,这样不仅有利于及时告知当事人合议庭组成情况,也有利于审判人员和书记员协调安排开庭时间。

根据法律规定,人民法院应当在开庭3日前用传票传唤当事人,因此,合议庭组成人员通知书的送达至少要与开庭传票一起送达,也就是说至少要在开庭3日前送达合议庭组成人员通知书。

合议庭组成人员确定后,除因回避或者其他特殊情况不能继续参加案件审理的之外,不得在案件审理过程中更换。更换合议庭成员,应当报请院长或者庭长决定。如果发生合议庭成员更换的情况,应当及时通知诉讼当事人。通知应采用书面形式,向诉讼当事人送达书面合议庭更换人员通知书。

××××人民法院

告知当事人合议庭组成人员通知书

(20　　)　　　　号

××××××:

原告　　　　　诉被告　　　　　　　　纠纷一案,我院已立案受理。

本案由审判员×××任审判长,与代理审判员×××、代理审判员×××组成合议庭审理此案,由×××担任本案的书记员。

特此通知。

二〇　　年　　月　　日

(院印)

注:1. 诉讼中有关联系事由,请与×××联系。

联系电话:

2. 提交文书,规格均应为A4纸张(纸张左侧须留出至少3厘米空白,以便于装订)。书写均使用蓝黑、碳素墨水。

××××人民法院

告知当事人合议庭更换人员通知书

（20　）　　号

××××××：

原告　　　　诉被告　　　　　纠纷一案，我院已立案受理。

本案原合议庭组成人员×××（书记员×××），现因工作需要不再担任本案合议庭成员（书记员）。合议庭变更后由下列人员组成：审判长×××，合议庭成员×××、×××，书记员×××。

特此通知。

二〇　　年　　月　　日

（院印）

注：1. 诉讼中有关联系事由，请与×××联系。

联系电话：

2. 提交文书，规格均应为A4纸张（纸张左侧须留出至少3厘米空白，以便于装订）。书写均使用蓝黑、碳素墨水。

(五)送达开庭传票和出庭通知书

人民法院审理民事案件,应当在开庭3日前通知当事人和其他诉讼参与人,公开审理的,应当公告当事人姓名、案由和开庭的时间、地点。

人民法院按照普通程序审理案件,应当在开庭3日前用传票传唤当事人,对诉讼代理人、证人、鉴定人、勘验人、翻译人员应当用通知书通知其到庭,当事人或其他诉讼参与人在外地的,应留有必要的在途时间。

送达开庭传票是传唤当事人的方式,这种传唤方式必须要按照法定程序和方式进行才会产生法律效力。包括:(1)送达传票的方式要合法。在送达传票时一定要严格依照法律规定的送达方式和程序进行。(2)开庭传票和出庭通知书至迟要在开庭前3日以上送达才是合法的,这是为了保证当事人有充分的出庭准备时间,使当事人有充足的时间来调查搜集证据,有利于诉讼活动的开展和进行。如果开庭传票的送达不是在开庭3日以前,当事人的诉讼权利就不能得到保障,因此送达的传票也就没有法律效力。不符合以上两个条件的传唤方式都是不合法的,当事人不到庭的,法院也无法按撤诉处理或者缺席判决。

开庭传票应当向原、被告双方当事人送达。民事案件的原告经传票传唤,无正当理由拒不到庭或者未经法庭许可中途退庭的,可以按撤诉处理;民事案件的被告经传票传唤,无正当理由拒不到庭或者未经法庭许可中途退庭的,可以缺席判决。

在送达开庭传票时要注意,开庭传票应一式两份,一份送达给受送达人,另一份留在卷宗中备案。这样做一方面对法院送达传票的工作起到一定证明作用,另一方面便于法院掌握开庭时间,合理安排工作。

出庭通知书是各级人民法院在决定对案件开庭审理后,依法制作的告知诉讼参与人出庭的书面文件。出庭通知书用于通知民事案件中的诉讼代理人、证人、鉴定人、勘验人、翻译人员到庭,与传票的使用方法一样,并具有与传票同等的法律效力。

××××人民法院
传票(存根)

案号	
案由	
被传唤人	
工作单位或地址	
传唤事由	
应到时间	
应到处所	
注意事项:1. 被传唤人须提前十分钟到达本院; 2. 本票由被传唤人携带来院报到; 3. 被传唤人收到传票后,应在送达回证上签名或盖章。 4. 本院地址及电话: 审判员　××× 书记员　××× 二〇　年×月×日	

(本联存卷)

××××人民法院
传票

案号	
案由	
被传唤人	
工作单位或地址	
传唤事由	
应到时间	
应到处所	

注意事项:1. 被传唤人须提前十分钟到达本院;
2. 本票由被传唤人携带来院报到;
3. 被传唤人收到传票后,应在送达回证上签名或盖章。
4. 本院地址及电话:

审判员　×××
书记员　×××
二○　　年×月×日

(本联送达当事人)

××××人民法院

出庭通知书

（20　　）　　　号

××××××：

本院受理　　　诉　　　（案由）一案，定于　　年　　月　　日　　时　　分在本院第　　法庭开庭审理，通知你作为本案的　　　（写明法律地位）准时出庭。

二〇　　年　　月　　日

（院印）

(六)双方当事人确认送达地址

送达工作贯穿着法院审判工作的始终,法院要在开庭之前向当事人送达必要的诉讼文书和诉讼材料,以确保开庭程序的合法性和准时性;在诉讼过程中根据审判工作的需要,也会随时向当事人送达诉讼文书和诉讼材料;庭审工作结束后,法院要制作裁判文书并向当事人送达裁判文书。因此,送达工作是法院审判工作中很重要的组成部分,为了确保在审判工作的各个阶段都能顺利完成送达工作,应当在庭审前让当事人在送达地址确认书中提供并确认自己的送达地址。

为了解决送达工作中出现的困难和障碍,确保法院审判工作能够顺利进行,最高人民法院出台了《最高人民法院关于以法院专递方式邮寄送达民事诉讼文书的若干规定》,按照该项规定,当事人在起诉或者答辩时应当向人民法院提供或者确认自己准确的送达地址,并填写送达地址确认书。当事人拒绝提供的,人民法院应当告知其拒不提供送达地址的不利后果,并记入笔录。

送达地址确认书的内容包括送达地址的邮政编码、详细地址以及受送达人的联系电话等内容。当事人要求对送达地址确认书中的内容保密的,人民法院应当为其保密。

当事人在第一审、第二审和执行终结前变更送达地址的,应当以书面方式告知人民法院。当事人拒绝提供自己的送达地址,经人民法院告知后仍不提供的,自然人以其户籍登记中的住所地或者经常居住地为送达地址,法人或者其他组织以其工商登记或者其他依法登记、备案中的住所地为送达地址。

因受送达人自己提供或者确认的送达地址不准确、拒不提供送达地址、送达地址变更未及时告知人民法院、受送达人本人或者受送达人指定的代收人拒绝签收,导致诉讼文书未能被受送达人实际接收的,文书退回之日视为送达之日。

送达地址的确认工作在裁判文书的送达工作完成之前均可以进行,最合理的时间就是在原告起诉时要求其提供送达地址,被告在领取起诉状副本时要求其提供送达地址,总的原则就是法院在第一次接触当事人的时候就应要求其确认准确的送达地址,这样最有利于之后送达工作的顺利完成。当事人有义务向法院提供真实的、准确的送达地址,所提供的送达地址中途变更的有义务及时通知法院,如果由于当事人自己的原因导致诉讼文书不能送达当事人,法院的送达工作视为已经完成,由当事人自己承担收不到诉讼材料的法律后果。

人民法院当事人送达地址确认书

案由		案号	（ ）号
人民法院对当事人填写送达地址确认书的告知事项	根据《最高人民法院关于以法院专递方式邮寄送达民事诉讼文书的若干规定》第一条、第三条、第四条、第五条和第十一条的规定，告知如下：一、当事人拒绝提供自己的送达地址的，自然人以其户籍登记中的住所地或者经常居住地为送达地址；法人或者其他组织以其工商登记或者其他依法登记、备案中的住所地为送达地址。二、因受送达人自己提供或者确认的送达地址不准确、拒不提供送达地址、送达地址变更未及时告知人民法院、受送达人本人或者受送达人指定的代收人拒绝签收，导致诉讼文书未能被受送达人实际接收的，文书退回之日视为送达之日。		
当事人提供的自己的送达地址	当事人（原告、被告或第三人）： 送达地址： 邮政编码： 收件人： 电话（移动电话）： 其他联系方式：		
当事人对自己送达地址的确认	我已经阅读了人民法院对当事人填写送达地址确认书的告知事项，并保证上述送达地址是准确、有效的。 当事人签名、盖章或捺印： 年 月 日		
备考			
法院工作人员签名			

注：1. 本样式供所有民事案件使用。

2. 当事人填写本表前，应当仔细阅读表中第一栏内人民法院对当事人填写送达地址确认书的书面告知；当事人阅读有困难的，法院工作人员应当向其口头告知。

3. 本表中当事人的送达地址应当由当事人自己或当事人的代理人填写；当事人因文化水平限制不能书写，又没有代理人的，可以口述后由法院工作人员代为填写，并经两名以上法院工作人员宣读无误后由当事人签名或捺印确认。

4. 当事人的电话号码应当包括办公电话、住宅电话和移动电话。

5. 当事人拒绝提供自己送达地址的，或者当事人要求对《当事人送达地址确认书》中的内容保密的，应当在备考栏内注明。

第三节 开庭前的证据交换工作

【工作分析】

处理完以上种种意外情况之后,李义让王兰通知双方到法院进行证据交换工作。王兰通知了原告的代理人张雅昀,并打长途电话通知了被告。被告告诉王兰他们已经委托了北京市涞源律师事务所的左宝胜律师做他们的代理人,他们会通知左宝胜准时参加证据交换。

【工作步骤】

六、原告向法院提交证据材料

七、将原告提交的证据材料送达给被告

八、告知被告在举证期限内向法院提交证据材料

九、将被告提交的证据材料送达给原告

十、原、被告双方在法院主持下对证据材料进行说明并质证。王兰制作证据交换笔录,将双方举证、质证的过程记录在案。

一、证据应当具备的法定条件

证据制度是诉讼制度的核心。一个案件从起诉到最终的裁判和执行,一切诉讼活动都是围绕着证据的收集、提供和审查判断展开的。当事人向法院提供证据证明自己的主张,法院则依据证据认定事实,查明案情,依法裁判。可以说,离开了证据诉讼就无法开展和进行,证据制度是诉讼制度中极为重要的组成部分。

民事诉讼中的证据包括:书证、物证、视听资料、电子数据、证人证言、当事人陈述、鉴定结论、勘验笔录,证据总是以这些形式作为载体而进入诉讼的。证据必须经过查证属实,才能作为认定事实的依据。

具备以下3个法定条件的证据材料才能成为认定案件事实的依据:

1. 真实性

真实性是证据最基本的要求,证据材料必须是客观存在的事实材料,能够证明法律事实和法律关系的发生、变更和消灭。证据是客观存在的真实材料,它是法律事实和法律关系在客观外界留下的痕迹和记录,是不以任何人的意志为转移的,通过它能够再现真实的法律事实,还原事实真相。离开

了客观真实性,证据也就失去了存在的意义。推测、臆想、捏造的证据不具有客观真实性,不能证明真实的法律事实和法律关系,不仅不能被法院确认和采信,还要承担相应的法律责任。

2. 关联性

关联性是指证据必须与要证明的案件事实之间有一定的内在联系,对案件事实具有证明作用。与案件事实无关的证据材料,即便是客观真实的,因与案件事实之间没有联系,起不到相关的证明作用,也不能作为认定案件事实的依据。

证据对案件事实证明的内容和作用是不同的,有的能证明案件的主要事实,有的能证明案件的次要事实,有的是对案件事实的肯定,有的是对案件事实的否定。根据证据在案件中所起的证明作用不同,证据的关联性分为直接联系和间接联系,那些能够直接证明案件事实的证据与案件有直接联系,称为直接证据;而那些能够间接证明案件事实的证据虽然不能直接证明案件事实,但可以为案件事实提供线索并起到间接证明作用,与案件事实之间有间接的联系,称为间接证据。

3. 合法性

证据的形式必须符合法律规定的条件,证据必须按照法定方式收集和取得,必须按照法定程序进行质证。

(1)证据的形式要符合法律规定。按照《民事诉讼法》的规定,证据共有 8 种表现形式,证据在民事案件中都是以这 8 种形式表现出来的。同时有些证据必须有特定的表现形式,如鉴定部门和鉴定人应当提出书面鉴定结论,在鉴定书上签名或者盖章。鉴定人鉴定的,应当由鉴定人所在单位加盖印章,证明鉴定人身份;单位向人民法院提交的证明文书,应由单位负责人签名或盖章,并加盖单位印章;婚姻状况需要用结婚证、离婚证来证明;土地使用权要用土地使用权证来证明;保证合同、抵押合同需要用书面形式的合同来证明;等等。

(2)证据的收集和取得方式一定要合法。当事人、诉讼代理人及人民法院收集证据应符合法律要求,不得以非法方式和手段收集证据。以侵害他人合法权益或者违反法律禁止性规定的方法取得的证据,不能作为认定案件事实的依据。

(3)证据应当在法庭上出示,并经过庭审辩论和质证。未经庭审质证,无论是当事人提供的证据还是人民法院依职权调查收集的证据,都不能作为人民法院认定事实的依据。人民法院如果在裁判文书中使用了未经质证的证据材料,就违反了证据合法性的要求;另外人民法院擅自断定某些证据与案件审理无关,因而对该证据不在法庭上出示、质证的行为,也是违反法律规定的。

二、举证责任

举证责任,也称证明责任,指当事人对自己提出的主张,有提供证据加以证明的责任,即当待证事实处于真伪不明的状态时,由依法负有证明责任的人承担不利后果的责任。

举证责任的基本原则是"谁主张,谁举证",即当事人对自己提出的诉讼请求所依据的事实或反驳对方诉讼请求所依据的事实,有责任提供证据加以证明,没有证据或证据不足以证明自己提出的主张或反驳对方的主张的,由负有举证责任的当事人承担不利后果。

当事人负担举证责任,其实就是负担事实真伪不明状态时所出现的诉讼风险,因此,举证责任只能由一方当事人负担,不能由双方当事人就同一事实负担举证责任。举证责任的主要作用是在事实真伪不明时帮助人民法院对案件事实作出认定,只有当举证责任由一方当事人负担时,举证责任的这一作用才能够发挥。如果举证责任由双方当事人共同负担,则在案件事实真伪不明时,人民法院就不能根据举证责任的分配原则最终作出裁判。我们通常提到的双方当事人都负有证明责任,是指双方当事人分别对不同的案件事实负有证明责任,而不是指对同一案件事实都负有举证责任。

三、需要进行证据交换的案件

证据交换是指人民法院在审查了与案件相关的诉讼材料后,对那些案情复杂、证据材料较多的案件,可以在答辩期限届满后至开庭之前,组织双方当事人对各自向法院提交的证据材料进行互换、核对,并就自己提供的证据材料和对方提供的证据材料发表意见,以固定证据的诉讼活动。

证据交换的目的是使法院通过当事人及其诉讼代理人交换证据获得相关证据材料和诉讼信息,在开庭审理之前就能明确双方当事人争议的焦点问题,以便于日后的法庭调查和法庭辩论工作能够围绕双方的争议焦点展开,从而提高庭审的质量和效率。证据交换不仅有助于明确和集中双方当事人进攻和防御的主要矛盾和主要问题,而且能防止庭审过程中的证据突袭,为诉讼的公平和公正提供了法律保障。

并不是所有的案件都需要进行庭前证据交换,根据《最高人民法院关于民事诉讼证据的若干规定》的规定,需要进行证据交换的案件有两种情况:(1)当事人申请进行证据交换;(2)法院对于证据较多或者复杂疑难的案件,应当组织当事人在答辩期限届满后、开庭审理前交换证据。因此,对于简单的民事案件和证据较少的民事案件,人民法院可以不组织庭前证据交换,在开庭时直接进行举证、质证工作。

对需要进行证据交换的案件,人民法院在组织双方当事人交换证据时,应当确定交换证据的时间。交换证据的时间可以由当事人协商一致并经人民法院认可,也可以由人民法院指定。人民法院在指定证据交换时间时应注意,证据交换应在举证期限届满后进行。当事人必须在举证期限届满前向法院提供自己所掌握的所有与案件相关的证据材料,超过举证期限所提供的证据材料,人民法院在审理时可以不组织质证,当事人自己承担举证不能的法律后果。因此,在举证期限届满后当事人提交的证据材料才是充分完整的,而举证期限届满前当事人可以随时向法院提供证据材料,一旦举证期限到期,当事人将不能再向法院提交证据材料。所以,只有在举证期限届满后组织证据交换,才能保障双方当事人充分交换各自拥有的证据材料,避免重复进行证据交换。证据交换还要在开庭前完成,否则,证据交换就不能充分发挥提高庭审质量和效率的作用。

四、当事人提交证据材料需列出证据清单

进行证据交换的案件一般都是证据较多或者复杂疑难的案件,当事人向法院提交的证据材料比较多,为了便于法院核对证据和当事人举证质证,人民法院应指导当事人对证据材料进行编码并列出证据清单。证据清单中应列明证据材料的序号、证据名称、证明内容、原件还是复印件以及所在页码等内容。

"证据名称"为证据材料本身的名称,如买卖合同、股权转让协议、欠条、汇款凭证等;"证明内容"指证据材料所要证明的主要事项,可以简要摘述,如买卖合同的证明内容为"与被告之间存在买卖关系"、股权转让协议的证明内容为"将股权转让给了被告"、欠条的证明内容为"被告尚欠款项"、汇款凭证的证明内容为"已给付原告款项"等;"原件"或"复印件",当事人提交给法院的证据材料为原件的,在"原件"处打"√",提交的证据材料为复印件的,在"复印件"处"√";"页码"处要标明证据材料所在的页码范围。

如果当事人提交的原件比较重要,需要自己保管的,可以同时向人民法院提交原件和复印件,人民法院对原件和复印件进行核对确认无误后,可以将原件交由当事人自行保存,在复印件上加盖核对无误章后将复印件留档保存。但是,尽管人民法院对原件和复印件进行了核对,在开庭质证和其他必要时刻当事人仍需提供证据原件,以便对方当事人鉴别真伪或对原件进行专业鉴定。当事人不得以法院已经核对原件为由拒绝提供原件。

使用证据清单时应注意:(1)证据清单供当事人在起诉时或在诉讼中提交证据时使用。(2)证据清单一式两份,在每份证据清单上举证人和收件人都要分别签上名字和日期,举证人、收件人签收后双方各执一份。(3)证据清单兼做证据收据,法院收到当事人提交的证据材料和证据清单后,在证据清单的收件人处签上日期和收件人的名字,然后将证据清单交给举证人一份保存,作为法院收到举证人证据材料的收据,而不必另行给举证人写证据收据。(4)单位提交证据的,必须在每份证据上加盖公章;公民提交证据的,必须在每份证据上签名或盖章。(5)当事人提交的证据材料应为原件(原物),同时提交A4型规格的复印件,以便向对方当事人送达和法院入卷存档,每份证据必须标明页数。

五、证据交换的程序和步骤

(一)原告提供证据材料

原告方在起诉时就应向法院提供证据材料,原告提交的证据材料应为原件,原告对其提交的证据材料应逐一分类编号,对证据的来源、证明对象和内容作简要说明,签名盖章,注明提交日期。同时,原告还应按照被告人数及合议庭组成人数提供证据材料复印件。书记员在收取原告提交的证据材料及复印件时应向原告送达限期举证通知书,告知原告如果还有未向法院提交的与案件相关的证据材料,应在法院限定的举证期间内提交。

(二)向被告送达证据材料

人民法院收到原告提交的证据材料后,应当出具收据,注明证据的名称、份数、页数以及收到的时间,由经办人员签名或者盖章。书记员应核对证据原件与复印件,确保复印件与原件一致无误,然后在复印件上加盖核对无误章。

在向被告送达起诉书时,书记员可以将原告提交的证据材料复印件一并送达给被告,同时向被告送达限期举证通知书,告知被告在指定的举证期限内向法院提交与案件相关的证据材料。

（三）被告提供证据材料

被告应在法院指定的举证期限内提交反驳对方的证据材料，证据材料应为原件。被告应对其提交的证据材料逐一分类编号，对证据的来源、证明对象和内容作简要说明，签名盖章，注明提交日期。同时，被告还应按照原告人数及合议庭组成人数提供证据材料复印件。

（四）向原告送达证据材料

人民法院收到被告提交的证据材料后，应当出具收据，注明证据的名称、份数、页数以及收到的时间，由经办人员签名或者盖章。书记员应核对被告提供的证据材料原件和复印件，确保复印件与原件一致，然后在复印件上加盖核对无误章。

书记员应将被告向法院提交的证据材料及时送达给原告，原告收到被告提交的证据材料后，不需要再次举证的，人民法院可以安排原、被告在举证期限届满后进行证据交换；如果原告针对被告提供的证据还有新的证据需要提供，应重新确定举证期限，在第二次举证期限届满后再组织双方进行证据交换。

证据交换一般不超过两次，但重大、疑难和案情特别复杂的案件，人民法院认为确有必要再次进行证据交换的除外。

（五）双方对证据材料进行说明并质证

在向当事人双方送达了对方的证据材料后，法院可以主持双方当事人进行证据交换。证据交换应在审判员的主持下进行，主持证据交换的审判员可以是承办案件的法官，也可以是合议庭其他成员，双方当事人应当围绕证据的真实性、关联性、合法性，针对证据材料的证明事项和证明力大小，进行质疑、说明及辩驳。书记员应当将证据交换的过程和内容记录在案，制作证据交换笔录。

在证据交换过程中，首先由原告出示证据，出示的方式包括宣读、展示、播放等。原告出示证据时应逐一出示，并对每份证据的名称、来源、证明事项做出详细说明。采用一证一质，逐项进行的方法。原告每出示一份证据，应由被告对该证据进行辨认和质询；被告对原告出示的每一份证据，都应作出认可或者不认可的意思表示，对认可的证据可以不必陈述理由，对不认可的证据应说出否认的理由和依据。否认的理由包括指出对方出示的证据是伪造或变造的、对方出示的证据是采用非法手段收集的，证人与对方当事人之间有利害关系等。原告对被告提出的否认理由，还可以再进行反驳，被告也可以就原告的反驳再进行辩驳,直至法院认为该证据已经审查核实清楚。

原告的证据展示、审核完毕后,由被告方出示证据。被告出示证据时也应逐一出示,并对每份证据的名称、来源、证明事项做出详细说明。同样采用一证一质,逐项进行的方向。被告每出示一份证据,应由原告对该证据进行辨认和质询;原告对被告出示的每一份证据,都应作出认可或者不认可的意思表示,对认可的证据可以不必陈述理由,对不认可的证据同样应说出否认的理由和依据。被告对原告提出的否认理由,还可以再进行反驳,原告也可以就被告的反驳再进行辩驳,直至法院认为该证据已经审查核实清楚。

在证据交换过程中,当事人经审判员许可后,还可以向对方提出问题,除非所提问题与案件无关,对方应对所提问题作出回答。审判人员认为有必要时,也可以向双方当事人提问。

书记员对证据交换过程中双方当事人没有异议的事实和证据应当记录在案;对双方当事人有异议的事实和证据也应记录在案,同时要记明异议的理由和依据。当事人在证据交换过程中认可并记录在案的事实和证据,审判人员在开庭时作出说明后,可以作为认定案件事实的依据。

通过证据交换,可以把双方当事人争议的主要矛盾和焦点问题明确下来,在开庭的过程中可以针对这些主要矛盾和主要纠纷进行重点调查与核实,这样不仅可以提高庭审效率,还有助于合议庭把主要精力放在解决主要矛盾上,更有利于查明案件事实。

证据交换过程结束后,参与证据交换的双方当事人及审判员、书记员都应在证据交换笔录上签名并注明日期。

第四节　开庭准备工作

【工作情境三】

王兰在庭审前向原、被告送达诉讼材料时同时送达了开庭传票,开庭传票确定的开庭日期是 2019 年 12 月 10 日。后来由于原告申请人民陪审员参加审判、被告提起管辖权异议和反诉等意外情况,12 月 10 日不能按时开庭。李义告诉王兰另行安排开庭时间。

王兰准备将预订的 12 月 10 日的法庭退掉,这时李义告诉王兰新收的二审民事案件不需要开庭，可以通知上诉人和被上诉人 12 月 10 日到法院接受询问，这样王兰就不用将预订的法庭退掉了。

如果合议庭认为二审民事案件需要开庭审理的，可以按照一审民事案件开庭的方式和程序处理。

【工作分析】

王兰在安排开庭时间时应注意哪些问题？在开庭之前王兰还有哪些庭审准备工作要做？

【工作步骤】

十一、开庭前认真审核诉讼材料、收集必要证据

十二、合理安排开庭时间

十三、通知当事人和诉讼参与人携带应诉手续

十四、发布开庭公告

十五、庭前检查工作

十六、宣布法庭纪律

十七、请审判长、审判员入庭

【岗位技能】

五、合理安排开庭时间的技能

六、庭审前的准备工作技能

一、开庭前认真审核诉讼材料、收集必要证据

在开庭审理前，承办案件的审判人员和书记员要认真审查核实当事人向受诉法院提交的起诉状、答辩状及相关证据材料，根据当事人提交的诉讼材料，了解双方的诉讼请求、事实理由和争议焦点，确定双方当事人在开庭前是否还需要补充提交证据材料，如需要补充则通知当事人限期补充；审查案件是否需要在开庭前进行证据交换工作；审查当事人是否提出了财产保全申请、管辖异议申请或反诉申请，如当事人提出了上述申请，进一步审查当事人的申请是否符合条件，对符合条件的当事人的申请，要依据相关的工作程序和工作要求准确及时地进行处理；审查为了查明案件事实是否需要进行鉴定或勘验工作；审查是否有必要按法定程序通知其他人参加诉讼。

通过对诉讼材料的庭前审核，可以使审判人员对案情有初步了解，掌握当事人双方争议的焦点和实质，从而准确把握庭审重点和中心环节。另外，通过对诉讼材料的庭前审核，还可以使审判人员确定审理方向，根据当事人提供的证据情况和案件审理的需要，明确还有哪些证据需要法院收集调查，

从而调查收集必要的证据。

总之,庭审前审核诉讼材料、收集必要证据,是庭审前准备工作中的重点环节和中心步骤,它对于案件能否及时开庭审理、庭审中能否查明案件事实以及案件最终能否作出正确判决都具有重要意义。

二、合理安排开庭时间

(一)积极协调各方参与开庭人员的开庭时间

适用普通程序审理的案件,参与开庭的人员涉及合议庭 3 个审判员、书记员、当事人等各方人员的时间安排,有人民陪审员参加诉讼的案件,还涉及人民陪审员的时间安排。因此安排开庭时间并不是一项简单的工作,它充分体现了书记员在工作中的协调和沟通能力。

在安排开庭时间时,书记员应首先注意协调审判员和人民陪审员的时间,避免所安排的开庭时间与以上人员的其他工作相冲突。因为上述人员都是国家工作人员,除了参与开庭的工作之外,还有其他日常工作要做,因此如果不事先协调,不可能做到开庭时随叫随到。开庭时间的安排要保证与审判员、人民陪审员及书记员的其他工作不相冲突,这样才能使开庭工作顺利进行。

在实际工作中,书记员除了口头与上述人员协商开庭时间外,最好在上述人员的工作日历上写明开庭时间和开庭事项,以免发生工作冲突。

协调好审判员和人民陪审员的开庭时间后,就可以确定开庭时间并通知当事人参加诉讼。当事人应当遵守法院确定的开庭时间,按照法院通知的时间准时参加诉讼,有特殊情况不能参加诉讼的应自行克服困难,如确有正当理由不能按照法院规定的时间参加开庭的,应事先向法院说明情况并征得法院的同意,否则应自行承担不能到庭参加诉讼的法律后果。

(二)及时安排开庭时间

要安排一个合理的开庭时间,除了要协调好参与开庭的各方人员的时间外,还要给当事人留有必要的准备时间,一般应在答辩期限届满后、案件审理期限届满前选择一个恰当的时间,既避免安排的开庭时间过于仓促,以致庭审准备工作不足;也避免安排的开庭时间距离审理期限过近,影响案件的审理进程。同时要了解各类案件的审理期限要求。依普通程序审理的案件,开庭审理应当在答辩期届满并做好必要的准备工作后进行,当事人明确表示不提交答辩状,或者在答辩期届满前已经答辩,或者同意在答辩期间开庭的,也可以在答辩期届满前开庭审理。只有在充分了解各类案件审理期限的前提下，才能安排一个合理、正确的开庭时间。

人民法院适用普通程序审理的一审民事案件，应当在立案之日起6个月内审结；人民法院适用简易程序审理的一审民事案件，应当在立案之日起3个月内审结。人民法院审理对民事判决的上诉案件，应当在第二审立案之日起3个月内审结；人民法院审理对民事裁定的上诉案件，应当在立案之日起30日内作出终审裁定。

（三）提前一周预订法庭

开庭时间确定后，书记员要提前预订开庭时所使用的法庭地点，避免到了预订的开庭时间没有法庭使用，以保证开庭的顺利进行。合议庭有专用法庭的可以不用预订法庭，没有专用法庭的都需提前预订法庭。书记员可以在网上进行法庭登记，将所需使用的法庭地点和时间在网上予以确认，同时注明法庭用途以及双方当事人的基本情况。网上一般只能预订一周之内的法庭，一周时间之外的法庭使用情况网络上没有显示，所以书记员一般只能提前一周预订法庭。

书记员预订了法庭之后，要按照预订的时间、地点和用途来使用法庭，若因正当理由已经预订的法庭未能使用，要向主管部门说明情况并及时将所预订的法庭取消，以便他人照常使用。另外还要注意，如果因法庭紧张没有预定到法庭，不能与他人争用法庭。

三、通知当事人和诉讼参与人携带应诉手续

（一）当事人和诉讼代理人应提交的诉讼手续

当事人或诉讼代理人到庭参加诉讼，必须携带相应的诉讼手续，以便法院核实其身份并确认其是否具备诉讼主体资格。

当事人是公民的，应向法院提交本人身份证原件及复印件，身份证原件供法院核实其身份，身份证复印件与原件核对无误后留在卷宗中备案。

当事人是法人或其他组织的，应向法院提交加盖公章的法定代表人身份证明书（不具备法人资格的其他组织应提交加盖公章的单位负责人身份证明书）、企业法人营业执照正副本原件及复印件（事业单位需提交事业单位代码证书原件及复印件）。

当事人无论本人是否到庭都应向法院提交上述诉讼手续。

委托代理人到庭参加诉讼，应向法院提交授权委托书。委托代理人是律师的，除了向法院提交授权委托书以外，还应向法院提交其律师事务所出具的所函。

(二)当事人或法定代理人委托他人参加诉讼应注意的事项

1. 委托代理人不能超过2人

当事人或法定代理人可以委托诉讼代理人代为参加诉讼,但委托的诉讼代理人不能超过2人。

法律规定可以委托他人代为诉讼是考虑到当事人的需要,当事人由于时间原因、健康原因、缺乏法律知识或不愿与对方当事人发生正面冲突等种种原因,有可能自己不方便亲自参加诉讼,或者虽能亲自参加诉讼但需要他人提供法律帮助,因此法律规定当事人或法定代理人有权委托代理人代为诉讼,这既有利于当事人充分维护自己的合法权益,又有利于诉讼程序的顺利进行。

法律同时又限定委托代理人不能超过2人,也是考虑到便利诉讼的需要。如果对委托代理人的人数不加限制,就可能导致参加诉讼的人数过多,参加诉讼的人数过多不仅会影响开庭的进程,也不便于当事人和代理人之间统一意见。限定委托代理人不能超过2人并不影响当事人行使诉讼权利,又避免了代理人过多给诉讼带来的不便。

2. 委托代理人的范围和限制

委托代理人包括律师、当事人的近亲属、社会团体推荐的人、当事人单位推荐的人以及经法院允许的其他公民。

无民事行为能力人、限制民事行为能力人或者可能损害被代理人利益的人以及人民法院认为不宜作诉讼代理人的人,不能作为诉讼代理人。

审判人员及法院其他工作人员离任(包括离休、退休、调动、辞职、辞退、开除等情形)2年内,担任诉讼代理人的,人民法院不予准许;审判人员及法院其他工作人员离任2年后,担任原任职法院审理案件的诉讼代理人,对方当事人认为可能影响公正审判而提出异议的,人民法院应当支持,不予准许本院离任人员担任诉讼代理人,但作为当事人近亲属或监护人代理诉讼的除外;审判人员及法院其他工作人员的配偶、子女或者父母,担任其所在法院审理案件的诉讼代理人的,人民法院不予准许。

3. 委托他人代为诉讼必须向法院提交授权委托书

为了保证授权行为的确定性和代理权限的明晰性,《民事诉讼法》规定委托他人代为诉讼必须向人民法院提交由委托人签名或者盖章的书面授权委托书。

书面授权委托书应当载明受托人的姓名或名称、代理事项、代理权限和期间，并由委托人签名或盖章。

为保证来自国外的授权委托书的真实性，侨居国外的我国公民从外国寄交或托交的授权委托书，须经我国驻该国的使领馆证明；没有使领馆的，由与我国有外交关系的第三国驻该国的使领馆证明，再转由我国驻该第三国使领馆证明，或者由当地的爱国华侨团体证明。

4. 授权委托书必须记明委托事项和权限

委托代理人的代理权限范围取决于授权委托书中写明的授权事项和范围，代理人只能在当事人、法定代理人所授权的权限范围内进行代理活动。只有代理人在委托人写明的代理权限内从事的行为，才应当由委托人承担法律责任。代理人超越代理权的行为，属于无权代理，应当由代理人自行承担法律后果。

代理权限的范围，实际是划分委托人和代理人的责任范围，因此委托人必须在授权委托书中写明委托他人代理的具体事项和委托期限。而在授权委托书中写明代理权限为“全权代理”或“一般代理”而无具体授权的，都属于代理权限不明确，因此有些在诉讼中需要委托人特别授权的行为，代理人不得从事。《民事诉讼法》规定诉讼代理人代为承认、放弃、变更诉讼请求，进行和解，提出反诉或者上诉，必须有委托人的特别授权。上述诉讼行为，涉及当事人实体权利的处分，因此，当事人、法定代理人必须在授权委托书中特别注明，没有注明这些特别授权，而仅在授权委托书中写“全权代理”或“一般代理”的，代理人所从事的上述行为没有法律效力，人民法院不予承认，当事人、法定代理人也可以不接受。

四、发布开庭公告

为了使公开审理制度落到实处，方便公众旁听庭审，提高庭审的透明度，凡公开审理的案件应当在开庭 3 日前发布开庭公告。公告中应当注明当事人姓名、案由、开庭时间和地点，以及发布公告的时间。开庭公告一式两份，一份对外发布，另一份入卷备案。开庭公告可以在法院的公告栏内发布，也可以在报纸上发布。发布开庭公告可以使公开审判制度落到实处，对人民群众监督法院的审判活动具有重要意义。

按照法律规定只有公开审理的案件才需要发布开庭公告。公开审理是开庭审理的基本形式，凡是公开审理的案件允许群众旁听，允许新闻记者采访和报道。除法律有特别规定外，开庭审理一律采取公开审理的形式，不公开审理的案件包括：

1. 涉及国家秘密的案件。如果审理的案件涉及不能公开的党、政、军事秘密,国防情报、科学技术成果,国家重大的政治、经济决策以及其他国家秘密事件或秘密文件等,不能公开审理。

2. 涉及个人隐私的案件。隐私权是公民不容侵犯的人身权利之一,如果案件事实涉及当事人的个人隐私,不能公开审理。

3. 法律另有规定可以不公开审理的案件。

4. 当事人申请不公开审理的离婚案件和涉及商业秘密的案件。离婚案件直接涉及公民的个人生活隐私,有的涉及当事人之间的夫妻关系隐情、生理缺陷等问题,为了帮助当事人顺利解决纠纷,防止矛盾激化,有必要对离婚案件的情况进行保密。商业秘密涉及当事人的商业利益,为了保护当事人的商业利益,涉及当事人商业秘密的案件,当事人申请不公开审理的,可以不公开审理。

人民法院

公告

本院定于　　年　　月　　日　　时　　分，在本院第　　法庭依法公开开庭审理　　　　诉　　　　　　纠纷一案。

特此公告。

二〇　　年　　月　　日

（院印）

五、庭前检查工作

(一)提前到庭检查法庭设备是否能够正常使用

开庭时,书记员一般应当提前15分钟到达法庭,检查法庭标牌的摆放是否规范,开庭时所用到的设备能否正常使用。

法庭标牌包括审判长、审判员、书记员、原告(上诉人)、被告(被上诉人)。其中审判长和审判员的标牌摆放在法台上,审判长的标牌摆放在中间位置,两个审判员的标牌分列在审判长两旁;书记员的标牌摆放在法台下方的书记员座位桌上;原告(上诉人)、被告(被上诉人)的标牌根据需要分列在书记员座位席两旁的座位桌上。

书记员需要用电脑记录的,应把电脑和速录机提前打开并检查是否能正常使用;开庭时需要用到录音或录像设备的,要提前检查录音或录像设备是否能正常播放。

(二)提前检查当事人到庭情况

书记员还应提前查明当事人和诉讼参与人的到庭情况并检查其诉讼手续。

1. 应安排已经到庭的证人、鉴定人或勘验人在指定的场所等候开庭。

2. 应检查已经到庭的当事人或诉讼参与人所携带的诉讼手续是否齐全、合法。当事人或代理人所提交的诉讼手续不齐全,不能证明当事人或代理人的身份的,原则上不允许当事人或代理人参加诉讼,可以将当事人诉讼手续不全的情况报告合议庭,由合议庭来决定是待其诉讼手续齐全后另行开庭,还是继续开庭允许当事人或代理人庭后补交诉讼手续;当事人或代理人提交的诉讼手续形式要件不合法、内容不完整的,能够当庭改正的则当庭改正,不能当庭改正的可以将其诉讼手续先予保存,告知当事人或代理人庭后补交合法完整的诉讼手续;律师作为代理人参加诉讼的,只提交了授权委托书而未提交律师事务所的所函的,可以允许其先行参加诉讼,令其限期提交律师事务所所函。

3. 应及时查明当事人和诉讼参与人未到庭的情况和原因。如果临近开庭时间当事人还没有到庭,应及时与未到庭的当事人取得联系,了解其未到法庭的原因,明确当事人是在路途中还是根本没有出发,并将情况及时报告审判长,由合议庭确定是否需要延期开庭、缺席审理或按撤诉处理。合议庭决定延期审理的,应及时安排已经到庭的当事人和其他诉讼参与人先行离开,告知其另外等候开庭通知;合议庭决定缺席判决的,书记员应通知到庭的当事人和诉讼参与人入庭，并宣布审判员入席开庭；合议庭决定按撤诉处理的，应及时制作撤诉裁定，先行送达到庭当事人或代理人。

值得注意的是，对于在二审中没有及时到庭参加诉讼的上诉人，不要轻易依据法律规定按其自动撤诉处理，因为二审法院一旦作出按上诉人自动撤回上诉的处理决定，一审判决即发生法律效力，上诉人的上诉请求就得不到法院的审理，容易引起上诉人对法院的判决不服，进而申诉和上访，造成缠诉现象。因此，在二审阶段上诉人未及时到庭参加诉讼的，二审法院应当核实其未准时到庭的具体原因，根据具体原因慎重处理，对于因路途较远、堵车、找不到法院地址以及其他突发事件不能准时到庭的情况，不要轻易宣布按上诉人自动撤回上诉处理。

上海市高级人民法院下发的《上海法院二审民商纠纷案件审判程序指引（试行）》规定："合议庭应按照传票记载的时间准时开庭。如一方或双方当事人未准时到庭的，应区分以下情形分别处理：

第一，经电话联系，尚未到庭的当事人或其委托代理人确认已在途中且在15分钟之内能够抵达法庭，合议庭应告知已到庭的当事人，庭审予以推迟。迟到的当事人应在到庭后向合议庭以及对方当事人如实说明迟到的原因。没有正当理由的，审判长应对当事人迟到的行为给予必要的训诫后，开始庭审。

第二，无法与尚未到庭的当事人或其委托代理人取得联系，只要有证据证明传票已送达各方当事人，合议庭应立即开庭审理。

第三，庭审开始后，上诉人在法庭核对当事人的阶段到达法庭，审判长应当要求上诉人如实向法庭陈述迟到原因，如不属于正当理由，应当予以训诫后，准许其进入审判区并在当事人席就座，并对上诉人的身份予以核对后，继续庭审。

第四，上诉人在审判长核对当事人完毕后仍未到庭的，审判长应当宣布：'合议庭将对当事人缺席事由予以查明后依法处理，如无正当理由未到庭，则视为撤诉。'不得当庭直接宣布对上诉人作为撤诉处理。

第五，审判长宣布闭庭后，上诉人到达法庭的，合议庭应当对上诉人迟到原因予以审查，如无正当理由的，则视为撤诉。如有正当理由的，法官应重新确定庭审日期。对方当事人尚未离开的，可立即重新开庭。

第六，被上诉人未准时到庭的，不影响案件的审理。如被上诉人在庭审终结之前到达法庭的，合议庭在查明被上诉人身份后，要求其向法庭陈述迟到的原因。如不属于正当理由的,应当予以训诫。对于已经完毕的庭审调查和法庭辩论,除合议庭认为有必要外,一般不予恢复。

第七,对于双方当事人均未按照法庭通知的时间到庭的,合议庭应当延期15分钟。在延期的时间内,只要有一方当事人到庭的,合议庭即应宣布开庭,按照本条规定的方式处理。”

六、宣布法庭纪律

开庭前,应由书记员向诉讼当事人、参与人、旁听人员宣布法庭纪律。根据《人民法院法庭规则》的规定,旁听人员必须遵守下列纪律:

1. 鼓掌、喧哗;

2. 吸烟、进食;

3. 拨打或接听电话;

4. 对庭审活动进行录音、录像、拍照或使用移动通信工具等传播庭审活动;

5. 其他危害法庭安全或妨害法庭秩序的行为。

七、请审判长、审判员入庭

宣布完法庭纪律之后,书记员应当请全体人员起立,请审判长、审判员(人民陪审员)入庭。审判员入庭后书记员应当请审判员及全体人员就座,当庭向审判长报告当事人到庭情况及开庭前的准备工作已经就绪。

第五节　人民陪审员参加审判的相关工作

【工作情境四】

王兰通知原告北京双鹤药业股份有限公司的委托代理人张雅昀到北京市第二中级人民法院领取了向原告送达的诉讼材料,并委托湖北省武汉市硚口区人民法院向被告湖北省医药公司送达了诉讼材料。原告收到诉讼材料的时间是2019年10月25日,被告收到诉讼材料的时间是2019年11月5日。

张雅昀在2019年10月27日交给王兰两份申请,一份是申请人民陪审员参加审判的申请,另一份是财产保全申请。

王兰在2019年11月18日收到了湖北省医药公司寄来的挂号信,邮戳上的寄信日期是 2019 年 11 月 12 日，信封里是一份管辖异议申请。

经审查，法院批准了原告的申请陪审员参加审判的申请和财产保全申请，驳回了被告提出的管辖异议申请。李义告诉王兰这个案件证据比较多，在开庭之前需要先把原告、被告叫来进行证据交换工作。

【工作分析】

碰到这些复杂的工作情况，王兰应如何处理？

【工作步骤】

十八、处理庭审前的其他特殊工作

【岗位技能】

七、人民陪审员参加审判的工作技能

八、原告提出财产保全申请的工作技能

九、被告提出管辖异议的工作技能

十、被告提出反诉的工作技能

一、向当事人送达人民陪审员参加审判告知书

人民陪审员通过与审判员组成合议庭，参加人民法院的审判活动，是人民群众参与国家司法活动的一种重要方式，也是社会主义民主的具体体现。人民陪审员参加法院的审判活动，不仅为社会分享审判权力提供了途径，也使公众对司法的监督作用得以充分发挥。法院受理案件的范围很广，涉及各行各业，许多案件有很强的专业性和技术性，人民法院根据案情的需要，邀请熟悉业务、具有专业知识和经验的专家、学者、科技工作者担任陪审员，直接参与审判工作，不仅有助于查明案情，提高效率，而且可以使审判工作建立在科学基础上，增强裁判的说服力。

虽然人民陪审员不是法院的专业审判人员，但在参加审判活动时与审判员一样是合议庭的组成人员，在审判中与审判员具有同样的权利和义务。人民陪审员在审判中与合议庭的审判员一起共同认定案件事实，共同研究案件法律适用。合议庭中的审判员应当尊重人民陪审员，充分听取人民陪审员对案件的意见，注意发挥人民陪审员在审判活动中的作用。在合议庭组成人员中，除了审判长不能由人民陪审员担任外，合议庭的其他成员均可以由人民陪审员担任，合议庭中人民陪审员所占人数比例应当不少于三分之一。各级人民法院应当设置人民陪审员专用办公室，为人民陪审员履行职责提供必要的工作条件。

人民陪审员参加案件审判的途径，既可以由人民法院按照相关规定自行决定人民陪审员参加审判,也可以由当事人依照相关规定申请人民陪审员参加审判。

法院在审理一审民事案件时,为保障当事人行使申请人民陪审员参加审判的权利,应当向原、被告送达“当事人申请人民陪审员参加合议庭审判案件告知书”和“申请人民陪审员参加审判申请书”。虽然对告知书和申请书的送达时间没有强制性规定,但为了方便当事人和提高书记员的工作效率,一般应在向当事人送达受理案件通知书或应诉通知书时同时送达告知书和申请书。在告知书中要明确告知当事人享有申请人民陪审员参加合议庭审判案件的权利。当事人收到告知书和申请书后,如果行使该项权利,应在3日内将申请书填写完整并提交法院,或者在3日内将申请书邮寄给法院,采用邮寄方式的以交邮时间为截止日期。在被告知后3日内没有提出书面申请的,视为放弃该项权利。

当事人申请人民陪审员
参加合议庭审判案件告知书

根据《人民陪审员法》第十七条之规定，第一审刑事案件的被告人、民事案件的原告或者被告、行政案件的原告，享有申请人民陪审员参加合议庭审判案件的权利，请在被告知后3日内书面提出，逾期视为放弃（邮寄以当地邮局寄出之日为截止日期）。

邮寄地址：

邮政编码：

××××人民法院

当事人申请人民陪审员参加合议庭审判案件申请书

我是　　　一案的当事人(民事案件的原告或被告、行政案件的原告、刑事案件的被告人),依照法律规定,特申请人民陪审员参加合议庭审理此案。

申请人:

二〇　　年　　月　　日

二、人民陪审员参加审判活动的工作程序

【工作分析】

对于原告提交的两份申请，王兰应首先审查原告申请人民陪审员参加审判的申请是否在法定期限内，如果原告的申请在法定期限内，再办理人民陪审员参加审判的具体工作。

【工作步骤】

1. 书记员收到当事人提交的“当事人申请人民陪审员参加合议庭审判案件申请书”后，经审查申请书是在法定期限内提交的，应在收到申请书的当日将申请书复印件及该案的起诉状副本一并交给人民陪审员专用办公室，在起诉状副本上注明该案的案由、案号和立案时间，以便人民陪审员办公室根据案件具体情况选择适合该案的陪审员参加审判活动。

2. 人民陪审员办公室从陪审员名单中随机抽取产生预选名单，预选人员数量多于实际参加审判的人员数量，然后再根据案件的实际情况，确定最终人选。陪审员确定后，人民陪审员办公室将《人民陪审员参加合议庭通知书》《人民陪审员参加审判工作考核表》送交审判庭。《人民陪审员参加合议庭通知书》中有陪审员的姓名、职业和联系方式，书记员按照通知书中的联系方式通知陪审员参加审判活动，与陪审员协商开庭时间。《人民陪审员参加审判工作考核表》在结案后由审判长填写并报人民陪审员办公室备案，考核表中要对陪审员的工作实绩、思想品德、工作态度、审判纪律和审判作风作出客观评价。

3. 书记员应将开庭时间和地点在开庭3日前通知陪审员。陪审员不是法院专职审判人员，他们一般都有自己的职业和工作，因此书记员在安排开庭时间时应首先与陪审员协商，选择陪审员方便的时间开庭。按照陪审员的时间确定了开庭时间后，在开庭3日前应再次通知陪审员开庭的具体时间和地点，以确保能够顺利开庭。

4. 通知陪审员参加合议庭评议案件。陪审员与审判员具有同等权利，不仅参加案件的调查和开庭审理，还必须参加案件的评议。陪审员参加案件评议时，可以充分发表意见和保留意见，并对事实认定、法律适用独立行使表决权。陪审员与审判员的意见有分歧的，应将陪审员的意见记入评议笔录，必要时，陪审员可以要求合议庭将案件提请院长决定是否提交审判委员会讨论决定。陪审员评议案件最好是在庭审结束后及时进行，不能在庭审后及时进行案件评议的，可以另行安排评议时间并通知陪审员准时参加

案件评议。

5. 案件审结后,将裁判文书送交陪审员和陪审员联络室各一份,还应将审判长填写的《人民陪审员参加审判工作考核表》送交人民陪审员办公室。

第六节 原告提出财产保全的相关工作

【工作分析】

王兰收到原告提交的财产保全申请后,应立即交给李义,由李义提交合议庭研究决定是否批准原告的财产保全申请。合议庭对情况紧急的财产保全申请,必须在48小时内作出裁定,合议庭在批准原告的财产保全申请前,应要求原告提供担保,担保数额由合议庭决定后报院长批准。财产保全裁定作出后,应交予执行庭立即执行。

【工作步骤】

1. 将原告提交的财产保全申请立即交给承办法官;
2. 记录合议庭对财产保全申请的评议过程和结果;
3. 通知原告交纳担保金;
4. 与原告一起将担保金交到财务部门,并妥善保管相关票据;
5. 将合议庭作出的财产保全裁定及相关材料交给庭长、院长审批;
6. 校对、印制保全裁定书;
7. 将保全裁定书交给执行庭立即执行;
8. 向原告送达保全裁定书。(在执行庭采取执行措施前,不能将保全裁定书送达给被告,以免被告转移财产)。

一、财产保全制度

财产保全是指人民法院对于可能因当事人一方的行为或者其他原因,使判决不能执行或者难以执行的案件,可以根据对方当事人的申请,作出财产保全的裁定;当事人没有申请的,人民法院在必要时也可以裁定采取财产保全措施。财产保全的目的在于法院判决后,当事人或利害关系人的财产权益能够及时得到实现。

当事人之间的纠纷是以判决的最终执行为解决方式的,但是案件从提起诉讼到判决的执行要经历一个过程,其间有可能发生因债务人转移、处分财产而使判决最终无法执行的情况。如果没有财产保全制度,案件只能等到判决后才能执行,可能会导致当事人的胜诉只是形式上的胜诉,实体权利并不能得到最终的保护和落实。财产保全制度可以保证将来的生效判决得以实现,有助于弥补一般诉讼程序事后救济不足的缺陷,促使当事人主动维护自己的合法权益,有利于解决执行难的问题。

财产保全依据当事人申请保全的时间分为诉讼中的财产保全和诉讼前的财产保全。

1. 诉讼中的财产保全又称"诉讼保全",指人民法院在判决前,对于因当事人一方的行为或者其他原因,可能使判决不能执行或者难以执行,根据当事人的申请,或者必要时依职权而采取的限制当事人对其财物进行处分的强制措施。诉讼保全必须是在法院受理案件后、作出判决前实施,无论是在一审阶段还是二审阶段,只要案件尚未审结,当事人都可以申请财产保全。如果法院的判决已经生效,当事人只能申请强制执行,不能申请财产保全。财产保全措施的适用可能会给被申请人造成经济损失,为了平等保护双方当事人的利益,人民法院可以责令申请人提供担保,提供担保的数额应相当于请求保全的数额,申请人不提供担保的,驳回其申请。人民法院接受诉讼保全申请后,对情况紧急的,必须在48小时内作出裁定,裁定采取财产保全措施的,应当立即开始执行。财产保全的裁定应当以书面形式作出。

2. 诉讼前的诉讼保全又称"诉前保全",是尚未起诉时申请的财产保全,指在诉讼前对于因情况紧急不立即限制财产转移,将会使申请人的合法权益受到难以弥补的损害,申请人在起诉前向人民法院申请限制被申请人处分财产的强制措施。诉前保全发生在诉讼程序启动之前,对被申请人的影响更大,因此在制度设计上也更严格。诉前保全的申请人必须提供担保,因为诉前保全是在起诉前进行的,利害关系人是否起诉、起诉之后能否胜诉都属未知,而财产保全的适用可能会给被申请人造成经济损失,所以申请人必须提供担保,提供担保的数额应相当于请求保全的数额,申请人不提供担保的,驳回其申请。人民法院接受诉前保全申请后,必须在48小时内作出裁定,裁定采取财产保全措施的,应当立即开始执行。人民法院采取诉前保全措施后,申请人应当在人民法院采取保全措施后15日内向有管辖权的人民法院起诉,在法定期限内不起诉的,人民法院应当解除财产保全。申请人在人民法院采取保全措施后15日内不起诉又不提出撤销保全措施的,人民法院应当依职权主动解除财产保全,以免因保全时间过长而扩大被申请人的经济损失。

二、财产保全的范围和措施

财产保全是为了防止将来的生效判决难以执行或无法执行所设计的制度,所以保全的范围应当与申请人胜诉时法院所确定的给付财产的范围相一致。人民法院应当针对原告的诉讼请求进行审理并作出判决,原告最终得到的利益不应超出其请求的范围,所以保全的范围既不应当超出原告诉讼请求的范围,也不应当扩大到与本案无关的财物上。因此《民事诉讼法》规定财产保全限于请求的范围,或者与本案有关的财物。保全财物的价值要与请求保全的数额基本相等,保全的财物应为本案的诉讼标的物或者是与本案有牵连的其他财物,保全的范围限于当事人争议的财产或被告的财产。对案外人的财产不得采取保全措施;对案外人善意取得的与案件有关的财产,一般也不得采取财产保全措施。人民法院在进行财产保全工作时应严格按照财产保全的范围执行保全,避免因采取保全措施不当给被申请人造成经济损失。

财产保全的措施包括查封、扣押、冻结及法律规定的其他办法。

1.查封

查封是在被申请人的财产上贴上人民法院的封条,就地封存,不准任何人移动和处分。

2.扣押

扣押就是把保全的财物运到便于保存的场所加以扣留,从而使被申请人不能占有、使用、收益和处分。扣押也可以原地进行。人民法院对扣押的财产可以自行保管,也可以委托其他单位或个人保管;对扣押的财产,保管人及人民法院都不得使用。

3.冻结

冻结是对被申请人的存款、资产、债权、股权等收益采取的强制措施,由人民法院发出协助执行通知书,请银行、信用社和有关单位冻结被申请人的存款、资产、债权和股权,不准任何人提取和转移。人民法院冻结财产后,应当立即通知被冻结财产的人。

4.法律规定的其他办法

人民法院对季节性商品、鲜活、易腐烂变质以及其他不宜长期保存的物品采取保全措施时,可以责令当事人及时处理,由人民法院保存价款,必要时人民法院可予以变卖,保存价款;人民法院对不动产和特定的动产(如车辆、船舶等)进行财产保全,可以采用扣押有关财产权证照并通知有关产权登记部门不予办理该项财产的转移手续的保全措施,必要时也可以查封或扣押该项财产;对债务人到期应得的收益,可以采取财产保全措施,限制其支取,通知有关单位协助执行;债务人的财产不能满足保全请求,但对第三人有到期债权的,人民法院可以依债权人的申请裁定该第三人不得对本案债务人清偿,该第三人要求偿付的,由人民法院提存财物或价款。

三、财产保全的解除和损失赔偿

(一)财产保全的解除

1. 依被申请人的申请解除财产保全

人民法院对被申请人的财产作出财产保全后,被申请人申请解除财产保全并提供担保的,人民法院应当解除财产保全。被申请人提供的担保可以是银行等保证人的担保,也可以是实物担保或者是无形财产权等权利的担保。被申请人所提供的担保财产的价值或担保金额不应低于被保全财产的价值或金额。

财产保全的目的是使今后的判决有实现的物质基础,而被申请人向法院提供担保,担保的数额又与案件争议的数额相当,在很大程度上消除了将来生效判决不能执行或者难以执行的可能性,使今后的判决有了得以实现的物质基础,同样达到了法院采取财产保全措施的目的。所以,如果被申请人提供了担保,原来的财产保全措施就失去了继续存在的价值,人民法院应当解除财产保全。

2. 财产保全的法定解除

财产保全的法定解除是专门针对诉前保全制定的措施。当事人因情况紧急在起诉前向人民法院申请采取财产保全措施的,在人民法院采取保全措施后 15 日内不起诉的,人民法院应当解除财产保全。这是法院解除保全的一种主动行为,不需要被申请人申请,也不需要被申请人提供担保,只要申请人在保全后 15 日内没有起诉,人民法院就应当依职权解除财产保全,避免被申请人因保全时间过长而遭受经济损失。

(二)财产保全错误的损失赔偿

申请人申请财产保全有错误的,应当赔偿被申请人因财产保全所遭受的损失。财产保全一般是依据当事人的申请提起的,法院在采取财产保全措施的时候案件的审理还没有结束,申请人的诉讼请求最终是否能够得到法院的支持还是未知数,因此财产保全措施有可能出现错误。财产保全措施一旦出现错误,被申请人因为其财产被保全有可能遭受经济损失,在这种情况下,申请采取财产保全的人应当赔偿被申请人因财产保全错误而遭受的损失。人民法院依职权采取财产保全错误,给被保全人造成损失的,人民法院应依法承担赔偿责任。

法律规定诉前保全的申请人必须提供担保,法院也应视情况责令诉讼保全的申请人提供担保,这样的制度设计也是为了保障财产保全错误所造成的损失能够得到及时有效的赔偿。

诉前(诉讼)财产保全申请书

申请人：

法定定代表人：　　　　　　　职务：

住所地(或主要营业地)：

联系方式：

委托代理人：

被申请人：

法定定代表人：　　　　　　　职务：

住所地(或主要营业地)：

联系方式：

申请保全事项：

申请保全的财产具体线索及价值：

申请保全的财产与被申请人的关系：

申请人：

法定代表人(或负责人)：

年　　月　　日

诉前(诉讼)财产保全申请书的使用说明：

1. 本申请书供法人或其他组织申请保全证据时使用。(如果申请人或被申请人是公民，应写明申请人或被申请人的姓名、性别、民族、出生年月、住所地以及职业、工作单位)

2. 申请保全事项首先要写明要求法院对被申请人的何种财产采取什么样的保全措施；其次简要写明案情事实和请求保全的具体理由，并引用相关法律条款作为依据；再次要声明如因申请人申请错误，导致被申请人因财产保全而遭受损失的，由申请人承担赔偿责任；最后要写明申请人可以提供何种担保以及担保的数额。

3. 申请人还应说明申请保全的财产的具体线索，如动产或不动产的具体存放地点、银行账户和具体账号等。同时，申请人应说明申请保全的财产的价值。

4. 申请人还应说明其申请保全的财产与被申请人之间的具体关系，保全的财物应为本案的诉讼标的物或者是与本案有牵连的其他财物，保全的范围限于当事人争议的财产或被告的财产。对案外人的财产不得采取保全措施。

5. 申请人申请财产保全必须提供相应担保，担保方式和数额由人民法院确定。

6. 申请人要在申请书上加盖公章，写明申请日期，并由其法定代表人签字。(申请人是公民的，申请人需在申请书上签字并写明申请日期)

第七节　被告提出管辖权异议的相关工作

【工作分析】

对被告邮寄的管辖异议申请,王兰应立即交给李义,由李义审查被告提出的管辖权异议是否在法定期限内。经审查,被告收到应诉材料的时间是2019年11月5日,其寄出管辖异议申请的时间是2019年11月12日,被告是在法定期限内提出的管辖权异议。

李义将被告提出的管辖权异议申请提交合议庭评议,合议庭认为本案被告在外地,对其提交的管辖权异议可以进行书面审查。合议庭审查后认为被告提出的管辖权异议不成立,裁定驳回了被告的管辖权异议。

王兰在这个阶段需要做的工作是什么?

【工作步骤】

1. 将被告邮寄的管辖权异议申请立即交给李义;

2. 记录合议庭对管辖权异议的评议过程和结果;

3. 校对、印制李义制作的管辖异议裁定;

4. 将印制好的民事裁定书送达给原、被告;

5. 当事人对管辖异议裁定均未提起上诉,继续安排开庭工作。

一、管辖和管辖权异议

(一)管辖的概念和管辖权的划分

管辖是指各级法院之间、同级法院之间受理第一审案件的分工和权限。管辖权是诉讼的入口,是法院对具体案件行使审判权的启动前奏。

我国的法院系统有四级:最高人民法院、高级人民法院、中级人民法院、基层人民法院。除最高人民法院外,每一级都有许多个法院,因此需要运用级别管辖原则对四级法院受理一审案件的权限进行分工,然后再运用地域管辖原则对同级法院在各自辖区内受理第一审案件进行权限划分和职责分工。

1. 级别管辖是指按照一定的标准对上下级法院之间受理的第一审案件进行权限划分和职责分工,民事诉讼法中是根据案件的性质、繁简程度和案件的影响力来确定级别管辖的。一般情况下,把性质重大、案情复杂、影响范围大的案件划分给级别高的法院管辖,争议标的金额的大小也是确定级别管辖的重要依据,各地人民法院确定级别管辖的标的数额标准不同。

2. 地域管辖是指按照各法院的辖区和民事案件的隶属关系来划分同级法院之间受理第一审案件的分工和权限。《民事诉讼法》中确定地域管辖的标准主要有:(1)当事人的所在地(一般是被告的住所地)与法院辖区之间的联系;(2)诉讼标的或法律事实与法院辖区之间的联系。当事人所在地或诉讼标的在某一法院辖区时,诉讼就由该地区的法院管辖。从法院方面来说,审理案件是法院的职权也是法院的义务,当事人的所在地或诉讼标的物位于某法院辖区时,法院有权审理发生在其辖区内的案件。从当事人方面来说,由于其住所地或争议标的物在某法院辖区内而与该法院产生了一种法律上的隶属关系,因此也应服从所在辖区法院的管辖。

(二)管辖权异议

管辖权异议,是指人民法院受理案件后,当事人以受诉法院对该案没有管辖权为由,提出将该案移送有管辖权的法院审理的主张。

管辖权异议是《民事诉讼法》赋予当事人的一项重要诉讼权利,法院在受理案件时有可能会对管辖权作出错误判断而受理了不属于本院管辖的案件,而不同的法院行使审判权对当事人来说存在是否方便诉讼的差异,为了使法律规定的管辖权能够得到正确适用,也为了使当事人有机会向法院表达对管辖权的不同意见,《民事诉讼法》规定了当事人对管辖权有异议的,应当在提交答辩状期间向法院提出。

当事人向人民法院提出管辖权异议,必须具备以下 3 个条件:

1. 当事人只能对一审民事案件提出管辖权异议

对一审民事案件,当事人既可以对级别管辖权提出异议,也可以对地域管辖权提出异议。但是对二审民事案件,当事人没有权利对管辖权提出异议,因为二审民事案件是法定管辖,即二审民事案件是由受理一审民事案件法院的上一级法院来审理的。《民事诉讼法》明确规定当事人不服地方人民法院第一审判决或裁定的,有权向上一级人民法院提起上诉,因此当事人对二审民事案件是无权选择管辖权的,二审民事案件只能由上一级人民法院进行审理。

2. 提出管辖权异议的主体必须适格

当事人包括原告、被告和第三人,在审判实践中,提出管辖权异议的一般都是被告,原告不会对管辖权提出异议。因为原告在起诉的时候已经行使了选择管辖权的权利,如果原告认为法院没有管辖权,完全可以在起诉的时候选择有管辖权的法院,因此原告没有必要在法院已经受理案件的情况下再对其选择的法院提出管辖权异议。

解决了原告和被告谁有权利提出管辖权异议的问题,对第三人是否有权提出管辖权异议的问题,我们也应该具体分析。第三人分为无独立请求权的第三人和有独立请求权的第三人。其中无独立请求权的第三人对原、被告之间的争议没有独立的请求权,但案件的处理结果与其有法律上的利害关系,无独立请求权的第三人参加诉讼的目的是维护自己的合法权益,避免法院作出对自己不利的判决,他一般是通过支持其中一方当事人的主张来维护自己的权益,辅助一方当事人对抗另一方当事人。无独立请求权的第三人不是完全独立的当事人,不具有与当事人相同的诉讼地位,因此无独立请求权的第三人无权对受诉法院的管辖权提出异议。

有独立请求权的第三人对原、被告之间争议的诉讼标的有独立的请求权,其诉讼地位相当于原告。有独立请求权的第三人可以主动参加已经开始的诉讼,也可以由法院依职权通知其参加诉讼。如果有独立请求权的第三人主动参加他人已经开始的诉讼,应视为其承认和接受了受诉法院的管辖,因此不能对管辖权提出异议;如果法院依职权通知有独立请求权的第三人参加诉讼,他有权选择是以有独立请求权的第三人的身份参加诉讼,还是以原告的身份向其他有管辖权的法院另行起诉。因此,在法院通知有独立请求权的第三人参加诉讼时,有独立请求权的第三人认为受诉法院对他的诉讼没有管辖权的,可以拒绝参加诉讼,而选择以原告的身份另行向有管辖权的法院提起诉讼,而不必对管辖权提出异议。综上,有独立请求权的第三人不宜对管辖权提出异议,这同原告不能对管辖权提出异议的道理是一样的,原告和有独立请求权的第三人均享有选择管辖权,所以在审判实践中一般不允许原告和第三人对管辖权提出异议。

3. 管辖权异议应当在提交答辩状期间提出

当事人不是在任何时候都可以向法院提出管辖权异议,《民事诉讼法》规定管辖权异议只能在提交答辩状期间提出。

被告提交答辩状的期限是收到起诉状副本之日起 15 日内,因此,被告提出管辖权异议的期限也是收到起诉状副本之日起 15 日之内。被告在法律规定的期限内对管辖权没有提出异议的,视为对管辖权没有异议或放弃了行使管辖权异议的权利。逾期提出管辖权异议的,法院不予审议。

当事人在法律规定的期限内对法院的管辖权提出了异议,但在法院就管辖权异议作出裁定前,又以书面或口头形式表示接受受诉法院管辖的,视为当事人自动放弃了管辖权异议。在以后的诉讼中当事人再行提出管辖权异议的,法院不再审议。

二、法院对管辖权异议的处理

当事人在法定期限内对管辖权提出异议的,法院对当事人提出的异议应当审查,不能对当事人提出的管辖权异议置之不理。经审查,当事人提出的管辖权异议成立,受诉法院确实没有管辖权的,法院应当裁定将案件移送有管辖权的法院;经审查,当事人提出的管辖权异议不成立,受诉法院对案件有管辖权的,裁定驳回当事人提出的管辖权异议。

当事人对一审法院就管辖异议作出的裁定不服的,可以在收到裁定书之日起 10 日内向上一级人民法院提起上诉,二审法院应当在该案第二审立案之日起 30 日内作出终审裁定。

一审法院裁定驳回当事人提出的管辖权异议后,当事人收到裁定书后 10 日内没有提起上诉的,受诉法院的管辖权确定,继续进行案件的实体审理,受诉法院应当及时通知诉讼当事人参加诉讼;一审法院裁定驳回当事人提出的管辖权异议后,二审法院维持了一审法院的裁定的,受诉的一审法院对该案有管辖权,案件进入实体审理阶段,由一审法院通知诉讼当事人继续参加诉讼,进行实体审理。法院对当事人提出的管辖异议未经审查或审查后尚未作出裁定的,不得进入案件的实体审理阶段。

一审法院驳回当事人管辖异议的裁定发生法律效力后,当事人就管辖权问题继续申诉的,不影响一审法院对案件进行实体审理。法院对案件进行实体审理作出的判决发生法律效力后,当事人对驳回管辖权异议的裁定和实体判决一并申诉的,法院经审查发现管辖异议裁定确有错误但实体判决结果正确的,应当驳回当事人的申诉,以节约诉讼资源,减轻当事人的诉累;法院经审查认为管辖异议裁定和实体判决均有错误,原裁定和判决均被撤销的,应将案件移送有管辖权的人民法院审理。

第八节　被告提起反诉的相关工作

【工作分析】

被告收到法院送达的驳回其管辖异议的民事裁定书后,又向法院提交了反诉申请。王兰将被告的反诉申请交给了李义,合议庭评议后受理了被告的反诉。

在这个阶段,王兰都有哪些工作要做?

【工作步骤】

1. 将被告提交的反诉申请立即交给李义,由李义提交合议庭研究决定是否受理被告的反诉;

2. 记录合议庭对反诉申请的评议过程与结果;

3. 通知被告在接到交费通知后7日内交纳反诉费;

4. 将被告(反诉原告)提交的反诉状副本在法定期限内送达给原告(反诉被告);

5. 反诉被告在法定期限内提交答辩状的,在法定期限内将答辩状送达给反诉原告。

一、反诉的概念

反诉是指在诉讼程序进行中,本诉被告针对本诉原告向人民法院提出的独立的反请求。提起反诉是被告的一项诉讼权利,一方面人民法院通过对本诉与反诉合并审理,利用同一诉讼程序解决了原、被告之间相关联的纠纷,节约了诉讼资源;另一方面避免了因对本诉与反诉的分别审理而造成的裁判相抵触。在反诉中,本诉双方当事人的诉讼地位发生了转换,本诉中的被告成为反诉原告,本诉中的原告成为反诉被告。

二、被告提起反诉的条件

被告提起反诉应具备下列条件:

1. 只有本诉中的被告才有权提起反诉。原告在诉讼中增加诉讼请求、第三人提出与本案有关的诉讼请求,均不属于反诉范畴。

2. 反诉要在本诉案件受理后,法庭辩论结束前提出。如果本诉尚未受理,诉讼程序还未开始,反诉就无从提起;法庭辩论终结后再受理反诉,不仅达不到节约诉讼资源的目的，还会造成诉讼迟延。

原审被告在二审程序中提起反诉的，二审法院可以根据当事人自愿的原则就反诉进行调解，而不能就反诉进行裁判。因为如果二审法院受理原审被告的反诉，对反诉作出裁判后当事人无法再上诉，这种做法剥夺了当事人上诉的权利，违背了我国法律的两审终审制原则。因此，二审法院对反诉调解不成的，应告知原审被告可以另行起诉。

3. 反诉必须向受理本诉的法院提起，且受诉法院对反诉有管辖权。反诉与本诉是利用同一诉讼程序进行合并审理，因此反诉只能向受理本诉的法院提起。管辖权是法院对诉讼行使审判权的前提，因此受理反诉的法院必须对反诉具有管辖权。如果反诉属于另一法院管辖，受理本诉的法院则无权管辖，本诉被告只能向有管辖权的法院另行起诉。

4. 反诉与本诉之间存在牵连关系。设置反诉制度的目的是利用同一诉讼程序解决相关联的两个民事纠纷，以节约诉讼时间、节省诉讼成本，防止出现裁判相抵触。而反诉的诉讼标的与本诉的诉讼标的之间有牵连关系才能够实现上述目的。所谓牵连关系是指法律上或事实上的关联性，即两者之间源于同一法律关系（法律事实）或两者之间源于相关联的法律关系（法律事实）。

三、反诉与答辩的区别

反诉与答辩都是被告所享有的诉讼权利，二者有以下区别：

1. 法律性质不同

反诉是被告利用已经开始的诉讼程序向原告提出的反请求，这种反请求具有独立性，不因本诉的消灭而消灭。

反诉提出后，即使原告放弃或撤回了本诉的诉讼请求，反诉也并不消失，法院仍要对反诉的诉讼请求进行审理并作出裁判；答辩是指被告享有的对原告提出的诉讼请求和理由进行抗辩和反驳的权利。答辩既是被告享有的诉讼权利，也是被告采用的防御手段，被告可以从程序上、实体上、事实上和法律上对原告的诉讼请求和理由进行反驳，使原告的诉讼目的无法实现。但答辩并非向原告提出的独立的诉讼请求，它只是被告的单纯防御行为。答辩可以维护被告的合法权益，使法院审理案件时能够兼听双方当事人的意见和理由，有助于法院全面查清案情，分清是非，从而正确处理案件。

2. 法律后果不同

反诉的成立不仅增加了一个诉，还意味着成立了一个新的诉讼法律关系;而答辩不会导致诉的增加,也不会增加新的诉讼法律关系。反诉的目的是抵销或者吞并原告的诉讼请求,反诉的成立并不必然导致本诉不成立;答辩的目的是直接否定本诉的诉讼请求和理由,答辩成立的后果是导致本诉不成立,原告败诉。

3. 提起的时间不同

按照法律规定,反诉是在案件受理后,法庭辩论终结前提出;而被告提出答辩状的时间是在收到起诉状副本之日起 15 日内,逾期不提交答辩状的,不影响人民法院审理。被告不提交书面答辩状的,并不丧失答辩的权利,被告还可以在法庭辩论阶段进行口头答辩。

四、反诉的审理

被告提出反诉后,法院应审查被告的反诉是否符合起诉的一般条件和反诉的特别条件,对符合上述条件的反诉,应予受理;如果被告的反诉不符合起诉的一般条件,人民法院应告知被告对其反诉不予受理;如果被告的反诉虽然符合起诉的一般条件但不符合反诉的特别条件,人民法院应告知被告对其反诉不予受理,但被告可以向有管辖权的法院起诉或者另行起诉。

人民法院受理了被告的反诉后,应通知被告交纳反诉费。反诉案件由提起反诉的当事人自提起反诉次日起 7 日内交纳案件受理费。当事人仅提交了反诉状而未在预交期内预交反诉费,又没有提出缓交反诉费申请的,按自动撤回反诉处理。

如果被告是在开庭过程中法庭辩论终结前提出反诉,法院应休庭,让原告在 15 日内对被告的反诉提出答辩状,并另行确定开庭日期。

法院原则上应一并审理本诉与反诉,对两个诉讼进行合并调查和辩论,最后对两个诉讼一并作出裁判。但是在特殊情况下,法院也可以将反诉与本诉分开调查和辩论,在其中的一个诉讼已经达到判决的程度时,可以先行作出裁判。

第七章　庭审中书记员的工作规范

第一节　庭审记录工作

【工作情境五】

开庭时，原告出庭的有：法定代表人王强，委托代理人张雅昀，委托代理人赵梅；被告出庭的有：法定代表人李彦杰，委托代理人左宝胜，委托代理人张晓丹。合议庭成员有：审判长卢照邻，代理审判员李义，人民陪审员许如清。书记员：王兰。

李义告诉王兰，在开庭之前先把开庭笔录文头填好，这样可以提高记录开庭笔录的效率。

【工作分析】

开庭笔录文头怎样使用？记录其他笔录时是否可以使用笔录文头？记录开庭过程时怎样才能把参加庭审的9个人的发言准确无误地区分清楚？

【工作步骤】

十九、记录开庭笔录

【岗位技能】

十一、记录庭审笔录时所使用的记录符号

十二、记录法院各类笔录的技能

一、笔录的概念、作用和特征

（一）笔录的概念

笔录是一种实录性法律文书，是指用书面语言进行记录的行为，是用笔记录的简称。

从法律意义上说，笔录是指司法机关及公证、仲裁、律师等组织在进行诉讼和非诉讼法律活动时，用书面语言记录的具有一定法律意义的文字材料。

本章所讲的笔录,特指人民法院在办理民事案件时,用文字形式记载的如实反映诉讼活动过程的实录性文书,是人民法院审理案件的重要依据,也是案件卷宗材料的重要组成部分。

(二)笔录在法院工作中的重要作用

1.笔录是查清案件事实、认定案件性质的重要依据,也是诉讼活动得以顺利进行的重要保障。

人民法院审理案件,必须以事实为依据,以法律为准绳。而笔录正是记录诉讼活动过程原始情况的事实材料,笔录不仅本身具有证据作用,还能够与其他诉讼材料结合起到印证、鉴别证据的作用,因此笔录是法院审理案件的重要依据。虽然相比之下录音、录像等新科技手段更简便、快捷,但也不能取代笔录的法律地位和作用,长期的法律实践已经证明,笔录的稳定性、可靠性、法律手续连贯完备、便于保存和查阅等优点,在诉讼活动中具有不可替代的作用。

审理案件的各个环节,都需要制作相应的笔录。就整个诉讼过程来说,询问证人、调查案情、勘验现场时制作了笔录,才能使案件事实逐步明了清晰;开庭审判时制作了笔录,才能进一步查明案件事实,明确争执焦点;合议庭评议时制作了笔录,才能证明法官的审判思路是否正确,裁判结果是否公正;案件进入执行阶段制作的笔录,则能反映执行的程序和结果。笔录正是依据其同步记录的技术作用和证据作用,使诉讼活动得以顺利进行。它既是前一阶段诉讼活动的客观记录,又为后一阶段的诉讼活动提供了依据,任何一个不制作笔录的诉讼阶段,都必然导致审判活动中断。

2.笔录是制作裁判文书的基础和主要依据。裁判文书的制作,离不开各种笔录,没有笔录的铺垫,裁判文书就成了无源之水、无本之木。

一般来说,裁判文书认定事实部分的内容,是依据各种调查笔录和庭审笔录的内容、结合其他证据材料制作而成的。如果各种调查笔录和庭审笔录中都没有明确记录,则属于未经查证的事实,这样的事实是不可能写进裁判文书中的,即便写入文书当中也属于认定事实不清,直接影响案件的审判质量。

裁判文书的裁判理由和主文部分的内容,是依据合议庭评议案件的笔录或审判委员会讨论案件的笔录制作成的,笔录中明确记载的合议庭意见或审判委员会的最后决定,就是案件的最终裁判结果,必须全面、准确地反映在裁判文书主文部分。

3. 笔录是检验案件审判质量的重要依据。检验案件审判质量是否过关,最重要的途径就是检查办案过程的全部笔录,因为案件的全部诉讼过程都是通过笔录来体现的,笔录也必然能够反映案件的审判质量。

可以通过以下五个方面来检验案件质量:(1)笔录可以检验案件事实是否查清,裁判文书认定的事实和裁判结果所依据的事实是否有确凿的依据、经得起检验。(2)笔录可以检验案件事实是否全面,与案件相关的事实是否做了充分调查,有无遗漏的重要事实,遗漏的事实对案件的处理有无影响。(3)笔录可以检验案件审判程序是否合法,当事人在诉讼中应该享有的权利是否得到保障。(4)笔录可以检验案件适用法律是否准确,裁判结果是否公正。(5)笔录可以检验书记员的业务水平,包括法律素质、文化素质、文字写作能力、汉字书写能力。书记员是笔录的主要制作者,其业务水平的高低直接影响法院的办案质量。

(三)笔录的主要特征

1. 客观性

笔录是对客观现象和现场言谈的真实记录和再现,它是诉讼活动和诉讼过程的文字再现。因此,笔录的客观性要求:(1)笔录内容必须是客观真实的,不得弄虚作假、凭空捏造或擅自改动;(2)笔录的内容必须全面,片面的、不能全面反映现场状态的笔录是违背笔录的客观性要求的。笔录的客观性要求现场状态是什么样,笔录就记成什么样,不需要记录人员的观点和分析,不需要添枝加叶的引申和发挥,一定要反映诉讼活动的真实情况和本来面貌。

2. 准确性

笔录在诉讼活动中的重要作用,要求笔录内容必须准确,离开了准确性,笔录也就谈不上具有客观性了。笔录的准确性,表现在对客观现象和现场言谈记录时要尊重现场的客观状态,如客观现象的时间、地点、状态、数量、面积、体积等要如实记录,不能把主观臆断和估计推测的内容加入笔录中;对现场言谈进行记录时要尊重谈话者的本意,不要改变谈话者的语义,有些诉讼活动甚至还要求准确记录谈话者的语气、态度和表情;摘录文字材料时,不能断章取义、掐头去尾,只捡自己需要的或对一方有利的内容记录,摘录的内容必须保持准确的材料原意。

3. 即时性

笔录是诉讼活动的同步记载,与现场正在发生的诉讼活动是同步进行的,要求记录人员当场一次性完成,不允许事后修改、润色、加工、变动、推敲、重作,所以,笔录的即时性对记录人员的现场记录速度和准确性都有很高的要求。必要的、少量的更正修改也必须在现场进行,而且要符合法定的程序和要求。

4. 规范性

(1)笔录格式要规范。作为法律文书的一种,笔录必须满足法律公文的基本要求,形式上应当规范统一,制作时严格遵循规定的格式要求,不能随心所欲,自我创新。一般来说,笔录的格式由三个部分构成:首部、正文和尾部,不同种类的笔录对这三个部分有不同的具体要求。

(2)笔录的制作程序要规范。笔录具备法律作用和效力,因此制作过程和内容要符合法律规定,必须由法定人员按照法定程序来制作,否则就等于一纸空文。笔录制作完毕后,要依法将笔录交于相关人员阅读,对不能自己阅读的当事人和诉讼参与人,要向其宣读笔录。在阅读或宣读笔录过程中发现确实有错记、漏记现象,必须当场补正,并在补正处签字或捺印。当事人和诉讼参与人对笔录确认无误后,一定要在笔录上签字或捺印。笔录还应当按照顺序标明页码,不允许加页、换页,有些笔录还要求当事人在每一页都签字或捺印,以保证笔录内容的连续性和真实性,确保笔录的法律效力。

(3)笔录的记录语言要规范,记录法官的用语要使用法言法语,不能随意使用简略语,不能任意添减内容;记录当事人的陈述要记录原意,不避方言土语,但要注明普通话的含义;记录笔录时要不留疑问,不明白或没有听清的内容要及时问明写清。

(4)笔录的书写要规范。书写笔录要求整洁、清楚,使用统一印制的笔录纸制作,用蓝黑墨水或碳素墨水书写;要使用规范化汉字,不能使用繁体字、异体字、不规范的简化字及图形、符号和速记语言;字体不宜太大,也不宜太小,以规范、易辨为标准(字的高度不要超过横格的五分之四,字与字之间的间距也要适当);使用标点符号要规范,常用的标点符号如问号、引号、冒号、逗号、句号、感叹号、括号等都要标注清楚,切不能“一逗到底”。

二、笔录的种类

笔录的适用范围很广,记录对象多元,因此笔录的种类繁多,可以按照制作主体和记录客体的不同对笔录进行分类，本章主要介绍人民法院作为主体所制作的各种笔录。

1. 按照制作主体的不同可以将笔录分为公安机关笔录（立案侦查笔录）、检察机关笔录（审查起诉笔录）、人民法院笔录（审判笔录）、公证机关笔录（公证事项笔录）、仲裁机关笔录（仲裁笔录）、司法机关制作的笔录、行政机关制作的笔录、律师制作的笔录等。

2. 按照记录客体即记录内容的不同，可以将笔录分为以下 3 种：

（1）言谈类笔录，也就是记录谈话经过的笔录，是指在诉讼过程中，通过记录参与诉讼活动的相关人员的谈话内容，来反映诉讼情况和案件事实的笔录。人民法院的言谈类笔录主要包括庭审笔录、询问笔录、合议庭评议笔录、调查笔录、调解笔录、审判委员会讨论案件笔录等。

（2）记事类笔录，即记录事件和行为经过的笔录，指通过记录诉讼活动进行的整体过程或客观事件、客观现象的现场状况，来固定和反映诉讼活动过程和案件事实的笔录。人民法院的记事类笔录主要包括现场勘查笔录、执行笔录、证据交换笔录、宣判笔录等。

（3）摘要类笔录，是指在阅卷过程中摘录与案件有关的材料而形成的笔录，包括阅卷笔录、情况摘要笔录。

第二节　笔录的基本要求和基本格式

一、制作笔录的基本要求

（一）查阅卷宗，熟悉案情

熟悉案情是保证记录准确、迅速的首要条件，书记员在记录前必须查阅卷宗，了解案情，否则容易把当事人的姓名、住址以及与案件相关的数据、专业术语记错，或漏记一些重要情节。因此，在开庭之前必须查阅卷宗，了解案件事实，掌握案情重点（民事案件要知道案件的争讼标的和双方当事人争议的焦点）。庭前阅卷可以保证记录的顺畅，而不至于因概念、词语的生疏影响笔录的质量。另外，书记员在开庭前还可以与审判员进行沟通，了解庭审重点和审判意图，从而掌握审判员在各阶段的发问意图，以保证笔录内容既全面准确，又重点突出。

(二)正确使用笔录文头和记录符号

为了提高记录质量,加快记录速度,可以预先填写各种笔录的格式化文头并学会运用记录符号。

1. 各种笔录文头的使用

各种笔录的格式都有一定要求,有的还有一些程式化的固定内容,例如开庭笔录必须有开庭时间、开庭地点、合议庭组成人员姓名、记录人姓名、当事人姓名、审判员告知当事人的诉讼权利和义务及开庭准备阶段的程序事项等,如果这些内容不事先填好,等到开庭时从头记到尾,不仅浪费时间、消耗精力,也保证不了记录质量。因此,对笔录开头的这些程式化的固定内容,可以制成统一的、格式化的诉讼文本,即笔录文头,把这些固定的、程式化的内容都印在笔录文头中,每次开庭前拿一份空白的开庭笔录文头,把里面空白的地方事先填写完整,以免临场填写占用记录庭审活动的时间。笔录文头的使用和填写使书记员在开庭时可以从正文开始记录,不仅可以提高记录速度,也能保证记录质量。

2. 正确使用记录符号

填好了笔录文头,在记录开庭笔录(或询问笔录)正文时可以使用一些记录符号来提高记录速度,这些记录符号仅限于代表问话人和答话人的名称,不能用于问答的具体内容。例如,审判员的提问和陈述可以用"?"或"审:"来表示,人民陪审员的提问与陈述可以与审判员一样记成"?",一审案件原告和被告的陈述可以用"原:""被:"来表示,二审案件上诉人与被上诉人的陈述可以记成"上:""被:"。需要注意的是使用这些记录符号时,一定要记清是谁的发言,千万不能张冠李戴。记录符号的使用不仅可以提高记录速度,也有助于书记员把主要精力放在记录诉讼过程的具体内容上,而诉讼过程的具体内容才是笔录的灵魂和精髓。

记录符号一般仅用于记录有当事人参与的诉讼活动,用以区别双方当事人的诉讼地位和人民法院的审判地位。而在人民法院内部的审判活动中,记录笔录时应将参加审判活动的人用姓氏、称谓等方式区分开,以明确审判员、庭长及院长在审判活动中发挥的作用,便于分清责任。

(三)在原意的基础上掌握记录技巧和方法

笔录的准确性要求尽量记录原话和现场的过程和形态,因为原话可以较为准确地反映当事人的真实意思、个性特征和行为习惯,它最能体现笔录的真实性。但是,谈话的速度远远快于记录的速度是个不争的事实,所以要求书记员把原话一字不漏地全部记录下来是不可能的,也是不必要的。在不违背原意的基础上,记录笔录时可以使用一定的技巧和方法。

1. 省略法

在不违背当事人原意的前提下,可以把与案件无关的和重复啰唆的内容略去;有据可查的程式性的谈话内容也可以简记或略记,例如,当事人宣读起诉状或其他书面材料时,就可以简略记为"宣读起诉状(略,见书面起诉状)"。而没有必要把起诉状或书面材料的具体内容再重新抄录一遍,因为起诉状和其他书面材料是作为重要诉讼材料保存在卷宗中的,书记员只要记录清楚当事人宣读的诉讼材料的详细名称就可以了,具体内容在记录中可以省略。

在使用省略法时一定要注意,对当事人变更的诉讼请求、答辩意见以及其他书面意见,不能用省略法记录,而应将当事人变更的内容详细记录在案。

2. 综合概括法

记录时可以采用概括综合的记录方法,在保持和突出当事人的原意,不改变或歪曲原意的基础上,可以把当事人陈述的事实进行归纳总结,用概括性的语言记录下来。采用这种方法要求书记员将与案件有关的事实都尽量全面准确地记录下来,特别是案件中的时间、地点、名称、数量都应准确记录,不能用"左右""大概""估计""可能"等含糊的词语,刑事案件中犯罪嫌疑人表现出来的与案情有密切关系的语气、语调、神态以及特殊表情(哭、笑、低头不语、支吾等),都应予以记录,及时在句末加括号说明,"(沉默不语)""(抽泣)""(哆嗦)"等,这样才能全面反映法庭活动情况和犯罪嫌疑人的心理活动特征。

3. 及时重述法

刚开始做书记员,难免发生记录时跟不上的情况。遇到这种情况,一定要主动及时向审判员示意,由审判员告知当事人或诉讼参与人对未记上的内容进行重述;或者先给没有记上的内容留出空行,接着往下记,等重要内容记完之后马上回过头来再向审判员示意并重新确认、记录。千万不能因为一两句内容没有记录清楚就头脑一片空白,只顾回忆没记上的内容,导致下面的内容也记不上,这是记录中的大忌。

(四)制作笔录的程序必须合法

笔录之所以具有法律意义和法律效力,与其制作程序的严格与合法有密切关系,换句话说,如果制作笔录不符合法定程序和要求,笔录就不具备法律效力。

1. 制作笔录的过程应由 2 人以上共同进行

制作笔录的过程应由审判员和书记员 2 人以上共同进行,一般是审判员负责问话,书记员负责记录,不允许审判员或书记员自问自记。为了保证司法裁判的中立性和公正性,法院的审判纪律要求审判员和书记员均不能单独会见当事人,《法官法》也明确禁止法官私自会见当事人及其代理人。既然审判员和书记员都不能单独会见当事人,当然也不允许单独给当事人作笔录。

2. 笔录签字和补正的程序要求

笔录制作完成后,要依法将笔录交给当事人或其他诉讼参与人阅读,对于没有阅读能力的,书记员要向其宣读笔录。

笔录阅读或宣读之后,如果当事人或诉讼参与人提出笔录有错记或漏记情况,必须当场与审判员和对方当事人核对,确属错、漏记情况的,必须当场更正补充,并由当事人在更正补充处签字或盖章,笔录不允许事后补正;如属当事人事后反悔否认确已陈述过的内容,并提出补正要求的,坚决不予补正,但可以让其写出补正申请并将申请放入卷宗。

当事人或诉讼参与人确认笔录内容无误后,应在笔录尾部签字、盖章或捺手印,并写明日期和"本笔录阅读无误"字样,这是法定的必经程序,否则笔录就不具备法律效力。有些笔录如公安机关的讯问笔录,还要求当事人在每一页的右下角都捺上手印,以确保笔录的真实性和法律效力。

3. 多页的笔录应当逐页按序编写页码

笔录制作完成后,应当依照记录顺序,在每一页上依次编写好页码,以确定笔录内容的先后顺序,保证笔录的连续性。

编写页码时要注意两点:一是一定要把笔录文头的内容也编进页码,不能只从正文开始编码;二是页号一律用阿拉伯数字编写,写在纸张正面的右下角,以与整个案件的诉讼材料归档序号相区别。(根据《人民法院诉讼文书立案归档办法》的规定,归档案卷诉讼材料的逐页编号一律用阿拉伯数字,正面书写在右上角,背面书写在左上角。)

(五)笔录的文字和书写要求

1. 掌握基本的语言文字技能

语言文字记录能力是制作笔录最重要的一项技能,因此,书记员要有较好的语言概括能力、文字组织能力和快速书写能力。只有掌握了基本的语言文字技能,才能保证笔录语言简练、文理通顺、内容全面而不失原意。

2. 笔录书写要整洁清楚

笔录的书写一定要整洁清楚,避免乱涂乱改。一般来说,每页笔录的涂改不能超过两个字,涂改之处要签字或盖章,每页笔录涂改超过两字,就属不合格的笔录,必须重新制作。书写笔录要求字形端正、相间适宜、墨迹均匀,每个字都应明晰可辨,不能给人以零乱、潦草、松散和不整的感觉。

3. 笔录书写要规范

制作笔录要使用统一规格的 A4 标准笔录纸,规格统一便于装订,同时也体现出笔录的正规性和严肃性;笔录应用碳素墨水、蓝黑墨水书写或用电脑打印,严禁使用圆珠笔、铅笔、纯蓝墨水、红墨水及其他不耐久字迹书写;书写笔录要使用规范化汉字,不能使用繁体字、异体字、不规范的简化字及速记符号;记录时要规范使用标点符号,该用问号、冒号、引号、感叹号、逗号、句号和括号的地方一定要标注清楚,不能"一逗到底"。

二、笔录的基本格式

前面已经讲过,人民法院的笔录有很多种:询问笔录、庭审笔录、合议庭评议笔录、汇报笔录、调解笔录、证据交换笔录、现场勘查笔录、执行笔录等。每一种笔录的具体要求和具体内容都是不同的,但总结各种笔录的共同特点,它们的格式都必须由四部分构成:笔录名称、记录情况、正文和尾部。下面我们就分别讲一下这四部分的具体内容。

(一)笔录名称

每一份笔录首先必须要有自己的名称,就如每个人都有姓名一样。那么笔录的名称该如何确定呢?我们再来回顾一下笔录的概念和特点,笔录是用文字形式记载的如实反映诉讼活动过程的实录性文书,它是诉讼活动和诉讼过程的文字再现。既然笔录是诉讼活动的文字再现,没有诉讼活动也就不存在笔录,所以它的名称就要依据诉讼活动的名称来确定,也就是说,诉讼活动是开庭,笔录的名称就是"庭审笔录"(或"开庭笔录");诉讼活动是合议庭评议,笔录名称就是"评议笔录";诉讼活动是证据交换,笔录名称就是"证据交换笔录"……以此类推。

按照上述确定笔录名称的原则,人民法院的笔录名称包括:庭审笔录、询问笔录、合议庭评议笔录、执行笔录、汇报笔录、调解笔录、证据交换笔录、现场勘查笔录、宣判笔录等。

笔录名称要写在笔录第一页第一行的中间位置。

(二)记录情况

在笔录名称的下面和正文之间,要记明诉讼活动开始的时间、地点,参加诉讼活动的审判员,参加诉讼活动的当事人及代理人以及记录人的姓名等基本情况,这些基本情况是每份笔录都要具备的基本内容。

1. 时间,一般写上诉讼活动开始的时间就可以了,具体要写明年、月、日、时、分,如果个别笔录有特殊要求,可以加上诉讼活动结束的时间。

2. 地点,诉讼活动具体发生在什么地方就写什么地点,如“本院第十五法庭”“本院第三合议室”,如果诉讼活动发生在法院以外的地方,一定要记明所在的市、区及地址门牌号。

3. 参加人,参加人包括所有参加诉讼活动的审判人员以及当事人。审判人员与当事人共同参加的诉讼活动,先写明审判人员的职称和姓名,再写明当事人的情况。当事人情况要写明当事人的身份、名称和代理人的情况,注意当事人的名称或姓名一定要准确,不能出现音同字不同或缺字少字情况,如需用简称的,在名称后面加(　　),(　　)内写明简称,从简称以下要使用统一的名称。

4. 记录人,是指负责记录诉讼活动过程的书记员。

(三)正文

正文是笔录的重点内容。严格来讲,诉讼活动开始后至结束前的内容都属于笔录正文内容。正文的具体内容因审判活动的不同而不同,不便于统一归纳,在下一节的重点笔录的制作要求中我们再讲解不同的笔录正文应该注意的问题。

无论是哪种笔录,在记录正文时要掌握一个原则:客观、准确、全面地记录诉讼活动的全过程。只要满足了这个原则,笔录的正文内容就是规范的、符合要求的。

有的书记员认为笔录正文中与实体有关的内容重要、与程序有关的问题不重要,其实这是一个很严重的错误,法制社会越来越重视程序公正,程序公正才能保证当事人的知情权,才能保证当事人的诉讼权利和义务得以实现。因此,审判员向当事人交待的程序问题(如诉讼权利和义务、举证期间等)一定要记录完整,否则审判程序就不合法,有可能导致案件被发回重审。

（四）尾部

正文的内容一直记录到诉讼活动结束，并不意味笔录内容只到正文部分就完整了，笔录的尾部也是很重要的一部分内容。可以说，没有尾部的笔录是不具备法律效力的。

尾部就是当事人、诉讼参与人、审判员和书记员的签字或盖章，也就是说所有参与诉讼活动的人都要签字或盖章，并写明日期，这样笔录才算完整，笔录才具备法律效力。

笔录阅读或宣读之后，如果当事人或诉讼参与人提出笔录有错记或漏记情况，有权申请补正，书记员必须当场与审判员和对方当事人核对，确属错、漏记情况的，必须当场更正补充，并由当事人在更正补充处签字或盖章；如属当事人事后反悔否认确已陈述过的内容，并提出补正要求的，不予补正，但可以让其写出补正申请并将申请放入卷宗。

如果遇到当事人中途退庭的特殊情况，要把退庭当事人的名称、退庭原因和具体时间及时记入笔录，然后再接着记录诉讼状况。笔录中有退庭的记录，还有审判员、书记员、诉讼参与人的共同见证和签字，虽然没有退庭当事人的签字，这样的笔录也是完整的、有法律效力的。

三、书记员做好记录工作的必要条件

1. 书记员必须熟悉实体法内容，善于分清各种案件的性质，例如，继承案件中的继承顺序、代位继承和转继承的区别；经济合同中有效合同与无效合同的确定；违约责任与侵权责任的区别；刑事案件中的故意杀人、过失杀人、故意伤害致人死亡、抢劫、抢夺、正当防卫和防卫过当等罪名的界限等。如果分辨不清，在记录中就必然出现用词不准的现象。

2. 书记员必须熟练掌握程序法。只有熟练掌握程序法，才能把程序法要求的开庭时必须进行的审判程序，完整地记录下来。例如，《民事诉讼法》中规定的开庭步骤是：法庭调查、法庭辩论、法庭调解、最后陈述。因此，在记录开庭笔录时必须要体现开庭的这四个阶段，否则，开庭笔录就是不完整的。

3. 书记员应不断提高语言水平，掌握丰富的词汇，这样才能在记录中做到用词准确，遣词造句得心应手。

4. 书记员应努力练习钢笔书法，使自己的汉字书写能力又快又好，这样才能高质量记好笔录。

第三节　法院常用笔录的制作要求

一、庭审笔录的格式和制作要求

(一)庭审笔录的概念

庭审笔录,也叫开庭笔录、法庭笔录,是指人民法院在依法审理各类案件时,书记员对庭审过程和内容所作的书面记录。庭审笔录是法院最常用的一种笔录,只要有庭审活动就必须制作庭审笔录,它不仅是法院正确处理案件、准确制作裁判文书的重要依据,也是全面审查法院审判活动是否合法的重要依据。

庭审笔录适用于各类民事案件、刑事案件和行政案件,凡是开庭审理的案件,无论是公开审理还是依法不公开审理,也无论是一审程序还是二审程序、再审程序,只要开庭审理就必须制作庭审笔录,庭审笔录全面反映了审判活动的全过程,它是人民法院案卷材料的重要组成部分。

诉讼法中规定了法庭审理的全部活动应当由书记员记入笔录,这是制作庭审笔录的法律依据。庭审笔录是衡量书记员工作能力和水平的最重要的指标,作好庭审笔录是书记员的重要职责。

(二)庭审笔录样式(一审民事案件)

庭审笔录

时间: 年 月 日 时 分至 时 分

地点:

审判人员:

书记员:

书记员:现在,查明当事人及委托代理人的到庭情况。

原告:

法定代表人:

委托代理人:

被告:

法定代表人:

委托代理人:

书记员:请坐好,现在宣布法庭纪律。

根据《中华人民共和国人民法院法庭规则》的规定,旁听人员必须遵守下列纪律,不得实施下列行为:

1. 鼓掌、喧哗;

2. 吸烟、进食;

3. 拨打或接听电话;

4. 对庭审活动进行录音、录像、拍照或使用移动通信工具等传播庭审活动;

5. 其他危害法庭安全或妨害法庭秩序的行为。

书记员:全体起立。请审判长及合议庭成员入席。报告审判长,当事人及委托代理人已全部到庭,可以开庭。

审判长:现在开庭。今天,本庭依照《中华人民共和国民事诉讼法》的规定,在这里公开审理(或不公开审理,并说明理由) 原告与被告 一案。

审判长:核对一下当事人及委托代理人的身份。原告和被告自报单位名称、住所地、法定代表人姓名、职务和委托代理人的情况。

原告:____________________

被告:____________________

审判长:下面,宣读原告和被告授权委托书中的代理权限。

审判长:各方当事人,对对方到庭的当事人及委托代理人的身份有无异议?

原告:____________________

被告:____________________

审判长:经法庭审查,各方当事人及委托代理人诉讼手续合法,准许参加本案的诉讼。

审判长:现在宣布合议庭组成人员及书记员名单。本庭由本院审判员________担任审判长,与审判员________、审判员________组成合议庭,由书记员________担任法庭记录。

审判长:根据《中华人民共和国民事诉讼法》的规定,当事人在诉讼中享有以下诉讼权利:

1. 有对案件事实进行陈述和申辩的权利。
2. 有提供证据、进行辩论、请求调解、申请执行的权利。
3. 原告有放弃、变更或补充上诉请求和理由的权利。
4. 被告有承认、反驳原告诉讼请求的权利。
5. 有随时提出和解请求的权利。
6. 有向证人、鉴定人提出发问,要求对证据和鉴定提出说明的权利。
7. 经法庭准许,有查阅和复制庭审材料及法律文书的权利。
8. 认为法庭的记录有差错,有申请补正的权利。
9. 当事人有提供证据并索取收据的权利。

以上诉讼权利,你们听清楚了吗?

原告:____________________

被告:____________________

审判长:在庭审过程中,当事人除享有以上诉讼权利外,还有申请审判员及有关人员回避的权利,如果你们认为鉴定人、勘验人、翻译人员、书记员和我本人与本案有直接利害关系或者有其他关系,可能影响公正审判的,可以提出事实或理由申请回避。

你们听清楚了吗?是否申请回避?

原告:____________________

被告:____________________

审判员:根据《中华人民共和国民事诉讼法》的规定,当事人在诉讼中应当承担以下诉讼义务：

1. 必须依法行使诉讼权利，如实陈述事实。

2. 自觉遵守诉讼秩序，听从法庭指导，如故意扰乱诉讼秩序，视其情节给予罚款、拘留等。

3. 主动履行发生法律效力的判决书、裁定书和调解书。

以上诉讼义务，你们听清楚了吗？

原告：____________________

被告：____________________

审判长：根据《中华人民共和国民事诉讼法》的规定，当事人、诉讼参与人和其他人还应当遵守下列法庭规则：

1. 遵循民主、平等、完整、自愿的原则进行当庭陈述、举证、质证、辩论。

2. 当庭陈述、举证、质证、辩论应当按照法庭安排的顺序进行。

3. 当事人陈述、举证、质证、辩论，应当围绕上诉请求和主张、争议焦点、适用法律建议等与案件有直接联系的内容进行；对发现有遗漏的内容可以补充陈述；陈述的事实应当客观、真实、完整；一方陈述时，对方不得打断发言。

4. 当事人对自己提出的诉讼主张，有在法定期限内提供证据的责任。没有提供证据，或者无正当理由不在限定期限内提供证据，或者虽提供了证据但经法庭质证和认证后不能作为认定案件事实根据的，将承担相应举证不能的后果。

5. 凡是证据材料，一律要经过当庭质证；任何一方对举出的证据材料均可以互相审验、对质、排疑、确认；质证应对各种证据材料的证明效力进行辩论和反驳，不得以诱导方式提问，不得使用威胁、损害人格尊严和人身攻击性语言；对证据材料进行审核、质疑、辩驳，必须当庭明示承认或否认的态度，否则，将可能承担被视为默认的后果。

6. 进行辩论，要摆事实、讲道理，不准使用污秽、讽刺、挖苦等人身攻击性语言。在辩论中，如果又提出新的证据材料，则要重新质证，然后再行辩论。

人民法院对违反法庭规则的人，可以予以训诫、责令退出法庭或者予以罚款、拘留。对哄闹、冲击法庭，侮辱、诽谤、威胁、殴打审判人员，严重扰乱法庭秩序的人，依法追究其刑事责任；情节较轻的，予以罚款、拘留。因此，你们行使权利的同时，还必须遵守法庭规则，不得扰乱诉讼秩序。

以上法庭规则,你们听清楚了吗?

原告:____________________

被告:____________________

审判长:各方当事人是否有证人出庭作证?(如有证人,安排证人在法庭外候庭)

原告:____________________

被告:____________________

审判长:现在核对案件事实,听取当事人的诉、辩意见。

（三）庭审笔录的具体制作要求

1. 制作庭审笔录的法律依据

诉讼法中对庭审笔录的制作要求都有相应规定。《民事诉讼法》第147条规定："书记员应当将法庭审理的全部活动记入笔录，由审判人员和书记员签名。法庭笔录应当当庭宣读，也可以告知当事人和其他诉讼参与人当庭或者在五日内阅读。当事人和其他诉讼参与人认为对自己的陈述记录有遗漏或者差错的，有权申请补正。如果不予补正，应当将申请记录在案。法庭笔录由当事人和其他诉讼参与人签名或者盖章。拒绝签名盖章的，记明情况附卷。"

2. 记录民事案件庭审笔录应注意的具体问题

（1）宣布开庭情况应记明：审判长（或者独任审判员）核对当事人，宣布案由，宣布审判人员、书记员名单，告知当事人有关的诉讼权利义务，询问当事人是否提出回避申请。

（2）法庭调查阶段应当记明：①原告的诉讼请求；②被告的答辩意见；③双方当事人的补充陈述；④告知证人的权利义务，证人作证情况；⑤双方当事人举证、质证过程（各自提供的证据的名称及要证明的事项，对方对该项证据所发表的质证意见）；⑥宣读鉴定结论和勘验笔录；⑦审判人员询问当事人情况。

（3）法庭辩论阶段应记明：①原告及其诉讼代理人发表的辩论意见；②被告及其诉讼代理人发表的辩论意见；③第三人及其诉讼代理人发言或者答辩；④互相辩论。

（4）最后陈述阶段应记明原告、被告及第三人的最后陈述意见。

（5）法庭调解阶段应当记明双方当事人各自提出的调解意见，双方不能达成一致意见的应写明"双方不能达成一致调解意见，法庭不再主持调解"；若双方能够达成一致意见，则需另行制作调解协议。

3. 庭审笔录的尾部要有相关人员签名

庭审笔录正文记录完毕之后，参加庭审的当事人及其诉讼代理人都要签上名字和日期，最后，参加庭审的合议庭成员和书记员也要签上名字和日期。

二、询问笔录的格式和制作要求

（一）询问笔录的概念

根据《民事诉讼法》规定，第二审人民法院对上诉的民事案件，经过阅卷和调查，询问当事人，在事实核对清楚后，合议庭认为不需要开庭审理的，可以径行判决、裁定。这种调查、询问当事人核对案件事实的诉讼过程叫作询问过程，在询问过程中对诉讼活动所作的笔录就叫询问笔录。

(二)询问笔录样式(二审民事案件)

询问笔录

时间：　　年　　月　　日　　时　　分至　　时　　分
地点：
审判员：
书记员：
上诉人：____________________
法定代表人：__________　委托代理人：__________
被上诉人：____________________
法定代表人：__________　委托代理人：__________

审判员：今天，本庭依照《中华人民共和国民事诉讼法》的规定，审理上诉人__________与被上诉人__________之间的__________纠纷一案。

本庭由本院的审判员______担任审判长，与审判员______、审判员______组成合议庭，由我本人______主审本案。由书记员______担任法庭记录。

本庭审理本案，采取询问当事人的方式进行，询问当事人的方式是指依照《中华人民共和国民事诉讼法》的规定，由我主持询问当事人，引导当事人围绕争执焦点进行诉辩，在事实核对清楚后，合议庭认为不需要再安排开庭审理，而径行对案件作出裁判的审判方式。你们听清楚了吗？

上诉人：______　被上诉人：______

审判员：根据《中华人民共和国民事诉讼法》的规定，当事人在诉讼中享有以下诉讼权利：

1. 有对案件事实进行陈述和申辩的权利。
2. 有提供证据、进行辩论、请求调解、申请执行的权利。
3. 上诉人有放弃、变更或补充上诉请求和理由的权利。
4. 被上诉人有承认、反驳上诉人诉讼请求的权利。
5. 有随时提出和解请求的权利。
6. 有向证人、鉴定人发问，要求对证据和鉴定作出说明的权利。
7. 经法庭准许，有查阅和复制庭审材料及法律文书的权利。
8. 认为法庭的记录有差错，有申请补正的权利。

9. 当事人有提供证据并索取收据的权利。

以上诉讼权利，你们听清楚了吗？

上诉人：________　被上诉人：________

审判员：在庭审过程中，当事人除享有以上诉讼权利以外，还有申请合议庭组成人员及书记员回避的权利，你们听清楚了吗？是否申请回避？

上诉人：________　被上诉人：________

审判员：根据《中华人民共和国民事诉讼法》的规定，当事人在诉讼中应当承担以下诉讼义务：

1. 必须依法行使诉讼权利，如实陈述事实。

2. 自觉遵守诉讼秩序，听从法庭指导，如故意扰乱诉讼秩序，视其情节给予罚款、拘留等。

3. 主动履行发生法律效力的判决书、裁定书和调解书。

以上诉讼义务，你们听清楚了吗？

上诉人：________　被上诉人：________

审判员：根据《中华人民共和国民事诉讼法》的规定，当事人、诉讼参与人和其他人还应当遵守下列规则：

1. 当事人诉辩应当按照法庭安排的顺序进行。

2. 当事人诉辩应当围绕上诉请求和主张、争议焦点、适用建议等与本案件有直接联系的内容进行。

3. 当事人对自己提出的诉讼主张，有在法庭确定的期限内提供证据的责任，并承担相应举证不能的后果。

4. 凡是证据材料，一律要经过当庭质证；对证据材料进行审核、质疑、辩驳，必须当庭明示承认的态度，否则，将可能承担被视为默认的后果。

5. 进行辩论，要摆事实，讲道理，不准使用污秽、讽刺、挖苦等人身攻击性语言。

以上法庭规则，你们听清楚了吗？

上诉人：________　被上诉人：________

审判员：现在核对案件事实，听取当事人诉辩意见。

(三)询问笔录的具体制作要求

询问笔录主要用于二审民事案件。如果一审民事案件当事人提起上诉则进入二审审理阶段,在二审审理阶段,由于一审卷宗中全面反映了一审法院的诉讼过程:当事人双方的主张、各自提供的证据、一审法院认定的事实、一审法院的判决理由等,所以审理二审案件的法官在阅读了一审卷宗后,可以找当事人进行询问,把案件事实调查清楚,而没有必要正式开庭。这种找当事人询问调查案件事实的方式就是询问方式,询问方式没有开庭方式正式,也没有必要严格按照开庭程序进行审理,其核心内容就是法庭调查,因此,询问笔录的主要记录内容就是案件事实的调查过程。

在记录询问笔录时应记明:(1)上诉人的上诉请求和理由;(2)被上诉人的答辩意见;(3)双方争议的焦点问题是什么;(4)上诉人为支持自己的上诉理由提供了哪些证据,是否有新证据提交;(5)被上诉人针对上诉人提供的证据发表的质证意见;(6)审判人员询问当事人情况。

询问过程结束后,参加询问的当事人及其诉讼代理人都要在询问笔录的尾部签上名字和日期,参加询问的审判员和负责记录的书记员也要签上名字和日期。

三、合议庭评议笔录的格式和制作要求

(一)合议庭评议笔录的概念

合议庭评议过程,是指合议庭组成人员在案件审理终结后,就案件事实和证据的认定、法律适用、处理意见等内容进行讨论的过程,书记员对合议庭评议过程的具体内容所作的书面记录,就叫作合议庭评议笔录,又称"合议笔录"或"评议笔录"。

合议庭评议笔录是十分重要的法律文书,凡是组成合议庭审判的案件,评议是必经程序,因此评议笔录也是必不可少的。一般来说,合议庭的评议结论,就是案件的最后处理决定,也是制作裁判文书的依据。

（二）合议庭评议笔录样式

合议庭评议笔录

时间：　　年　　月　　日　　时　　分至　　时　　分

地点：

合议庭成员：

书记员：

评议案件：________________________与

____

之间的____________纠纷一案。

评议内容：

____

____

____

____

____

____

____

____

____

____

____

____

____

____

____

____

(三)合议庭评议笔录的具体制作要求

1. 制作合议庭评议笔录的法律依据

《民事诉讼法》第42条规定:"合议庭评议案件,实行少数服从多数的原则。评议应当制作笔录,由合议庭成员签名。评议中的不同意见,必须如实记入笔录。"人民法院审理各类案件,除事实简单、清楚的,由审判员独任审判外,一般都由合议庭成员共同审判,并进行集体评议,为进一步制作裁判文书提供条件。

2. 合议庭评议笔录要反映合议庭评议案件的全过程

合议庭成员的发言、补充发言,以及意见分歧、争论内容,均须详细记明。尤其是对于复杂、疑难案件的分析、争议和研究,以及由意见分歧到逐步统一的过程,必须在记录中反映出来。有些记录把分析、争议、研究的内容一概略去,只记录最后形成的统一意见,这种记录看不出评议案件的过程和深度,是不正确的记录方法。

3. 合议庭评议笔录的主要内容

(1)首先记明主持评议的审判员或审判长的发言,主持评议的人应该是案件的承办人。对于一审案件,由于经过了开庭审理,合议庭成员对案情有所了解,因此承办人可以简单向合议庭成员介绍一下案情:当事人的名称与案由;双方当事人的诉辩意见;双方为支持自己的主张各自提供了哪些证据;经过当庭质证,承办人认为哪些证据可以采信,采信理由是什么,不予采信的证据也要给出充分理由;根据双方的诉辩意见和能够采信的证据,承办人认为可以确定的案件事实是什么,法律依据是什么,处理意见是什么。

二审民事案件没有经过开庭审理的,承办人应当详细向合议庭成员介绍案情:当事人名称与案由;上诉人的上诉请求和理由,被上诉人的答辩意见;案情与一审相同的地方可以写成"案情同一审判决",如果二审有新查明的案情或一审认定事实有错误的地方,要详细记录;双方当事人的争议焦点;双方各自提供的依据有哪些,可以作为认定案件事实的依据及理由是什么;案件的适用法律和处理意见。

(2)其次应详细记明合议庭其他成员的发言。对合议庭其他成员的发言,着重记明以下几项:

①对双方当事人提供的证据的意见。对当事人提交的证据,是采信还是不采信,采信的理由是什么,不采信又有什么理由,最终能够作为定案依据的证据有哪些。

②对案件事实的认定意见。根据本案可以采信的证据,可以确定的案件事实是什么？根据所确定的案件事实,是否可以作出定论？还是需要进一步查证？如需进一步查证,查证的方向和目标是什么？

③案件性质如何确定？法律依据是什么？根据所确定的案件事实,案件性质是违约责任还是侵权责任？根据案件性质当事人该承担何种法律后果？承担法律后果的法律依据是什么？

④具体的处理意见。合议庭成员对案件结果要提出自己的处理意见,即便是同意别人的意见,也要说出同意的理由,而不能简单地发表“同意”二字这样的意见。

(3)最后要记明评议结果。承办人和合议庭成员均发表了意见之后,主持合议的人要对讨论意见进行综合归纳,如果合议庭意见一致,一致意见就是案件的评议结果;如果合议庭意见不一致,按照少数服从多数的原则,多数人的意见就是案件的最终评议结果。

评议结果要记明认定事实、案件定性、适用法律和处理意见四项内容。除了记明多数人的意见外,对少数人的不同意见及理由,亦须予以记明备查。

4. 合议庭评议笔录的尾部要求

合议庭评议过程记录完毕之后,参加评议的合议庭成员都要在评议笔录尾部签上名字和日期,负责记录的书记员也要签上名字和日期。

四、调查笔录的格式和制作要求

(一)调查笔录的概念

本章所讲的调查笔录,是指各级人民法院在办理案件过程中,为了查清与案件有关的事实,对当事人因客观原因不能自行收集的证据或人民法院认为审理案件所需要的证据,派出人员进行调查取证过程中所做的文字记录。

(二)调查笔录样式(各类案件通用)

调查笔录

时间:　　年　　月　　日　　时　　分至　　时　　分

地点:(写明调查的具体地点)

调查人:

被调查人:(写明姓名、身份和职务)

记录人:

（三）制作调查笔录的具体要求

1. 制作调查笔录的法律依据

《民事诉讼法》第67条规定："人民法院有权向有关单位和个人调查取证，有关单位和个人不得拒绝。人民法院对有关单位和个人提出的证明文书，应当辨别真伪，审查确定其效力。"第64条规定："当事人对自己提出的主张，有责任提供证据。当事人及其诉讼代理人因客观原因不能自行收集的证据，或者人民法院认为审理案件需要的证据，人民法院应当调查收集。人民法院应当按照法定程序，全面地、客观地审查核实证据。"人民法院派出人员进行调查时，应当向被调查人出示证件。调查笔录经被调查人校阅后，由被调查人、调查人签名或者盖章。

2. 制作调查笔录应注意的具体问题

（1）调查人必须是2人以上，一人负责调查，另一人负责记录。（2）调查人必须首先向调查对象出示证件，说明来意。（3）被调查人包括当事人、证人或者其他有关的人。被调查人应写明其身份（姓名、性别、出生年月、民族、籍贯、文化程度、工作单位、职务、住所，被调查人有多人的，应依次写明）。（4）调查过程采用问答的方式，必须如实记载调查人所问问题和被调查人对调查事项的陈述，重点写明有关案情要素和案情来源。在调查过程中，调查人员不得诱导和有倾向性地询问。（5）同一案件有多个证人的，询问证人应当分别进行。（6）调查笔录的尾部应由调查人、被调查人、记录人分别签名或盖章，并写明调查日期。如果被调查人拒绝签名盖章的，应注明被调查人拒绝签名盖章的理由。（7）若事后被调查人要求改动原来陈述的内容，可以另行制作调查笔录存卷，但原来的笔录不得修改、更动。

五、现场勘查笔录的格式和制作要求

（一）现场勘查笔录的概念

现场勘查笔录是指各级人民法院在审理各类案件时，对与本案有关的物品或者现场进行检验、勘查时所做的文字记录，也叫现场勘验笔录。

只要进行现场或物证的勘查、检验工作，必须制作相应的现场勘查笔录。现场勘查笔录既是重要的笔录文书，又是审理案件的重要法定证据，它对于查明案件事实、分清责任及解决争议纠纷都有着重要作用。

现场勘查笔录是现场勘查手段之一，现场勘查手段有现场勘查笔录、现场照相和现场绘图三种，三者采用不同的技术方法反映现场情况的，独立存在又相互联系。现场勘查笔录是对现场情形的文字记录，现场照相和现场绘图则借助于技术手段形象地反映现场发生的情况，作为补充文字记录的不足，三者是统一的，相辅相成的。

(二)现场勘查笔录样式(各类案件通用)

现场勘查笔录

时间： 年 月 日 时 分至 时 分

勘验地址和场所：

勘验人：

在场当事人或其成年家属：

被邀参加人：

记录人：

勘验对象：

勘验情况和结果：

(三)现场勘查笔录的具体制作要求

1. 制作现场勘查笔录的法律依据

《民事诉讼法》第80条规定:“勘验物证或者现场,勘验人必须出示人民法院的证件,并邀请当地基层组织或者当事人所在单位派人参加。当事人或者当事人的成年家属应当到场,拒不到场的,不影响勘验的进行。有关单位和个人根据人民法院的通知,有义务保护现场,协助勘验工作。勘验人应当将勘验情况和结果制作笔录,由勘验人、当事人和被邀参加人签名或者盖章。”

2. 制作现场勘查笔录的具体要求

(1)首部应写明勘验时间、勘验地址和场所、勘验人、记录人、在场当事人或其成年家属、被邀参加人、勘验对象等事项,被邀参加人应写明其姓名、性别、工作单位和职务。

(2)笔录中只能记载现场发现的特征和客观情况,而不记述勘查人员对案件的分析和意见。笔录中对各种事实记载的顺序,应当与现场的实际情况和勘查顺序相符合。

(3)将现场勘查活动情况和勘查过程中与案件有关的物品、痕迹、控辩双方有争议的标的物、现场面貌等如实记录下来,特别是物证的名称、数量、质地、重量、大小、尺寸、标记等特征,要写得准确、具体,使人一看就懂,绝不能模棱两可。

(4)现场拍摄的照片或录像的内容以及现场绘图的位置和种类也要在笔录中有所体现。

(5)现场勘查笔录、现场照相与现场绘图三者的内容必须一致,互相印证,互相补充,不能有矛盾和疑点,否则就失去了证据的作用。

(6)笔录尾部要有当事人或其成年家属、被邀参加人、勘验人和记录人的签名或者盖章,并注明勘验日期。

六、调解笔录的格式和制作要求

(一)调解笔录的概念

调解笔录是各级人民法院在对民事案件、刑事自诉案件和刑事附带民事诉讼案件以及行政案件的侵害赔偿诉讼进行调解时,由书记员对调解过程和内容所做的文字记录。

(二)调解笔录样式(各类案件通用)

调解笔录

时间：　　年　　月　　日　　时　　分
地点：
审判员：
当事人：
记录人：

(三)制作调解笔录的具体要求

1. 制作调解笔录的法律依据

《民事诉讼法》第98条规定:"下列案件调解达成协议,人民法院可以不制作调解书:(一)调解和好的离婚案件;(二)调解维持收养关系的案件;(三)能够即时履行的案件;(四)其他不需要制作调解书的案件。对不需要制作调解书的协议,应当记入笔录,由双方当事人、审判人员、书记员签名或者盖章后,即具有法律效力。"

其他以调解方式结案的案件,除要制作调解笔录外,还需要制作正式的调解书,调解书经双方当事人签收后才具有法律效力。

2. 调解笔录的具体制作要求

(1)人民法院的调解必须遵循当事人双方自愿的原则,不得强迫,更不能以"不调解就有可能败诉"这样的语言恐吓当事人。

(2)双方当事人达成的调解协议内容不得违反法律规定,不能损害国家、集体或者第三人利益以及社会公众利益。

(3)对于需要制作调解书的案件,双方当事人虽然达成了调解协议,但在调解书送达前一方反悔的,不能以调解方式结案,人民法院应当及时作出判决。

(4)调解笔录尾部要有双方当事人、审判人员以及书记员的签名或盖章,并注明调解日期。如果法院在进行调解时邀请了有关单位和个人协助,被邀请的协助人员也应在笔录上签名或者盖章。

七、证据交换笔录的格式和制作要求

(一)证据交换笔录的概念

证据交换笔录,是指人民法院对证据较多或者疑难复杂的民事案件,在开庭前组织当事人交换证据的过程中所做的书面记录。

(二)证据交换笔录样式

证据交换笔录

时间：　　年　　月　　日　　时　　分至　　时　　分

地点：

审判员：

当事人：

记录人：

证据材料清单

编号	证据材料名称	件数	原件(复印件)	页数

提交人:	提交时间:	签收人:

注:此单一式两联,一联给当事人,另一联随卷留存。

(三)证据交换笔录的具体制作要求

1.对当事人提供的证据,人民法院应当出具收据,注明证据的名称、收到时间、份数和页数,由审判员或书记员签名或盖章。

2.证据交换适用于证据较多或者疑难复杂的案件,可以由当事人申请,也可以由人民法院指定。证据交换应当在答辩期限届满后、开庭审理前进行。

3.证据交换应当由审判员主持,在证据交换的过程中,对当事人无异议的事实、证据应当记录在卷;对有异议的证据,按照需要证明的事实分类记录在卷,并记载异议的理由。通过证据交换,确定双方当事人争议的主要问题。

4.当事人收到对方交换的证据后提出反驳并提出新的证据的,人民法院应当通知当事人在指定的时间进行交换。证据交换一般不超过两次,但重大、疑难和案情特别复杂的案件,人民法院认为确有必要再次进行证据交换的除外。

5.证据交换笔录的尾部应由参加证据交换的当事人签名或盖章,并注明日期,参加证据交换的审判员和书记员也要签名并注明日期。

八、宣判笔录的格式和制作要求

(一)宣判笔录的概念

宣判笔录,是指人民法院对各类需要公开宣判的案件依法定期公开宣告判决时所做的文字记录。宣判笔录是以记录宣判程序和过程为主要内容的文书,其作用是证明人民法院宣判程序的合法性。

(二)宣判笔录样式

××××人民法院
宣判笔录

案由：
宣判时间：　　年　　月　　日　　时　　分
宣判长(员)：
书记员：
到庭当事人：

审判长(员)宣读判决：

当事人对判决的意见：

注：宣判后，审判人员、书记员、当事人应分别在笔录上签名或盖章。

(三)制作宣判笔录应注意的具体问题

1. 制作宣判笔录的法律依据

《民事诉讼法》第148条规定:"人民法院对公开审理或者不公开审理的案件,一律公开宣告判决。当庭宣判的,应当在十日内发给判决书;定期宣判的,宣判后立即发给判决书。宣告判决时,必须告知当事人上诉权利、上诉期限和上诉的法院。宣告离婚判决,必须告知当事人在判决发生法律效力前不得另行结婚。"《最高人民法院关于适用〈中华人民共和国民事诉讼法〉的解释》第131条规定:"人民法院直接送达诉讼文书的,可以通知当事人到人民法院领取。当事人到达人民法院,拒绝签署送达回证的,视为送达。审判人员、书记员应当在送达回证上注明送达情况并签名。人民法院可以在当事人住所地以外向当事人直接送达诉讼文书。当事人拒绝签署送达回证的,采用拍照、录像等方式记录送达过程即视为送达。审判人员、书记员应当在送达回证上注明送达情况并签名。"

2. 制作宣判笔录的具体要求

(1)宣判笔录首部应当写明案由、宣判时间、宣判长和书记员。

(2)到庭当事人应写明其姓名、性别、年龄、工作单位、职业、住址。

(3)在审判长宣读判决部分要写明宣读裁判文书的名称及案件编号,并简要记述裁判结果和告知的有关事项。

(4)当事人对判决的意见一栏要写明当事人是否同意判决内容,是否提起上诉,另外当事人还要签名盖章(拒绝签名的,应记录在案)。

(5)最后参加宣判的合议庭成员和书记员也应签名或者盖章。

九、执行笔录的格式和制作要求

(一)执行笔录的概念

执行笔录,是指执法机关为保证实施已经发生法律效力的裁判文书、调解协议及其他具有法律效力的文书,对当事人的财产依法采取强制执行措施时所制作的记录执行情况的文书。

执行笔录分为民事执行笔录和执行死刑笔录两种。

（二）执行笔录样式

执行笔录

时间：　年　月　日　时　分至　时　分

地点：（写明强制执行的地址）

执行人员：

记录人：

申请执行人：

被执行人：

在场人：（写明姓名、职务）

一、自　年　月　日，查封（扣押、冻结）你（公司、单位）的财产（清单附后）。

二、查封期间，未经本院准许，不得擅自转移、隐匿、毁损、变卖、抵押、质押、典当、赠送或做其他处置，并负有保管义务。否则，本院将依法追究你（你单位及法定代表人或主要责任人员）的法律责任。

附：查封、扣押财产清单1份。

××××人民法院
查封(扣押)财产清单

编号	财产名称	特征及成色	数量

在场人：
被执行人：
执行员：
书记员：

(三)执行笔录的具体制作要求

民事执行笔录是书记员对人民法院依法强制执行被执行人的财产,强制交付财物,强制迁出房屋或者退出土地、拆除建筑物等执行活动的文字记载。

《民事诉讼法》第244条规定:“被执行人未按执行通知履行法律文书确定的义务,人民法院有权查封、扣押、冻结、拍卖、变卖被执行人应当履行义务部分的财产。但应当保留被执行人及其所扶养家属的生活必需品。采取前款措施,人民法院应当作出裁定。”第245条规定:“人民法院查封、扣押财产时,被执行人是公民的,应当通知被执行人或者他的成年家属到场;被执行人是法人或者其他组织的,应当通知其法定代表人或者主要负责人到场。拒不到场的,不影响执行。被执行人是公民的,其工作单位或者财产所在地的基层组织应当派人参加。对被查封、扣押的财产,执行员必须造具清单,由在场人签名或者盖章后,交被执行人一份。被执行人是公民的,也可以交他的成年家属一份。”

制作民事执行笔录应注意以下几点:

(1)必须准确、完整地写明执行所依据的法律文书的名称、编号、执行内容和生效日期;

(2)提起执行的原因和方式;

(3)执行标的和措施;

(4)对执行过程和情况,要真实、客观记载,尤其是执行中发生的意外情况,如案外人对执行标的提出异议、被执行人妨碍执行、案外人妨碍执行等;

(5)如发生在场人拒绝在笔录上签字的情况,应将该情况如实记入笔录;

(6)民事执行笔录主要供法院查封、扣押被执行人财产时使用,一般情况下需和查封(扣押)财产清单配套使用;

(7)尾部由执行人员、记录人、被执行人、在场人签名。

第四节　民事一审案件庭审程序

【工作情境六】

李义在开庭之前告诉王兰在记录开庭笔录时,要把开庭过程中四个阶段的主要内容记录清楚,即法庭调查阶段、法庭辩论阶段、最后陈述阶段、法庭调解阶段。另外,要想把开庭笔录记好,还要了解双方当事人争议的焦点问题和本类型案件的庭审重点内容。

【岗位技能】

十三、记好庭审笔录

一、民事一审案件开庭准备程序

庭审准备工作完成之后,进入开庭审理阶段。开庭审理阶段首先由审判长核对到庭的当事人及其诉讼代理人的身份和诉讼手续,询问代理人的具体代理权限,询问各方当事人对于对方当事人及诉讼代理人的身份有无异议;当事人及诉讼代理人的身份和诉讼手续经审判长核对无误后,审判长宣布开庭并宣布案件当事人的名称和案由(对依法不公开审理的案件应说明不公开审理的理由),宣布合议庭组成人员名单,宣布书记员、鉴定人、勘验人、翻译人员等名单,并告知当事人在诉讼中享有的诉讼权利、义务;审判长询问各方当事人是否对合议庭成员及书记员、鉴定人、勘验人、翻译人员等人员申请回避。对当事人提出的回避申请,审判长应宣布休庭,严格依照回避的条件和程序办理。当事人申请回避的理由不能成立的,由审判长在重新开庭时宣布予以驳回,记入笔录;当事人申请回避的理由成立的,审判长宣布延期审理。

在完成以上庭审程序工作后,审判长宣布进入法庭调查阶段。

二、法庭调查阶段

法庭调查阶段的主要任务是听取当事人的主张和意见,查明案件事实。法庭调查可以由审判长主持,也可以由审判员主持,一般由案件承办法官主持。法庭调查按照下列顺序进行:

(一)当事人陈述

首先由原告陈述起诉请求和起诉的事实理由。如果原告的起诉请求和事实理由与起诉状一致,可以在法庭上宣读起诉状,书记员在记录时可以简记为“原告陈述诉讼请求和事实理由(见起诉状)”;如果原告的诉讼请求有变更,应向法庭明确其诉讼请求变更的内容与理由,书记员应详细记录原告变更后的诉讼请求内容和理由。

原告陈述完诉讼请求和理由之后,由被告陈述答辩意见,案件有第三人的,最后由第三人陈述答辩意见。被告(第三人)陈述答辩意见时应该针对原告的诉讼请求和事实理由明确提出自己同意或不同意的观点和理由。

(二)合议庭总结归纳案件争议焦点

合议庭应根据原告的诉讼请求和理由以及被告(第三人)的答辩意见,总结归纳本案双方当事人争议的焦点问题,并询问各方当事人对合议庭总结的案件争议焦点有无异议。如果当事人对总结的争议焦点有异议,询问其具体有何异议,对当事人提出的新的争点,合议庭认为与本案有关的,可以归纳为案件新的争议焦点。如果当事人对合议庭总结归纳的争议焦点没有异议,告知当事人应围绕案件争议焦点进行举证、质证。

(三)当事人举证、质证

举证、质证的顺序是:

1. 原告针对自己的诉讼请求出示证据

在出示证据时,原告可以一证一举,也可以按类别一类证据一举。一证一举时,原告应说明每个证据的名称、来源和证明事项。按类别举证时,首先说明证明事项,然后说明要证明的事项共有几份证据支持,每份证据的名称、来源和所证明的具体内容。

有证人出庭作证的,法庭应首先让证人出庭。当事人申请证人出庭作证,应当在举证期限届满10日前提出,不能正确表达意志的人不能作为证人,但待证事实与其年龄、智力状况或者精神健康状况相适应的无民事行为能力人和限制民事行为能力人,可以作为证人。证人出庭时,法庭应核对证人的身份(姓名、年龄、职业、住所地等情况),告知证人出庭作证的权利和义务,告知证人要如实向法庭陈述自己所知道的案件事实,不得作虚假陈述,否则要负相应法律责任。证人在作证时不得用猜测、推断或者评论性语言,应客观陈述自己亲身感知的事实。证人陈述完毕之后,审判员可以直接向证人发问;经审判长许可,当事人也可以分别向证人发问。当事人询问证人不得使用威胁、侮辱及不适当引导证人的言语和方式。询问证人时,其他证人不能在场;法庭认为有必要的,可以让证人进行对质。

所有证人均不得旁听法庭审理,证人陈述完自己要证明的事项后应该核对庭审笔录签字退庭;或者先行退庭,待法庭休庭后再核对庭审笔录并签字。

证人应当出庭作证,接受当事人的质询,证人在法院组织双方当事人交换证据时出席陈述证言的,可视为出庭作证。证人因以下原因不能出庭的,经人民法院许可,可以提交书面证言、视听资料或者通过双向视听传输技术手段作证:(1)因健康原因不能出庭的;(2)路途特别遥远,交通不便难以出庭的;(3)因自然灾害等不可抗力的原因无法出庭的;(4)其他无法出庭的特殊情况。对于证人未出庭作证的,当事人应向法庭说明证人不能出庭的正当理由,经法庭批准后,可以宣读未到庭证人的证言。

证人出庭后,原告应向法庭出示其他书证、物证和视听资料。提供书证、物证、视听资料进行质证时,对方当事人有权要求出示证据的原件或者原物,但有下列情况之一的除外:(1)出示原件或者原物确有困难并经人民法院准许出示复制件或者复制品的;(2)原件或者原物已不存在,但有证据证明复制件、复制品与原件或原物一致的。

2. 被告(第三人)对原告出示的证据进行质证

原告出示完证据后,由被告对原告出示的证据进行质证,有第三人的,还应由第三人对原告出示的证据进行质证。

被告(第三人)质证时,应首先对证据的真实性发表明确的意见,然后对证据的合法性、关联性以及证明力的大小进行质疑、说明与辩驳。

质证时可以一证一质,即原告出示一份证据,由被告对该份证据发表质证意见,然后原告接着出示下一份证据,被告再对下一份证据进行质证,直至原告把所有的证据出示完毕。一证一质有利于逐步查明案件事实,所以在审判实践中一般采用一证一质的质证方式。质证也可以采用分组质证,即原告把自己提交的证据根据证明事项分成多组,在开庭质证时分组出示证据。原告先出示一组证据后,由被告对该组证据的真实性发表意见,然后对该组证据的合法性、关联性以及证明力大小发表意见。原告接着出示下一组证据,被告对原告出示的下一组证据再发表质证意见,直至原告把所有的证据组都出示完毕。

无论是一证一质,还是分组质证,质证的程序必须正确合法。对于当庭能够认定的证据,合议庭应当当庭予以确认;对于当庭不能认定的证据,待查明事实后合议庭评议案件时再重新确认。

证据应当在法庭上出示并质证,未经质证的证据,不能作为认定案件事实的依据。但涉及国家秘密、商业秘密和个人隐私或者法律规定的其他应当保密的证据,不得在开庭时公开质证。

3. 被告出示证据,原告与被告(第三人)进行质证

当事人不仅对自己提出的诉讼请求有责任提供证据加以证明,同样还对反驳对方诉讼请求所依据的事实有责任提供证据加以证明。因此,被告(第三人)都有权利在诉讼中提供证据,而原告则应对被告(第三人)出示的证据进行质证。

被告(第三人)在开庭时出示证据的程序和步骤与原告出示证据的程序和步骤相同,原告质证的程序和步骤则与被告质证的程序和步骤相同。

有第三人参加诉讼的,最后由第三人出示证据,原告、被告分别与第三人进行质证。

4. 宣读鉴定结论和勘验笔录

案件涉及专业鉴定问题的,鉴定结果出来后鉴定人应当出庭宣读鉴定结论并接受当事人质询。经法庭许可,当事人可以向鉴定人发问,询问鉴定人不得使用威胁、侮辱及不适当引导鉴定人的言语和方式。鉴定人确因特殊原因无法出庭的,经人民法院准许,可以书面答复当事人的质询。

人民法院在案件调查过程中对物证或者现场进行过勘验的,应由勘验人当庭宣读勘验笔录。经法庭许可,当事人可以向勘验人发问,询问勘验人时不得使用威胁、侮辱及不适当引导勘验人的言语和方式。

5. 当事人之间相互发问

经法庭许可,就与案件相关的问题当事人之间也可以相互发问,代理人也可以代表一方当事人向另一方当事人发问。当事人之间相互发问的顺序一般由原告方先对被告方进行发问,然后由被告方对原告方发问;有第三人的,第三人可以向原、被告双方发问。当事人向对方发问时,应该征得法庭的同意。

6. 询问当事人

经过举证、质证过程后,合议庭认为仍有必要对某些问题进行调查的,可以向当事人询问案件审理中的相关问题。询问当事人相关问题时,可以要求当事人对其陈述提供相关证据。

至此,法庭调查阶段结束。法庭调查结束后,审判员应对当事人双方围绕争议焦点所提供的事实和证据作出总结,对双方均认可的事实和证据作

出概括,并当庭确认;对双方当事人仍有争议的问题,则分别概括双方的主要观点,目的是让当事人明晰法庭审理的重点内容,引导当事人为法庭辩论做准备。

人民法院在对当事人提交的证据进行审查、核实、判断时,应当采用科学、正确的方法和手段。具体包括:

(1)人民法院应当审查证据来源的合法性。在审判实践中,证据作为认定案件事实的依据,必须通过合法途径进入诉讼程序。根据《最高人民法院关于民事诉讼证据的若干规定》规定,以侵害他人合法权益或者违反法律禁止性规定的方法取得的证据,不能作为认定案件事实的依据。《民事诉讼法》也规定了人民法院对有关单位和个人提出的证明文书,应当辨别真伪,审查确定其效力。比如,双方在谈话时一方在未告知另一方的情况下进行录音,这种方法并不为法律明令禁止,由此取得的视听资料不能认为是违法取得,能够作为认定案件事实的证据。另外,有的案件当事人在被迫无奈的情况下,只有通过非常手段才能拿到原始证据或直接证明材料,如因此认定其获取证据的手段不合法而不予采信,就会导致案件无法处理,当事人的合法权益得不到保护,在这种情况下,就不能简单地认定该证据无效。但是,当事人采用欺骗、胁迫手段所获取的假证据就是无效证据。因此,对证据的合法性不能简单、片面理解,只要证据材料本身具有真实性和关联性,并符合法定形式,不要轻易因其获取手段而认定证据无效。

(2)人民法院通过开庭出示证据来判断证据的真伪。在审理过程中案件的全部证据都必须与当事人和相关证人见面,以辨别证据的真伪。在开庭审理的法庭调查阶段,与案件相关的证据材料都必须向当事人出示,并由当事人对证据的真伪和关联性发表意见,在此基础上人民法院可以排查矛盾,去伪存真,查证证据的真伪。对依法应当保密的证据,人民法院可视具体情况决定是否在开庭时出示,需要出示的,也不得在公开开庭时出示。

(3)人民法院通过开庭质证的方式来进一步审查判断证据。在法庭调查阶段,当事人不仅可以对对方出示证据的真伪发表意见,还可以就对方出示的证据与证明事项之间的关联性发表意见,通过双方当事人对彼此出示证据的交替辩驳,人民法院可以进一步审查判断哪些证据可以作为定案的依据。对于那些双方争议较大,矛盾突出的证据,经过开庭质证,可以帮助人民法院对证据的真实性和关联性做出客观、公正的判断,为案件最终的公正裁判打下基础。

（4）人民法院应全面客观地审核判断证据。人民法院在审理案件时，应综合本案的全部证据材料，全面、客观地审核证据，对证据的证明力作出判断。尤其对那些双方争议较大，就同一事实各自提供了相反的证据的焦点问题，只有运用逻辑推理和日常生活经验对全案证据材料进行比对分析，才能对证据的证明力作出客观评判，筛选出对案件起关键作用的证据，还原案件的本来面目。

三、法庭辩论阶段和最后陈述阶段

（一）法庭辩论的作用

法庭调查结束后，合议庭应主持双方当事人进行法庭辩论，双方当事人应根据法庭调查阶段所出示的证据和所查明的案件事实，各自阐述自己的意见，反驳对方的主张，总结自己的观点，相互进行言词辩论。法庭辩论的主要任务，是通过双方当事人及其诉讼代理人之间的相互辩论，听取当事人的辩解意见，进一步明确当事人提供的证据与其诉讼主张之间的关联性，从而进一步查明案件事实，分清责任，为案件的裁判结果奠定基础。

在法庭辩论阶段，合议庭始终处于指挥者和组织者的地位，合议庭应当引导当事人及其诉讼代理人围绕案件争议焦点和重点进行辩论，当事人及其诉讼代理人应当服从合议庭的指挥，当事人发表的辩论意见与本案无关的，或者发表意见时用攻击性、侮辱性、不文明的语言的，合议庭应予制止。当事人进行辩论时，合议庭不得发表与案件性质和是非责任有关的意见，不得与当事人进行辩论。合议庭应当为当事人提供平等的辩论机会，保障当事人充分行使辩论权。

（二）法庭辩论的顺序

法庭辩论在法庭调查完毕后进行，但如果当事人在法庭辩论阶段又提出了符合规定的新的事实和理由，合议庭可以随时停止法庭辩论，恢复法庭调查，待出现的新的事实情况调查完毕后，重新恢复法庭辩论。依据《民事诉讼法》的规定，法庭辩论按照下列顺序进行：

1. 原告及其诉讼代理人发言

原告及其诉讼代理人发表辩论意见时应主要围绕自己的诉讼请求和自己所提交的证据，说明自己的诉讼请求成立的理由和法律依据。

2. 被告及其诉讼代理人答辩

被告及其诉讼代理人发表辩论意见时应主要围绕原告的诉讼请求和所提交的证据，说明原告的诉讼主张成立或不成立的理由，并说出自己的答辩意见成立的理由和法律依据。

3. 第三人及其诉讼代理人发言或者答辩

有第三人的,第三人可以就原告的诉讼主张和被告的答辩意见发表意见,有独立请求权的第三人还可以就自己的主张说出理由和法律依据。

4. 互相辩论

在互相辩论阶段,原告应就反驳被告的答辩意见提出事实、理由和法律依据,被告应就反驳原告的诉讼请求提出事实、理由和法律依据。

第一轮法庭辩论结束后,主审法官或审判长要进行辩论小结,对第一轮辩论意见做出简单归纳。对有争议的事项,还需要进行第二轮辩论的,引导当事人双方围绕争议焦点发表辩论意见。第一轮法庭辩论进行完毕后,审判员应当询问当事人是否还有补充意见,当事人有补充意见需要继续发表的,应予准许,但应当提醒其不要重复。法庭辩论一般进行两轮即可,有特殊情况需要延长的,视具体情况而定。

(三)最后陈述阶段

法庭辩论结束后,审判长应宣布法庭辩论结束,按照原告、被告、第三人的顺序分别征询各方当事人的最后陈述意见。最后陈述就是让当事人对希望案件如何处理发表最后意见,当事人在做最后陈述时应当简单归纳自己的主要观点和处理意见,不必再陈述案件事实,也不必再发表辩论意见。

四、法庭调解阶段

法庭辩论终结,应当依法作出判决。判决前能够调解的,还可以进行调解,调解不成的,应当及时判决。法庭辩论结束后,合议庭应当按照原告、被告、有独立请求权第三人的顺序询问当事人是否愿意调解。无独立请求权第三人需要承担义务的,在询问原、被告之后,还应询问其是否愿意调解。如果当事人均有调解意愿,可以当庭进行调解,也可以在休庭后进行调解。

合议庭在主持调解时,应先征询各方当事人的具体调解方案,然后由审判员引导双方进一步协商,最终形成双方均能接受的调解方案。在双方当事人提出的调解方案差距过大,无法达成一致意见的情况下,审判员要向当事人讲清法律规定,分清是非责任,做双方的思想工作,告知双方本着互谅互让的原则互相做出让步,促使双方依法达成调解协议。审判员不宜在当事人未提出调解方案时先主动提出调解方案,这样会使当事人误解法官有主观倾向性,影响当事人就解决争议的方案进行充分协商。但在双方当事人请求审判员提出调解方案,或者虽未请求但双方都不同意对方提出的调解方案而陷入僵局时，审判员可以依据事实和法律提出自己的调解方案供双方当事人参考。

第五节　民商事一审案件庭审规范

一、庭前准备阶段

第一条　审判长庭前准备工作

将案件中可能涉及的专业词汇、生涩字词、方言土语等提前书面告知书记员。

针对庭审中可能发生的情况及有的当事人、诉讼参与人、旁听人的生理心理特点，提前做好有关事项防范预案。

提示书记员、司法警察及后勤服务人员提前到位。

召集审判人员提前到位，准备出庭。

检查审判人员的法袍、制服及服装穿着整洁规范。

检查审判人员是否佩戴胸徽。

纠正女审判人员浓妆艳抹等不良装扮。

第二条　值庭司法警察庭前准备工作

制定庭审突发事件处置预案。

按规定穿着司法警察制服，佩戴警衔专用标志，警容严整。女司法警察不浓妆、不披发、不戴饰物。

按规定佩带警械、武器。

对案情重大、预计旁听人较多的案件，提前2天按要求发放旁听证。

在对审判法庭安全检查，对诉讼参加人、诉讼参与人、新闻记者和旁听人身份证件查验登记和人身安全检查及随身携带物品的安全检查后，指定在相应席位就座。

阻止或劝阻未成年人、精神病人、醉酒的人和其他不宜旁听审判的人退出法庭。

待诉讼参加人、旁听人进入法庭后，关闭诉讼参加人通道和旁听人通道。

站立于审判台侧面，背向审判台，面向旁听席。法庭调查开始后采取坐姿,法庭宣判时采取立正姿势,传唤诉讼参与人,传递展示证据及出入法庭时以齐步动作行进。

第三条 后勤服务人员庭前准备工作

服装穿着整洁朴素,仪表庄重。女后勤服务人员不浓妆、不披发、不戴饰物。

保持法庭内外卫生清洁标准。

配合书记员将诉讼参加人、诉讼参与人桌椅摆放到法定位置。

将拟庭审发言、证据展示、录音录像的多媒体系统调整至工作状态。庭审开始后对庭审活动全程同步录音录像并进行全程维护。

第四条 书记员庭前准备工作

按规定穿着审判制服,佩戴胸徽。女书记员不浓妆、不披发、不戴饰物。

将法槌放置在审判长的法台前方。

在后勤服务人员的协助下将诉讼参加人、诉讼参与人桌椅摆放到法定位置。

将审判人员(审判长、审判员、代理审判员、人民陪审员)和诉讼参加人(原告、被告、第三人、诉讼代表人、法定代理人、诉讼代理人)及诉讼参与人(证人、鉴定人、翻译人等)的席卡摆放到位。

将法庭笔录首部要求的庭审时间、庭审地点、录音录像时间、录音录像有无间断及原因、合议庭组成人员、书记员、起诉案由等固定内容提前录入计算机。

提请诉讼参加人入席就座,将身份证明置于桌面。

逐一到各诉讼参加人席前,查验身份证明,核实身份,查明到庭情况。

提请诉讼参与人×语翻译×入席就座,到其席前查验身份证明。

按出庭传票、出庭通知依次查明原告方、被告方、第三人方拟出庭人员是否到庭(查明事项:个人出庭的为有效身份证明、授权委托书,及姓名、曾用名、性别、年龄、民族、工作单位、职务、住址、联系方式等。法人或其他组织出庭的为营业执照副本、法定代表人身份证明书、代表人身份证明书,及姓名、性别、年龄、工作单位及住所地、职务、联系方式。律师出庭的为授权委托书、委托代理合同、律师执业证书、律师事务所函、法律援助机构函)。

依次询问原告方、被告方、第三人方有无申请证人、鉴定人、勘验人、检查人、视听资料录制人(简称录制人)和具有专门知识的人(简称专家证人)等诉讼参与人出庭?如有出庭,应在查验身份证明(姓名、性别、年龄、工作单位、职务与各方当事人关系,拟出庭证明、说明事项)无误后,提请司法警察将其引领至休息室等候传唤。

依次询问核实原告方、被告方、第三人方是否收到受理案件通知书、应诉通知书、合议庭组成人员通知书、出庭传票、出庭通知书、举证通知书、权利义务告知书等材料。

依次询问原告方、被告方、第三人方是否知悉诉讼权利义务。

指导当事人对案情复杂、证据较多的案件按证人证言、书证物证、视听资料、电子数据、鉴定意见、勘验笔录的顺序分类分别编号排列。

确认如有证人或鉴定人、勘验人、检查人、录制人出庭的,将誓词放置相应席位桌面。

确认如有新闻记者采访报道,在核对记者证、采访证无误后,指定在记者席就座。

根据以上内容制作《庭前准备工作报告单》。

起立宣布法庭纪律(现在宣布法庭纪律,诉讼参与人应当遵守法庭纪律,维护法庭秩序,发言、陈述和辩论须经审判长许可。旁听人员不得发言提问,不得随意走动和进入审判区,不得录音录像摄影,不得鼓掌喧哗吵闹和实施其他妨害审判活动的行为。对于违反法庭纪律的人,本院将予以训诫、责令退出法庭、罚款和拘留。对于严重扰乱法庭秩序的人,依法追究刑事责任)。对不公开审判的和无旁听人员的案件不必宣读法庭纪律,但应提示出庭人员发言、陈述和辩论须经审判长许可。

提请全体人员肃静!请关闭通讯工具,庭审即将开始。

二、审判人员入庭仪式

第五条　审判人员入庭

书记员起立宣布,请全体起立!请审判长、审判员或请代理审判员或人民陪审员入庭。

审判长居中,审判人员自法官通道依次稳步进入审判席,在对应席位坐下。

待审判人员坐定(始终以端正坐姿至庭审结束),书记员宣布,请坐下!

第六条　书记员报告庭前准备工作

书记员手持《庭前准备工作报告单》,面向审判长。

报告审判长,今天出庭的诉讼参加人有:原告×(法人或其他组织的报告法定代表人、代表人的工作单位、职务、姓名。共同诉讼的分别报告),诉讼代表人×(2—5人),法定代理人×,诉讼代理人×。被告×,诉讼代表人×,法定代理人×,诉讼代理人×。第三人×,诉讼代表人×,法定代理人×,诉讼代理人×已到庭(未到庭的报告未到庭及原因)。

出庭的其他诉讼参与人有:×语(方言、外语、手语)翻译×出庭为原告×,或为被告×,或为第三人×提供×语翻译。原告×,或被告×,或第三人×申请证人×,或鉴定人×,或勘验人×,或检查人×,或录制人×,或专家证人×到庭作证或对其作出的鉴定、勘验、检查、录制等到庭说明。证人×,或鉴定人×,或勘验人×,或检查人×,或录制人×,或专家证人×已在休息室等候传唤。

经批准采访的新闻记者有×单位记者×。

报告完毕,庭前准备工作就绪,请审判长主持开庭,双手将《庭前准备工作报告单》递交审判长。

审判长提示,请坐下!

如有新闻记者采访,审判长宣布,本案准予新闻记者采访,可以记录、录音、录像、摄影,但采访不得影响庭审的正常进行。

三、庭审启动阶段

第七条　宣布开庭

审判长敲击法槌后宣布,现在开庭!

第八条　宣布案由

审判长宣布,×人民法院根据《中华人民共和国民事诉讼法》第134条之规定,今天在这里依法公开审理(或不公开审理)原告×于×年×月×日向本院起诉,本院于×年×月×日立案受理的原告×(如有反诉、追加当事人、变更当事人、延长审限、召开预备庭、裁定管辖、管辖权异议、诉的合并、诉的分离、发回重审、提起再审等情形的,一并说明)与被告×及第三人×(案由)纠纷一案。

对涉及国家秘密、个人隐私或者法律另有规定的案件,宣布因涉及国家秘密或个人隐私或法律另有规定,本案依法不公开审理。

对当事人申请不公开审理的离婚案件、涉及商业秘密的案件,宣布因原告×,或因被告×,或因第三人×申请不公开审理,经合议庭决定,本案依法不公开审理。

第九条　核对当事人

审判长宣布,现在核对当事人,请司法警察将原告×出庭人员的身份证明及授权委托书交被告×及第三人×出庭人员验证确认。

请将被告×出庭人员的身份证明及授权委托书交原告×及第三人×出庭人员验证确认。

请将第三人×出庭人员的身份证明及授权委托书交原告×及被告×出庭人员验证确认。

请司法警察按原告、被告、第三人的顺序将各方出庭人员的身份证明及授权委托书交本庭核对(是个人的核对姓名、性别、年龄、民族、籍贯、工作单位、职业、住址。是法人或其他组织的核对营业执照、法定代表人或代表人的姓名、职务证明。核对诉讼代理人的代理资格和权限)。

合议庭在核对各方出庭人员身份证明及授权委托书后,审判长宣布,现在宣读各方出庭人员名单和授权委托书(委托书仅载明特别授权的,强调为一般代理)。

对于原告或有独立请求权的第三人未到庭,或者未经法庭许可中途退庭的,宣布因原告×或因有独立请求权的第三人×经传票传唤,无正当理由拒不到庭,或者未经法庭许可中途退庭的,本案按撤诉处理,本院将制作裁定书向各方送达,闭庭! 然后敲击法槌。

对于被告反诉的或者原告中途退庭按撤诉处理或者裁定不准许撤诉,经传票传唤,无正当理由拒不到庭的;经传票传唤,无正当理由拒不到庭或者未经法庭许可中途退庭的被告;经传票传唤,无正当理由拒不到庭的无民事行为能力被告人的法定代理人;公告送达的债务关系明确的借贷案件或者审理中债务人出走,下落不明的,宣布本案缺席审理。

对于无独立请求权的第三人未到庭的,宣布第三人×未到庭,不影响本案的审理。

对于必须到庭的当事人和其他诉讼参与人有正当理由未到庭的;当事人临时提出回避申请的;需要通知新的证人到庭,调取新的证据,重新鉴定、勘验、补充调查的,以及必须到庭的被告未到庭及其他应当延期的情形,宣布因×必须到庭而未到庭,或宣布因×事由不能继续开庭,本院将再向各方出庭人员发出传票和通知,本案延期审理,休庭! 然后敲击法槌。

对于一方当事人死亡,需要等待继承人表明是否参加诉讼的;一方当事人丧失诉讼行为能力,尚未确定法定代理人的;作为一方当事人的法人或者其他组织终止,尚未确定权利义务承受人的;一方当事人因不可抗拒的事由,不能参加诉讼的;本案必须以另一案的审理结果为依据,而另一案尚未审结的,以及其他应当中止诉讼的情形,宣布本案中止审理,休庭！然后敲击法槌。

审判长宣布,今天出庭参加诉讼的原告×的人员有×,被告×的人员有×,第三人×的人员有×。本院提供的×语翻译×出庭为原告×,或为被告×,或为第三人×作庭审翻译。

如被告×系必须到庭,经两次传票传唤拒不到庭拘传到庭的,宣布因被告×必须到庭,经两次传票传唤,无正当理由拒不到庭,现将其拘传到庭参加诉讼。

审判长询问,原告×对被告×及第三人×的出庭人员有无异议。

被告×对原告×及第三人×的出庭人员有无异议。

第三人×对原告×及被告×的出庭人员有无异议。

对异议无理由的,口头驳回。

异议指明×出庭人员身份证明虚假或与实际不符的,责成被异议人提供真实身份证明或作出说明。能够即时提供真实身份证明或说明成立,符合出庭资格,取得异议方认可的,继续开庭。不能提供真实身份证明或说明不成立的,责令被异议方更换适格出庭人员,宣布本案延期审理,休庭！然后敲击法槌。

审判长宣布,经本庭核对并经各方出庭人员确认,以上出庭人员符合法律规定的出庭资格,可以参加本案诉讼。

第十条 介绍合议庭成员

审判长宣布,根据《中华人民共和国民事诉讼法》第39条、第41条之规定,本案由本院院长×,或副院长×,或民事审判第×庭庭长×,或副庭长×,或审判员×,或代理审判员×担任审判长,与副院长×,或与民事审判第×庭庭长×,或与副庭长×,或与审判员×,×,或与代理审判员×,×,或与人民陪审员×,×组成合议庭。

我是院长×,或我是副院长×,或我是庭长×,或我是副庭长×,或我是审判员×,或我是代理审判员×,由我担任本案的审判长。

我左边的是副院长×,或庭长×,或副庭长×,或审判员×,或代理审判员×,或人民陪审员×。

我右边的是副院长×,或庭长×,或副庭长×,或审判员×,或代理审判员×,或人民陪审员×。

我前面的是书记员×,由他(她)担任法庭记录。

第十一条　告知权利义务

审判长依次询问原告×，被告×，第三人×是否知悉当事人享有的诉讼权利义务（权利：起诉、反驳、反诉、委托代理、申请回避、收集提供证据、陈述、质证、辩论、请求调解、自行和解、申请保全、先予执行、申请顺延诉讼期间、提起上诉、申请再审、申请执行，查阅、复制本案有关材料。义务：依法行使诉讼权利、遵守诉讼秩序、履行生效法律文书）。

第十二条　征询回避意见

审判长依次询问原告×，被告×，第三人×是否申请合议庭组成人员及书记员回避（院长的回避，由审委会作出决定，审判人员的回避，由院长作出决定，其他人员的回避，由审判长作出决定）。

如有翻译出庭，审判长依次询问原告×，被告×，第三人×是否申请×语翻译×回避。

回避事由在案件开始审理后知道的，也可以在法庭辩论终结前提出。

申请回避无理由或理由不成立的，当庭驳回。

申请回避理由成立的，宣布本案延期审理，休庭！然后敲击法槌。

四、法庭调查阶段

第十三条　宣告庭审阶段

审判长或主审人（以下称主持人）宣布，庭审分为法庭调查，法庭辩论，当事人陈述最后意见，当庭调解，休庭、评议和宣判阶段。

第十四条　宣布法庭调查及释明

主持人宣布，现在进行法庭调查。

法庭调查的范围主要是案件事实，法律适用属于法庭辩论的范围，但对法律有无及法律条文的具体内容发生争议，本庭认为需要调查的，也作为法庭调查的范围。

法庭调查按照当事人陈述答辩、归纳小结、举证质证认证、庭审小结的顺序进行。

当事人陈述答辩时，有诉讼代理人的，可以由诉讼代理人陈述答辩，也可以在当事人陈述答辩后，再由诉讼代理人补充（如一方人数较多，提示为主一人陈述答辩后，其他当事人补充）。

第十五条　当事人陈述

主持人宣布，下面请原告×宣读起诉书或简要陈述诉讼请求、事实和理由。

对原告增加诉讼请求,被告提出反诉(有举证期限的在举证期限届满前,无举证期限的在法庭辩论终结前),第三人提出与本案有关的诉讼请求的,宣布本案合并审理。

主持人宣布,下面请被告×宣读答辩状或简要陈述诉讼主张及所依据的事实和理由。

下面请第三人×宣读答辩状或简要陈述诉讼主张及所依据的事实和理由。

下面请原告×对第三人×的诉讼请求和理由简要答辩或宣读答辩状。

下面请被告×对第三人×的诉讼请求和理由简要答辩或宣读答辩状。

第十六条 先行调解(对事实清楚、责任分明、有调解可能的均可先行调解)

主持人宣布,根据各方陈述答辩意见,本庭认为,本案的事实清楚,是非责任分明,调解解决你们之间的争议对各方都较为有利,现在进行先行调解。

主持人依次询问原告×,被告×,第三人×是否同意先行调解。

如各方同意,直接进入调解阶段。

如有的不同意,宣布继续法庭调查。

第十七条 归纳小结

主持人宣布,根据各方陈述答辩意见,本庭归纳小结以下几个方面的内容:

一、原告×的诉讼请求是:1.2.3……

第三人×(有独立请求权)的诉讼请求是:1.2.3……

二、各方当事人无争议的事实是:1.2.3……

三、各方当事人诉讼争议的焦点是:1.2.3……

四、法庭进一步调查的范围是:1.2.3……

主持人依次询问原告×,被告×,第三人×对本庭归纳小结的以上内容有无异议。

对于无异议的,宣布因各方当事人对本庭归纳小结的诉讼请求、无争议的事实和争议焦点无异议,本庭予以确认。对于无争议的事实,本庭不再调查,无须举证质证,各方应当围绕争议焦点举证质证。

对于有异议的,宣布因原告×,或因被告×,或因第三人×对诉讼请求,或对争议焦点有异议,并提出了修正补充意见,本庭重新归纳小结。

主持人依次询问原告×,被告×,第三人×对重新归纳小结的诉讼请求,或无争议的事实,或争议焦点有无异议。

第十八条 举证质证及释明

主持人宣布,根据法律规定,当事人对自己提出的诉讼请求所依据的事实或者反驳对方的诉讼请求所依据的事实有责任提供证据加以证明。没有证据或证据不足以证明事实主张的,由负有举证责任的一方承担不利后果。

对一方陈述的事实,另一方既未承认也未否认,经法庭充分说明并询问,其仍不明确肯定或否定的,视为对该项事实的承认。

委托代理人的承认视为当事人的承认,但未经特别授权的代理人对事实的承认直接导致承认对方诉讼请求的除外,当事人在场对其代理人的承认不作否认表示的,视为当事人的承认。

对于自然规律及定理;当事人自认的事实;众所周知的事实;推定的事实;已为人民法院生效裁判确认的事实;已为仲裁机构生效裁决确认的事实;已为有效公证文书证明的事实;以及一方当事人对另一方当事人陈述的事实明确表示承认的,无须举证质证。

对于涉及国家秘密、商业秘密、个人隐私或者法律规定的其他应当保密的证据不公开质证。

对于逾期提交的证明材料不组织质证,但对方同意的除外。

主持人宣布,下面请围绕争议焦点举证质证。举证请宣读证据名称,说明证据来源,证据内容,证明目的和证明对象。

质证应当围绕证据的真实性、合法性、关联性及证据的证明力大小等方面提出意见。

举证质证可一举一质,也可类举类质。

主持人宣布,现在针对第一个×争议焦点,请原告×陈述意见并举证,由被告×,第三人×质证。请按照证人证言、书证物证、视听资料、电子数据、鉴定意见、勘验笔录,以及鉴定人、勘验人、检查人、录制人、专家证人的顺序举证质证。

第十九条 证人出庭

原告×若举证证据1,申请证人×出庭作证,以证明×问题。

主持人宣布,因原告×在举证期限届满10日前申请证人×出庭作证,本庭准许,证人出庭作证支出的合理费用,由原告×先行支付,后由败诉方承担。

对证人因健康原因不能出庭的;因路途遥远、交通不便不能出庭的;因自然灾害等不可抗力不能出庭的,及其他正当理由不能出庭的。可以提交书面证言、视听资料或者视听传输技术作证。

主持人宣布,传原告×提供的证人×出庭作证,请司法警察将证人×引领至证人席。

待证人×坐定,主持人提示,证人×,请将你的身份证明放置桌面,向本庭报告你的基本情况及与各方当事人的关系。

证人×报告完毕,主持人宣布,请司法警察将证人×的身份证明交本庭核对。

请司法警察将证人×的身份证明依次交被告方、第三人方出庭人员验证确认。

主持人依次询问被告×,第三人×对证人×的出庭身份有无异议。

异议理由不成立的,当庭驳回。

异议理由成立的,宣布×不符合证人资格,本庭不准许出庭作证,请×退庭。

证人符合出庭资格的,主持人宣布,现在本庭告知证人×的权利义务。证人有出庭作证的义务,证人出庭作证受法律保护。作证应当符合客观事实,不得用猜测、推断或评论语言。歪曲事实、虚假证明须承担法律责任。

主持人询问,证人×,你是否清楚。

主持人宣布,请证人×起立,面向国徽,举起右手,宣读誓词(内容:证人×依法出庭作证,以我的人格和良知担保,我将依法履行作证义务,保证尽我所知如实陈述,毫无隐瞒。如违誓言,愿受法律制裁。宣誓人×)。

主持人提示,请坐下,请在证人誓词上签上名字。

主持人宣布,证人×,下面就你所了解的×事项如实向法庭陈述。

下面请申请证人出庭作证的原告×向证人×发问,发问应当围绕争议焦点,不得诱导、误导作证。

下面请被告×向证人×发问。

下面请第三人×向证人×发问。

现在本庭(合议庭成员)询问证人×几个问题,请如实回答。

证人×回答后,主持人询问,证人×还有无向本庭说明的问题。

主持人依次询问原告×,被告×,第三人×对证人×有无补充发问。

主持人宣布,请证人×退庭。请司法警察将证人×引领至休息室休息等候，庭审结束审阅笔录签名，如需再次出庭再行传唤。

如有多名证人出庭按以上步骤进行，其他证人不得在场。如有必要，可让证人对质。

主持人询问，原告×对证人×的证言有无说明意见。

被告×对证人×的证言有无质证意见。

第三人×对证人×的证言有无质证意见。

主持人再依次询问原告×，被告×，第三人×对证人×的证言有无新的说明、质证或反驳质证意见。

再次说明、质证或反驳质证应避免重复和与本争议焦点无关。质证当事人反驳时，举证一方可以质辩。质辩一般一个轮回，如有必要，可组织多轮质辩。

当事人或证人对他方发问有异议的，可向法庭提出。异议是否成立，由法庭评定。

第二十条　证人书面证言

主持人宣布，请原告×继续举证。

原告×若请求宣读并出示证据2，证人×的证言（须为原件），用以证明×问题。

主持人宣布，可以宣读出示。

原告×宣读后，主持人宣布，请司法警察将证据2交被告×，第三人×查看。

请司法警察将证据2交本庭查看。

主持人询问，原告×对证据2有无说明意见。

被告×对证据2有无质证意见。

第三人×对证据2有无质证意见。

主持人再依次询问原告×，被告×，第三人×对证据2有无新的说明、质证或反驳质证意见。

第二十一条　书证

主持人宣布，请原告×继续举证。

原告×若请求宣读并出示证据3，关于×的书证（应为原件。出示原件确有困难，或者原件已不存在、但有证据证明，可以出示与原件一致的复印件、抄录件或者照片。提交外文书证，须附有中文译本），用以证明×问题。

主持人宣布，可以宣读出示。

原告×宣读后，主持人宣布，请司法警察将证据3交被告×，第三人×查看。

请司法警察将证据3交本庭查看。

主持人询问，原告×对证据3有无说明意见。

被告×对证据3有无质证意见。

第三人×对证据3有无质证意见。

主持人再依次询问原告×，被告×，第三人×对证据3有无新的说明、质证或反驳质证意见。

第二十二条　物证

主持人宣布，请原告×继续举证。

原告×若请求出示证据4，关于×的物证（应为原物。出示原物确有困难的，可以提交复制品），用以证明×问题。

主持人宣布，可以出示。请司法警察将证据4交被告×，第三人×查看。

请司法警察将证据4交本庭查看。

主持人询问，原告×对证据4有无说明意见。

被告×对证据4有无质证意见。

第三人×对证据4有无质证意见。

主持人再依次询问原告×，被告×，第三人×对证据4有无新的说明、质证或反驳质证意见。

第二十三条　视听资料

主持人宣布，请原告×继续举证。

原告×若请求播放证据5，关于×的视听资料并出示原始载体（出示原始载体确有困难，经法庭准许，或者原始载体已不存在、但有证据证明，可以出示与原始载体一致的复制件），用以证明×问题。

主持人宣布，可以播放出示。请司法警察将证据5交后勤服务人员播放。

后勤服务人员播放后，主持人宣布，请司法警察将证据5交被告×，第三人×查看。

请司法警察将证据5交本庭查看。

主持人询问，原告×对证据5有无说明意见。

被告×对证据5有无质证意见。

第三人×对证据5有无质证意见。

主持人再依次询问原告×,被告×,第三人×对证据5有无新的说明、质证或反驳质证意见。

第二十四条　电子数据

主持人宣布,请原告×继续举证。

原告×若请求播放证据6,关于×的电子数据(电子邮件、聊天记录、微博短信、电子签名等),用以证明×问题。

主持人宣布,可以播放。请司法警察将证据6交后勤服务人员播放。

后勤服务人员播放后,主持人询问,原告×对证据6有无说明意见。

被告×对证据6有无质证意见。

第三人×对证据6有无质证意见。

主持人再依次询问原告×,被告×,第三人×对证据6有无新的说明、质证或反驳质证意见。

第二十五条　鉴定意见

主持人宣布,请原告×继续举证。

原告×若请求宣读出示证据7,关于×的鉴定意见,用以证明×问题。

主持人宣布,可以宣读出示。

现在由本庭宣读证据7,关于×的鉴定意见。

法庭宣读后,主持人宣布,请司法警察将证据7交被告×,第三人×查看。

主持人询问,原告×对证据7有无说明意见。

被告×对证据7有无质证意见。

第三人×对证据7有无质证意见。

主持人再依次询问原告×,被告×,第三人×对证据7有无新的说明、质证或反驳质证意见。

对有缺陷的鉴定意见,可以通过重新质证、补充质证方法解决,当事人申请重新鉴定的,不予准许,提请各方当事人重新质证或补充质证。

对一方当事人有证据足以反驳另一方当事人自行委托有关部门作出的鉴定结论以及当事人对法院委托的鉴定部门作出的鉴定结论有异议,并提出证据证明鉴定机构或者鉴定人员不具备相关鉴定资格的、鉴定程序严重违法的、鉴定结论明显依据不足的,以及经过质证认定不能作为证据使用的情形而申请重新鉴定、补充鉴定的,宣布准予重新鉴定或者补充鉴定,现在休庭！然后敲击法槌。

第二十六条　勘验笔录

主持人宣布,请原告×继续举证。

原告×若请求法庭宣读证据8,关于×的勘验笔录,用以证明×问题。

主持人宣布,可以宣读。

现在由本庭宣读证据8,×人民法院关于×的勘验笔录。

法庭宣读后,主持人依次询问原告×,被告×,第三人×对证据8有无意见。

第二十七条　鉴定人、勘验人、检查人、录制人、专家证人出庭

主持人宣布,请原告×继续举证。

原告×若举证证据9,申请鉴定人×,或勘验人×,或检查人×,或录制人×,或专家证人×出庭,就×问题进行说明。

鉴定人、勘验人、检查人、录制人、专家证人确因特殊原因无法出庭的,经法庭准许,可以书面说明、答复当事人的质询。专家证人可以向鉴定人、勘验人、检查人、录制人询问。一方申请的专家证人可以就案件中的有关问题进行对质。

主持人宣布,可以出庭说明(出庭资格、程序、质证等与证人同。誓词:鉴定人×或勘验人×或检查人×或录制人×或专家证人×今天依法出庭,就本人鉴定或勘验或检查或录制或了解×的情况予以说明并接受法庭询问。以我的人格和良知担保,我将依法履行说明义务,如实陈述,毫无隐瞒,如违誓言,愿受法律制裁。宣誓人×)。

对鉴定人或勘验人出庭的,主持人依次询问原告×,被告×,第三人×是否申请鉴定人×,或勘验人×回避。

当事人要求重新进行法庭调查、鉴定或勘验的,是否准许,由法庭决定。

主持人宣布,针对第1个争议焦点,下面请被告×,第三人×,原告×依次举证质证(步骤同上)。

现在针对第2.3……个争议焦点,依次请原告×,被告×,第三人×举证质证(步骤同上)。

第二十八条　当庭认证

主持人宣布,现在本庭对证据进行审查核实并作出认证。

不能当庭认证需要休庭评议的,宣布现在休庭评议！然后敲击法槌。

不能或不宜当庭宣布认证结果的,宣布在下次开庭或宣判时宣布。

对于确认证据足以采信的,直接宣布或宣布经合议庭评议确认,针对第×个争议焦点,原告×,被告×,第三人×所举证据×(证据较少未编号的,直接讲明证据名称)内容真实,形式合法,可以作为认定案件事实的根据。

对于当事人在证据交换过程中认可并记录在卷的证据,说明后宣布,×证据可以作为认定案件事实的根据。

有证据证明一方当事人持有证据无正当理由拒不提供,如果对方当事人主张该证据的内容不利于证据持有人的,宣布推定该主张成立,可以作为认定案件事实的根据。

对于确认证据不予采信的,直接宣布或宣布经合议庭评议,针对第×个争议焦点,原告×,或被告×,或第三人×所举证据×因缺乏真实性或合法性或关联性,没有证明效力,不能作为认定案件事实的根据;或宣布该证据虽然有证明效力,但与其他证据冲突,经比较证明力的大小不予采信,不能作为认定案件事实的根据;或宣布因该证据是孤证(未成年人所作的与其年龄、智力状况不相当的证言;与一方当事人或者其代理人有利害关系的证人出具的证言;存有疑点的视听资料、电子数据,无法与原件、原物核对的复制件、复制品;无正当理由未出庭作证的证人证言),并无其他证据印证,不能单独作为认定案件事实的根据;或宣布因该证据以侵犯他人合法权益或违反法律禁止性规定的方法取得,不能作为认定案件事实的根据。

第二十九条　发问和答问

主持人宣布,有问题需要向他方当事人发问的,经本庭许可,可以发问。

主持人依次询问原告×,被告×,第三人×有无发问。

主持人宣布,现在本庭询问原告×,或被告×,或第三人×几个问题,请如实回答。

当事人对他方发问有异议的,可以向法庭提出。异议是否成立,由法庭评定。

第三十条　其他事项的调查

法庭调查范围内的事项调查完毕,主持人依次询问原告×,被告×,第三人×是否还有其他事实需要调查或者还有其他证据出示。

当事人或其诉讼代理人申请调查其他事实,法庭许可后,组织当事人举证质证。法庭认为无必要的,驳回当事人的申请。

当事人申请出示其他证据的,应当说明理由和证明的对象。如系逾期提供的证据,不组织质证,但当事人同意的除外。如系新证据,应当给他方当事人质证准备和收集反驳证据的时间,但当事人同意当庭质证的除外。如系无须举证质证的证据,驳回举证申请。

对于当事人或其诉讼代理人在举证期限届满前7日申请法院调查收集属于国家有关部门保存并须法院依职权调取的档案材料;涉及国家秘密、商业秘密、个人隐私的材料;当事人及其诉讼代理人确因客观原因不能自行收集的其他材料,先请申请方说明申请调查收集证据的目的后,法庭再宣读出示,然后请其他方质证。

对于法院依职权调查收集的涉及可能有损国家利益、社会公共利益或者他人合法权益的事实;涉及依职权追加当事人、中止诉讼、终结诉讼、回避等与实体争议无关的程序性事项的证据,法庭宣读出示后,就调查收集该证据的情况予以说明,然后依次征询各方当事人的意见(可以对法院调查收集证据的合法性、真实性、关联性提出质疑,但不能同法院质辩)。

对于审理中发现的或当事人及其诉讼代理人申请法院调查收集的证据,宣布因需要对×证据调查收集,现在休庭!然后敲击法槌。

对不属于法院调查收集证据的范围的,宣布申请不属于法院调查收集证据的范围,本庭不予准许。

对当庭难以查清,且对裁判案件有重大影响的事实,宣布本案延期审理,现在休庭!然后敲击法槌。

第三十一条　庭审小结

主持人宣布,下面进行庭审小结。经过法庭调查,本庭现在归纳无争议的事实:1.2.3……

主持人依次询问原告×,被告×,第三人×对本庭归纳的无争议的事实有无异议。

主持人宣布,本庭现在归纳经过法庭调查目前仍然存在的争议焦点:1.2.3……

主持人依次询问原告×,被告×,第三人×对本庭归纳的争议焦点有无异议。

主持人宣布,本庭现在归纳当事人争议的法律适用问题:1.2.3……

主持人依次询问原告×,被告×,第三人×对本庭归纳的法律适用问题有无异议。

第三十二条　宣布法庭调查结束

主持人宣布,现在本庭宣布法庭调查结束。

五、法庭辩论阶段

第三十三条　宣布法庭辩论及释明

主持人宣布，现在进行法庭辩论。

辩论应当围绕诉讼请求、诉讼主张及目前仍然存在的争议焦点，就案件性质、责任承担及法律适用展开。

辩论发言须经本庭许可，同时注意用语文明，语速适中，避免重复。

法庭辩论分为对等辩论和互相辩论两个阶段。

当事人答辩时，有诉讼代理人的，可以由诉讼代理人答辩，也可以在当事人答辩后，再由诉讼代理人补充答辩（如一方当事人人数较多，提示为主一人答辩后，其他当事人补充）。

第三十四条　对等辩论

主持人宣布，首先进行对等辩论，每方发言限在×分钟之内，请原告×，被告×，第三人×依次辩论发言。

一轮辩论结束，根据情况决定是否进行下一轮。如进行下一轮，强调不得重复上一轮的内容，并根据需要限定辩论发言时间。

第三十五条　互相辩论

主持人宣布，现在进行互相辩论。

有要求辩论发言的，举手示意，经本庭许可后发言。下面请举手发言。

第三十六条　法庭调查阶段的回转

在辩论中，法庭发现或应当事人及其诉讼代理人申请，需对有关事实、有关证据进行调查核实的，宣布现在中止法庭辩论，恢复法庭调查。

法庭调查事项结束，主持人宣布现在恢复法庭辩论。

第三十七条　宣布法庭辩论结束

在确认各方当事人辩论意见陈述完毕，主持人宣布，本庭刚才认真听取了各方的辩论观点，将在合议时充分考虑。现在本庭宣布，法庭辩论结束。

六、当事人陈述最后意见

第三十八条　宣布当事人陈述最后意见及释明

主持人宣布，现在请当事人陈述最后意见。

陈述最后意见主要是归纳本方诉讼意见，就案件处理向法庭提出最后请求。陈述应当简明扼要，言简意赅。

法庭要认真、耐心听取当事人最后意见，一般不打断、不制止发言，切实保障当事人充分表达思想感情的心理需求。如陈述过于冗长，缺乏条理，内容简单又多次重复或与案件没有直接关联的,可以适当方式引导。

陈述时,有诉讼代理人的,可以由诉讼代理人代为陈述,也可以在当事人陈述后,再由诉讼代理人补充(如一方当事人人数较多,提示为主一人陈述后,其他当事人补充)。

主持人宣布,下面请原告×陈述意见。

下面请被告×陈述意见。

下面请第三人×陈述意见。

七、当庭调解阶段

第三十九条 宣布法庭调解及释明

主持人宣布,现在进行法庭调解。

调解就是根据自愿和合法原则,就你们之间发生的民事权益争议,通过自愿、平等的协商,互谅互让,达成协议,解决纠纷,促进和谐的活动。

当事人或者法定代理人未出庭,且委托代理人无特别授权的,不能当庭调解,有必要和可能的,可予庭后调解。

第四十条 征询调解意愿

主持人依次询问原告×,被告×,第三人×是否同意调解。

各方当事人均表示同意调解的,法庭即组织调解。

有一方不同意调解的,宣布因原告×,或因被告×,或因第三人×不同意调解,现在本庭宣布终结调解,休庭后进行合议作出判决。然后敲击法槌。

由于刚经过法庭调查和法庭辩论,当事人的情绪可能严重对立,法庭应注意察言观色,用语和缓,讲究方法,调节气氛,思想疏导,理顺情绪,适时征询调解意愿,逐步开展调解工作。有的即便不能当庭调解,如有必要和可能,应在庭后进一步做调解工作。

第四十一条 组织调解

在确认各方当事人均有调解意愿后,宣布现在由本庭组织调解。

当事人申请不公开调解的,应当准许。

调解可当庭进行,也可休庭后进行。

对于当庭进行的,宣布现在本庭组织调解,先请原告×提出调解方案。被告×,第三人×同意原告×的调解方案的,法庭审查确认后,各方签订调解协议。

被告×,第三人×拒绝原告×提出的调解方案的,法庭提示由被告×,

或第三人×提出调解方案。原告×同意被告×,或第三人×的调解方案的,法庭审查确认后,各方签订调解协议。

原告×拒绝被告×,或第三人×提出的调解方案的,法庭提示引导各方提出新的调解方案,法庭整理归纳,各方当事人确认后,签订调解协议。

各方当事人提出的调解方案均被任何一方拒绝的,法庭即提出新的调解方案,经各方当事人确认后,签订调解协议。

对有的当事人一时对立情绪较大,但有调解可能的,宣布现在休庭调解!然后敲击法槌。

经“背靠背”分别做各方当事人的工作,意见统一后,法庭召集当事人再次集中到法庭,宣读调解方案,各方当事人确认后签订调解协议。

对于当事人达成的调解协议,法庭要审查确认内容的合法性和当事人意思表示的真实性,尊重当事人的处分权利。

调解协议约定一方不履行应当承担民事责任的,应当准许。

调解协议约定一方提供担保或者案外人同意为当事人提供担保的,应当准许。

调解协议内容超出诉讼请求的,可以准许。

调解协议约定一方不履行,另一方可以请求法院对案件作出裁判的,不予准许。

当事人就部分诉讼请求达成调解协议的,可以就此先行确认并制作调解书。

涉外民事诉讼中,调解达成协议的,应当制发调解书,当事人要求发给判决书的,可以以协议的内容制作判决书。

根据当事人达成的调解协议,制作调解书后,主持人宣布,经本院主持调解,各方当事人自愿达成如下协议:1.2.3……

上述协议符合有关法律规定,本院予以确认,调解书经各方当事人签收后,即具有法律效力。

根据法律规定,对可以不制作调解书的协议,由当事人、审判人员、书记员签名或者盖章后即具有法律效力。

调解成功后,主持人宣布闭庭!然后敲击法槌。

第四十二条　终结调解

如调解不成,主持人宣布,因调解达不成一致,法庭调解结束。本院将根据法律的规定,在合议后作出判决。

八、休庭、评议和宣判阶段

第四十三条　宣告休庭

主持人宣布,现在休庭×分钟合议后宣判,或宣布定于×年×月×日×时在本院第×审判庭对本案公开宣判,不再另行通知,现在休庭！然后敲击法槌。

审判人员起立,审判长居中,稳步进入法官通道后关闭法官通道。

第四十四条　评议案件

当庭宣判的,审判人员进入合议室秘密评议案件。

定期宣判的,在庭审结束后的5个工作日内进行。

评议案件时,先由主审人对案件事实是否清楚,证据是否确实充分,法律如何适用,责任如何划分承担,以及需要说明的问题等发表意见,审判长最后发表意见。合议庭成员不得拒绝发表意见或仅作同意与否的简单表态。即便同意他人意见,也应提出事实法律根据,进行分析论证。审判长应当及时归纳总结评议的结论性意见,以评议的一致意见或以少数服从多数的意见作出裁判。

第四十五条　宣布继续开庭

书记员起立宣布,全体起立！请审判长、审判员或代理审判员或人民陪审员入庭。

审判人员开启法官通道后,审判长居中,审判人员自法官通道依次稳步进入审判席在对应席位坐下。

待审判人员坐定,书记员宣布,请坐下！

主持人敲击法槌后宣布,现在继续开庭！

第四十六条　宣判案件

主持人宣布,经合议庭评议,结论已经作出,现予宣布(简要叙述查明的事实,采信的证据,裁判的理由,诉讼费用的负担。对于当事人基本情况等无需宣读),判决如下。

书记员起立宣布,请全体起立(合议庭成员、书记员、诉讼参加人、旁听人均应起立)！

主持人宣判完毕后宣布,宣判完毕！然后敲击法槌。

书记员宣布,请坐下！

第四十七条　征询意见

主持人依次询问原告×,被告×,第三人×对判决有无意见。

在当事人依次回答后，主持人指示，请书记员将意见记录在案。

第四十八条　交代上诉权

主持人宣布，如不服本判决，可在判决书送达之日起×日内向本院递交上诉状，并按对方当事人的人数提出副本，上诉于×人民法院。

第四十九条　文本说明

主持人宣布，除刚才本庭宣布的判决结果外，本判决的具体内容以送达的书面文本为准。请当事人或其诉讼代理人、代收人于×年×月×日×时到本院×地领取判决书。无正当理由不领取的，视为送达。

对于要求邮寄送达的，宣布本庭将根据当事人提供的地址邮寄送达，邮件回执注明的收到或退回之日即为送达之日。

第五十条　宣布闭庭

主持人宣布，现在宣布庭审结束，闭庭！然后敲击法槌。

第五十一条　审判人员退庭

书记员起立宣布，请全体起立！请审判长、审判员或代理审判员或人民陪审员退庭。

审判长按动法官通道按钮，开启法官通道。审判人员起立，审判长居中，稳步进入法官通道后关闭法官通道。

待审判人员退庭后，书记员宣布，散庭！请旁听人员退庭。

书记员宣布，现在宣读法庭笔录，请当事人和诉讼参与人核对后签名或者盖章确认，如认为对自己的陈述记录有遗漏或者差错的，有权申请补正。

不能当庭宣读核对的，交代5日内核对笔录的时间地点。

如书记员不同意当事人或者诉讼参与人的补正申请的，当事人或者诉讼参与人可予注明，并提交书面说明附卷。

对于当事人或其他诉讼参与人拒绝签名或者盖章的，书记员在法庭笔录上记明情况附卷。

书记员在法庭笔录上签名确认后，将法庭笔录提交审判人员审查后签名确认。

九、附则

第五十二条　审判人员、书记员在庭审中应当根据《中华人民共和国国家通用语言文字法》的规定，使用普通话。

合议庭成员及书记员在庭审中应当用语文明、法言法语、发音清晰、语速适中、声音洪亮、抑扬顿挫、高低起伏、优美生动、富于特色。

第五十三条　司法警察传递、展示证件、证据须以立正姿势双手递呈。

第五十四条　本规范由本院审判委员会负责解释。

第五十五条　本规范自公布之日起施行。

第六节　常见民事案件庭审重点内容

作为一名法官,在审理案件时必须明确自己所审理案件的性质、特点、庭审重点及所适用的法律,才能在开庭审理时正确引导当事人围绕争议焦点进行举证和辩论。如果法官不了解案件的性质、特点和庭审重点,庭审时就可能导致法庭调查没有头绪,杂乱无章,法官就不能驾驭庭审节奏,案件事实也难以查明,最终会影响案件的公正审理。同样,作为一名书记员,只有了解了所记录案件的性质、特点和庭审重点,才能在庭审过程中完整、准确地把庭审重点内容记录下来,为审判工作的顺利进行打下坚实的基础。如果书记员抓不住庭审重点,在记录时分不清主次,把主要精力放在记录与案件审理关系不大的细枝末节问题上,而忽视了审判员为了调查案件精心设计的重点问题,就会贻误审判时机,给法庭取证工作制造障碍,从而影响案件审理的进程。因此,书记员必须要了解和熟悉自己所记录案件的性质、特点和庭审重点。

各类案件的案由不同、性质不同,法庭审理的重点也不同。下面我们总结审判实践中几种常见民事案件的庭审重点内容。

一、借款合同纠纷案件

(一)案件性质简述

借款合同是借款人向贷款人借款,到期返还借款并支付利息的合同。借款合同采用书面形式,但自然人之间借款另有约定的除外。借款合同的内容包括借款种类、币种、用途、数额、利率、期限和还款方式等条款。

(二)借款合同纠纷案件的庭审重点内容

借款合同纠纷案件的庭审重点内容是:借款的事实是否存在、借款是否归还、尚欠金额及利息等内容。借贷纠纷案件是比较常见和比较简单的民事案件,案件事实不难查清,当事人往往并不否认借款的事实,双方只是对还款金额或尚欠金额以及利息计算标准有异议,因此,在审理这类案件时对这些问题应予以侧重。

1.借款事实是否存在

在审查借款事实是否存在时原告方负有举证责任,原告方要提供能证明借款关系的相关证据,如借款合同、借条或双方口头约定等证据。原告应尽量提供书面借据,无书面借据的,应提供必要的事实依据。原告不能提供相关证据或提供的证据不充分,其诉讼请求就不能得到法院的支持。

对原告提供的相关证据,被告要进行质证,作出认可或不认可的意思表示,并说明理由。

2.借款是否归还及尚欠金额

借款是否归还及尚欠金额属于被告的举证责任,在借款事实确实存在的前提下,被告有义务证明自己是否归还欠款及归还金额,如果被告不能证明自己曾经归还过欠款,就要承担全部责任。如果被告能证明自己归还了部分欠款,则只在尚欠金额范围内承担责任。

3.利息问题

自然人之间的借款合同对支付利息没有约定或者约定不明确的,视为不支付利息;约定支付利息的,借款的利率不得违反国家有关限制借款利率的规定。

借款的利息不得预先在本金中扣除。利息预先在本金中扣除的,应当按照实际借款数额返还借款并计算利息。

借款人提前偿还借款的,除当事人另有约定的以外,应当按照实际借款的期间计算利息。

借贷双方约定的利率未超过年利率24%,出借人请求借款人按照约定的利率支付利息的,人民法院应予支持;借贷双方约定的利率超过年利率36%,超出部分的利息约定无效。

二、离婚纠纷案件

(一)案件性质简述

离婚是夫妻双方依照法定条件和程序解除婚姻关系的法律行为。它是与婚姻的成立相对的,又称婚姻解除。离婚是一种法律行为,不是人们的任意行为。夫妻双方离婚,必须要遵守法律规定的条件和程序,否则就不发生离婚的法律效力。离婚的前提条件是合法有效的婚姻关系的存在,离婚的主体必须是具有夫妻身份的男女,夫妻双方感情确已破裂的即可离婚。

（二）离婚纠纷案件的庭审重点内容

离婚纠纷案件是常发案件，占法院民事案件总量的大部分。离婚案件不仅涉及当事人的人身关系，还涉及财产和子女抚育问题，因此，这类案件的审理重点是婚姻关系是否存在，夫妻感情是否确已破裂（主要看婚姻基础、婚后感情、离婚原因以及有无和好可能），夫妻共有财产的认定与分割，离婚时债务的认定与处理，子女归谁抚养及抚育费问题。

1. 双方婚姻关系是否存在

婚姻关系合法有效才是双方离婚的前提条件，因此在处理离婚纠纷案件时首先要审查婚姻关系是否合法有效，双方应向法院出示结婚证或其他有效的婚姻证明。婚姻关系事实一般不会出现争议，如果双方没有合法有效的婚姻关系，一方也不会到法院起诉离婚。

2. 夫妻感情是否确已破裂

人民法院审理离婚案件，准予或不准离婚应以夫妻感情是否确已破裂作为区分的界限。判断夫妻感情是否确已破裂，应当从婚姻基础、婚后感情、离婚原因、夫妻关系现状、有无和好可能等方面综合分析。根据审判实践经验，凡属下列情形之一的，视为夫妻感情确已破裂：

（1）一方患有法定禁止结婚疾病的，或一方有生理缺陷，或其他原因不能发生性行为，且难以治愈的。

（2）婚前缺乏了解，草率结婚，婚后未建立起夫妻感情，难以共同生活的。

（3）婚前隐瞒了精神病，婚后经治不愈，或者婚前知道对方患有精神病而与其结婚，或一方在夫妻共同生活期间患精神病，久治不愈的。

（4）一方欺骗对方，或者在结婚登记时弄虚作假，骗取《结婚证》的。

（5）双方办理结婚登记后，未同居生活，无和好可能的。

（6）包办、买卖婚姻，婚后一方随即提出离婚，或者虽共同生活多年，但确未建立起夫妻感情的。

（7）因感情不和分居已满2年，确无和好可能的，或者经人民法院判决不准离婚后又分居满1年，互不履行夫妻义务的。

（8）一方与他人通奸、非法同居，经教育仍无悔改表现，无过错一方起诉离婚，或者过错方起诉离婚，对方不同意离婚，经批评教育、处分，或在人民法院判决不准离婚后，过错方仍起诉离婚，确无和好可能的。

(9)一方重婚,对方提出离婚的。

(10)一方好逸恶劳、有赌博等恶习,不履行家庭义务,屡教不改,夫妻难以共同生活的。

(11)一方被依法判处长期徒刑,或其违法、犯罪行为严重伤害夫妻感情的。

(12)一方下落不明满2年,对方起诉离婚,经公告查找确无下落的。

(13)受对方的虐待、遗弃,或者受对方亲属虐待,或虐待对方亲属,经教育不改,另一方不谅解的。

(14)因其他原因导致夫妻感情确已破裂的。

凡符合上述情形之一的,视为夫妻感情确已破裂,一方坚决要求离婚的,经调解无效,可依法判决准予离婚。

3. 夫妻共同财产和共同债务的认定

在婚姻关系存续期间,每对夫妻或多或少都有财产,夫妻对其财产有约定的,只要约定合法有效,离婚时按双方约定处理;如果双方对财产没有约定,他们的财产就是夫妻共同财产,离婚后对夫妻共同财产必须进行分割。离婚时对夫妻共同财产的分割,原则上由双方自行协商;双方协商不成的,由人民法院根据财产的具体情况依法进行判决。

夫妻共同财产为婚姻关系存续期间所得的财产,包括:(1)工资、奖金;(2)生产、经营的收益;(3)知识产权的收益;(4)继承或赠与所得的财产,但遗嘱或赠与合同中确定只归夫或妻一方的财产除外;(5)一方以个人财产投资所得的收益;(6)男女双方实际取得或者应当取得的住房补贴、住房公积金;(7)男女双方实际取得或者应当取得的养老保险金、破产安置补偿费;(8)个人财产在婚后产生的收益,除孳息和自然增值外。

以下财产属于夫妻一方的财产,为个人特有财产:(1)一方所有的婚前财产;(2)因一方身体受到伤害获得的医疗费、残疾人生活补助费等费用;(3)遗嘱或赠与合同中确定只归夫或妻一方的财产;(4)一方专用的生活用品;(5)婚后由一方父母出资为子女购买的不动产,视为只对自己子女一方的赠与,该不动产应认定为夫妻一方的个人财产;(6)军人的伤亡保险金、伤残补助金、医药生活补助费。

4. 离婚纠纷中的子女抚养问题

人民法院审理离婚案件,对子女抚养问题,应当依照《中华人民共和国民法典》的相关规定,从有利于子女身心健康,保障子女的合法权益出发,结合父母双方的抚养能力和抚养条件等具体情况妥善解决。

根据上述原则,结合审判实践,离婚纠纷中子女抚养问题的具体办法为:

(1)两周岁以下的子女,一般随母方生活,母方有下列情形之一的,可随父方生活:患有久治不愈的传染性疾病或其他严重疾病,子女不宜与其共同生活的;有抚养条件不尽抚养义务,而父方要求子女随其生活的;因其他原因,子女确无法随母方生活的。父母双方协议两周岁以下子女随父方生活,并对子女健康成长无不利影响的,可予准许。

(2)对两周岁以上未成年的子女,父方和母方均要求随其生活,一方有下列情形之一的,可予优先考虑:已做绝育手术或因其他原因丧失生育能力的;子女随其生活时间较长,改变生活环境对子女健康成长明显不利的;无其他子女,而另一方有其他子女的;子女随其生活,对子女成长有利,而另一方患有久治不愈的传染性疾病或其他严重疾病,或者有其他不利于子女身心健康的情形,不宜与子女共同生活的。

(3)父母双方对十周岁以上的未成年子女随父或随母生活发生争执的,应考虑该子女的意见。

(4)子女抚育费的数额,可根据子女的实际需要、父母双方的负担能力和当地的实际生活水平确定。有固定收入的,抚育费一般可按其月总收入的百分之二十至百分之三十的比例给付。负担两个以上子女抚育费的,比例可适当提高,但一般不得超过月总收入的百分之五十。无固定收入的,抚育费的数额可依据当年总收入或同行业平均收入,参照上述比例确定。有特殊情况的,可适当提高或降低上述比例。对一方无经济收入或者下落不明的,可用其财物折抵子女抚育费。

抚育费的给付期限,一般至子女十八周岁为止。十六周岁以上不满十八周岁,以其劳动收入为主要生活来源,并能维持当地一般生活水平的,父母可停止给付抚育费。

三、继承纠纷案件

(一)案件性质简述

继承,是指自然人死亡后,由法律规定的一定范围内的人或遗嘱指定的人依法取得死者遗留的个人合法财产的制度。在继承法律关系中,死者为被继承人,被继承人死亡时遗留的合法财产为遗产,依法或依遗嘱接受遗产的人为继承人。继承分为法定继承和遗嘱继承。法定继承是指按照法律直接规定的继承人的范围、继承顺序、遗产分配原则等进行财产继承的继承制度；遗嘱继承是指公民生前依照法律规定的方式立下遗嘱，待自己死去后，遗嘱发生法律效力，遗产由遗嘱指定的继承人继承的法律制度。

继承纠纷案件包括：法定继承纠纷、遗嘱继承纠纷、继承权确认纠纷、被继承人债务清偿纠纷、遗赠纠纷和遗赠扶养协议纠纷。

（二）继承纠纷案件的庭审重点内容

审理继承纠纷案件首先要确定遗产的范围；然后审查有无遗嘱、遗赠或遗赠扶养协议、有无放弃继承权和丧失继承权的情况，根据审查的情况确定继承纠纷案件的处理原则；最后按照遗嘱指定处理遗产或按照法律规定处理遗产。

1. 遗产的范围

遗产必须是公民死亡时遗留的个人合法财产，包括：(1)公民的收入；(2)公民的房屋、储蓄和生活用品；(3)公民的林木、牲畜和家禽；(4)公民的文物、图书资料；(5)法律允许公民所有的生产资料；(6)公民的著作权、专利权中的财产权利；(7)公民的其他合法财产。

2. 确定继承纠纷案件的处理原则

继承案件的处理原则是被继承人有遗嘱、遗赠或遗赠扶养协议，按照被继承人的遗嘱、遗赠或遗赠扶养协议处理遗产；如果被继承人没有遗嘱、遗赠或遗赠扶养协议，则按照法定继承的范围和顺序处理遗产。因此，要确定继承纠纷案件的处理原则，首先要审查被继承人是否有遗嘱、遗赠或遗赠扶养协议。

遗赠，是指遗赠人用遗嘱的方式，把财产无偿赠送给国家、集体或法定继承人以外的人，并于立遗嘱人死亡后发生法律效力的一种民事法律行为。遗赠扶养协议是指遗赠人与扶养人签订的、由遗赠人将自己的合法财产的一部或全部于其死后转移给扶养人所有，由扶养人承担遗赠人生养死葬义务的协议。

继承人在继承开始后，遗产分割前，可以以明示的方式作出拒绝接受被继承人遗产的意思表示。放弃继承权的继承人对被继承人遗留的债务也不负清偿责任。在遗产处理前或诉讼进行中，继承人对放弃行为反悔的，由人民法院依其提出的理由决定是否予以承认，遗产处理后继承人对放弃继承反悔的，法院不予承认。

继承人有下列行为之一的，丧失继承权：(1)故意杀害被继承人的；

(2)为争夺遗产而杀害其他继承人的;(3)遗弃被继承人的,或者虐待被继承人情节严重的;(4)伪造、篡改或者销毁遗嘱,情节严重的。

3. 按照遗嘱指定分配财产

按遗嘱指定分配财产的前提是审查遗嘱、遗赠和遗赠扶养协议的真实性和有效性,在此基础上才能按照被继承人的意思表示处理遗产。合法的遗嘱需要具备两个条件:一是遗嘱是被继承人的真实意思表示;二是遗嘱的内容不违反法律法规的强制性规定。

(1)确认遗嘱的真实性。遗嘱有公证遗嘱、自书遗嘱、代书遗嘱、录音遗嘱和口头遗嘱五种方式。

公证遗嘱由遗嘱人经公证机关办理。公证遗嘱的真实性比较容易确认,只要是公证机关公证过的遗嘱就可以认定为被继承人的真实意思。自书遗嘱由遗嘱人亲笔书写、签名并注明年、月、日。对自书遗嘱的真实性有异议的,可以申请笔迹鉴定。代书遗嘱应当有两个以上见证人在场见证,由其中一人代书,注明年、月、日,并由代书人、其他见证人和遗嘱人签名。以录音形式所立的遗嘱,应当有两个以上见证人在场见证,对录音遗嘱的真实性有异议的,也可以申请录音鉴定。遗嘱人在危急情况下,可以立口头遗嘱,口头遗嘱应当有两个以上见证人在场见证。危急情况解除后,遗嘱人能够用书面或者录音形式立遗嘱的,所立的口头遗嘱无效。

代书遗嘱、录音遗嘱和口头遗嘱都需要见证人在场,法律对见证人的资格也有要求,无行为能力人、限制行为能力人、继承人、受遗赠人以及与继承人、受遗赠人有利害关系的人,均不能作为遗嘱见证人。

被继承人立有数份遗嘱,内容相抵触的,其中有公证遗嘱的,以最后所立公证遗嘱为准;没有公证遗嘱的,以最后所立的遗嘱为准。自书、代书、录音、口头遗嘱,不得撤销、变更公证遗嘱。

(2)遗嘱内容不能违反法律法规的强制性规定。法律规定遗嘱应当对缺乏劳动能力又没有生活来源的继承人保留必要的遗产份额。

被继承人在遗嘱中处分了属于国家、集体或他人所有的财产,遗嘱的这部分内容应认定无效。

遗产分割时,应当保留胎儿的继承份额,胎儿出生时是死体的,保留的份额按照法定继承办理。

(3)受遗赠人的接受和放弃。受遗赠人应当在知道受遗赠后两个月内,作出接受或者放弃受遗赠的表示。到期没有表示的,视为放弃受遗赠。

4. 按照法定继承的顺序分配财产

被继承人未立遗嘱、遗赠、遗赠抚养协议,或者遗产中的有关部分有下列情形之一的,按照法定继承处理:(1)遗嘱继承人放弃继承或者受遗赠人放弃受遗赠的;(2)遗嘱继承人丧失继承权的;(3)遗嘱继承人、受遗赠人先于遗嘱人死亡的;(4)遗嘱无效部分所涉及的遗产;(5)遗嘱未处分的遗产。

法定继承中同一顺序继承人的继承份额应当均等,法定继承的继承顺序为:第一顺序是配偶、子女和父母,第二顺序是兄弟姐妹、祖父母、外祖父母。继承开始后,由第一顺序继承人继承,第二顺序继承人不继承。没有第一顺序继承人继承的,由第二顺序继承人继承。其中子女包括婚生子女、非婚生子女、养子女和有扶养关系的继子女;父母包括生父母、养父母和有扶养关系的继父母;兄弟姐妹包括同父母的兄弟姐妹、同父异母或者同母异父的兄弟姐妹、养兄弟姐妹、有扶养关系的继兄弟姐妹。

被继承人的子女先于被继承人死亡的,由被继承人的子女的晚辈直系血亲代位继承。代位继承人一般只能继承他的父亲或者母亲有权继承的遗产份额。

法定继承的遗产分配还有以下原则:(1)丧偶儿媳对公、婆,丧偶女婿对岳父、岳母,尽了主要赡养义务的,作为第一顺序继承人;(2)对生活有特殊困难的缺乏劳动能力的继承人,分配遗产时应当予以照顾;(3)对被继承人尽了主要扶养义务或者与被继承人共同生活的继承人可以多分;(4)有扶养能力和有扶养条件的继承人,不尽扶养义务的,应当不分或者少分;(5)继承人以外的依靠被继承人扶养的缺乏劳动能力又没有生活来源的人,或继承人以外的对被继承人扶养较多的人,可以分给他们适当的遗产。

另外,继承遗产还应当清偿被继承人依法应当缴纳的税款和债务,缴纳税款和清偿债务以遗产实际价值为限,超过遗产实际价值部分,继承人自愿偿还的不在此限。继承人放弃继承的,对被继承人依法应当缴纳的税款和债务可以不负偿还责任。

四、人身损害赔偿纠纷案件

(一)案件性质简述

人身损害实际是指损害人的生命健康权。任何人都享有生命健康权,非依法定程序和法定理由不得剥夺他人的生命和损害他人身体健康,生命健康权受《宪法》、《刑法》、《民法》和《行政法》等法律法规的保护。《中华人民共和国民法典》规定的生命健康权是指依法采取各种可能的措施,保护自己的身体健康,并防止、制止他人损害自己身体健康,以及保护自己的物质机体的存活,并不受他人非法侵害的权利。

人身损害赔偿纠纷是指因侵害他人生命健康权而引起的损害赔偿纠纷,一般是指侵权人过失或者故意(但尚不构成刑事犯罪的情况下)损害他人身体而引起的纠纷,否则就可能构成杀人或伤害等刑事犯罪行为。

(二)人身损害赔偿纠纷案件的庭审重点内容

人身损害赔偿纠纷属于侵权纠纷,案件审理的重点是:人身损害的事实是否存在、损害事实与侵权行为之间是否有因果关系、侵害人承担法律责任的归责原则、赔偿范围和赔偿标准等内容。

1. 损害事实的调查和认定

损害事实是指一定的行为致使权利主体的人身权、财产权以及其他利益受到侵害,并造成财产利益和非财产利益减少或丧失的客观事实。损害事实包括两类:一是对人身权利的损害事实;二是对财产权利的损害事实。其中对财产权利的损害包括对公共财产的损害和对私人财产的损害。人身损害赔偿纠纷案件首先要确认当事人的人身权利或财产权利是否受到了侵害,无论损害后果能否以货币来衡量,只要对他人人身或财产权益造成了受损的事实,均构成损害事实。

对财产的损害包括直接损害与间接损害。直接损害也称积极的财产损失,指受害人现有实际财产的减少,如财产被损毁、物品被侵占等;间接损害也称消极的财产损失,指受害人可得利益的减少,如租金收入的减少。对人身的损害包括对生命、健康、名誉、荣誉等的损害,对人身的损害往往也会产生一定的财产损失,如因身体健康受到侵害而付出的医疗费、误工费等。

在审判实践中,经常遇到一个侵权行为可导致几个损害事实的发生,称为多重损害事实。单一的损害事实只产生一个损害赔偿请求权,多重损害事实中有几个损害事实就产生几个损害赔偿请求权。

2. 损害事实与侵权行为之间是否有因果关系

因果关系是各种自然现象和社会现象之间的一种内在的必然联系。现实世界中任何现象的出现总是由另一现象引起的,引起现象出现的称作原因,被引起的现象称作结果,二者之间存在的联系就是因果关系。侵权行为中的因果关系是指违法行为与损害结果之间的客观联系,即特定的损害事实是否是行为人的行为必然引起的结果。在人身损害赔偿纠纷案件中,当事人所主张的损害事实与侵权人的侵权行为之间一定要存在因果关系,即被侵害人的侵害后果确实是由侵权人的侵权行为造成的，只有这两者之间存在因果关系，侵权人才应承担相应的法律责任。因果关系是侵权行为中比较重要的问题，更是审判实践中比较难掌握的问题之一，因果关系有以下几种：

（1）直接因果关系。直接因果关系即产生损害事实的主要原因，指损害事实与侵权行为之间有必然的联系，侵权行为直接导致了损害后果的发生。如果侵权行为与损害事实之间属直接因果关系，侵权人就要承担全部责任或主要责任。

（2）间接因果关系。间接因果关系即产生损害事实的次要原因，指损害后果与侵权行为之间没有必然的直接的关系，损害行为只是损害事实发生的偶然性条件，不必然产生损害后果。如果侵权行为与损害事实之间只存在间接因果关系，就需要根据侵权人在损害结果中所产生的作用来划分其应承担责任的范围，侵权人不承担全部责任和主要责任。

（3）推定因果关系，指在受害人没有办法完全证明因果关系要件时，为保护弱者和受害人的合法权益，只要受害人的举证达到一定的程度，就可以推定侵权行为与损害结果之间存在因果关系。适用推定因果关系原则时一定要有相关的法律规定，而且如果致害人能够证明自己的行为与损害事实之间没有因果关系，就可以推翻这种推定的因果关系。这类案件主要为特殊侵权纠纷，如环境污染损害赔偿纠纷，饲养动物致人损害赔偿纠纷，地面施工损害赔偿纠纷，建筑物、搁置物、悬挂物塌落损害赔偿纠纷等。

3. 侵害人承担法律责任的归责原则

归责原则是指侵权人的行为致人损害时，按照法律规定确定侵权行为人损害赔偿责任的一般标准和原则。归责原则是法官处理侵权纠纷的基本准则，在审判实践中，法官必须准确掌握侵权行为的归责原则，否则就无法确定各类损害赔偿纠纷案件的性质、无法厘清各类损害赔偿纠纷案件的责任，从而也就无法正确适用法律。归责原则与赔偿原则不同，归责原则是确定侵权行为人是否应负赔偿责任的原则，解决的是侵权责任由谁承担的问题；赔偿原则解决的是具体的怎样赔、赔多少的问题。归责原则制约、决定赔偿原则。侵权行为的归责原则包括过错责任原则、无过错责任原则、过错推定原则。

（1）过错责任原则。过错是行为人对自己的行为及其后果所具有的故意或过失的主观心理状态。过错责任原则是指当事人的主观过错构成侵权行为的必要要件的归责原则,行为人的主观过错是其承担侵权责任的基本要件。公民、法人由于过错侵害国家的、集体的财产以及侵害他人财产、人身的,应当承担民事责任。

过错责任原则的意义表现在只要行为人尽到了应有的合理谨慎的注意义务,即使发生了损害后果,也不能要求行为人承担责任,其目的在于引导人们行为的合理性。过错责任原则适用于一般侵权行为,要求谁主张谁举证,受害人有义务举出证据证明侵害人主观上有过错,侵害人的过错程度影响其承担赔偿责任的范围,如果受害人对于损害的发生也有过错,可以减轻侵害人的民事责任。

(2)过错推定责任原则。过错推定责任原则是指一旦发生损害事实就推定行为人主观上有过错,除非行为人能够证明自己确实没有过错,否则就应承担民事责任的归责原则。过错推定责任原则仍以过错作为承担责任的基础,但对过错问题的认定实行举证责任倒置原则,受害人只需证明侵害人实施了加害行为,造成了损害后果,且加害行为与损害后果之间存在因果关系,而无须对侵害人的主观过错情况进行证明,就可推定侵害人主观上有过错并应承担相应责任。过错推定责任原则不能任意适用,只有在法律有明确规定的情况下才可适用。

适用过错推定原则确定侵权责任需要四个构成要件:损害事实、侵害行为、因果关系和主观过错。但在审理案件时,原告只需对损害事实、侵害行为和因果关系举证,而主观过错适用举证责任倒置原则,如果侵害人不能证明自己没有过错,法官就可以推定侵害人存在过错,依据推定就可以判令侵害人承担民事责任。

(3)无过错责任原则。无过错责任原则是指当事人实施了加害行为,虽然其主观上并无过错,但根据法律规定仍应承担责任的归责原则。随着社会经济的发展和危险事项的增多,侵害人没有过错致人损害的情况时有发生,而要证明侵害人的过错也越来越困难。为了实现社会公平和正义,有效保护受害人的利益,无过错责任原则开始作为独立的归责原则在我国法律中得到运用。无过错责任原则的适用范围限于产品不合格致人损害的行为、高度危险作业致人损害行为、环境污染损害行为、饲养的动物致人损害行为。

适用无过错责任原则,责任构成只需三个要件,即损害事实、侵害行为和因果关系。除非致害人能证明损害是由于受害人的故意或过失所引起的,才能免除赔偿责任,否则就要承担民事责任。无过错责任原则的适用必须有法律的明确规定,法官或当事人不能随意扩大使用;另外无过错责任原则的适用也是相对的、有条件的,在出现某些法定免责事由时,有关当事人也可全部或部分免除民事责任。

4. 赔偿范围和赔偿标准

人身损害赔偿的范围以侵权行为造成的实际损失为限,既包括直接损失,也包括间接损失,包括医疗费、误工费、住院伙食补助费、护理费、残疾者生活补助费、残疾用具费、丧葬费、死亡补偿费、被抚养人生活费、交通费、住宿费和财产直接损失。审判实践中对直接损失的认定比较容易,而对间接损失则不易认定。间接损失包括当事人已经预见或者能够预见的可得利益,并且必须是可以期待、必然得到的。在财产损害中,直接损失包括财产的减少,间接损失包括可得利益的丧失;在人身损害中,直接损失包括医治伤害所支出的医疗费、医药费等费用,间接损失包括因误工减少的收入等;在精神损害中,为恢复权利而支出的费用是直接损失,因精神损害而减少的利益是间接损失,精神损害的赔偿范围要么根据法律明确规定,要么考虑案件具体情况用酌量方法一并予以计算。

五、相邻关系纠纷案件

(一)案件性质简述

相邻关系即不动产相邻关系,是指相互毗邻的不动产所有人或使用人在行使所有权或使用权时,因相互间给予便利或接受限制所发生的权利义务关系。相邻关系的实质是不动产权利内容的扩张和限制,法律规定相邻关系的目的是调和不动产相邻各方对不动产的合理利用。相邻关系纠纷案件包括:相邻用水、排水纠纷,相邻采光、通风纠纷,相邻土地使用关系纠纷,相邻损害防免关系纠纷。

(二)相邻关系纠纷案件的庭审重点内容

不动产的相邻各方,应当按照有利生产、方便生活、团结互助、公平合理的精神,正确处理截水、排水、通行、通风、采光等方面的相邻关系。给相邻方造成妨碍或者损失的,应当停止侵害,排除妨碍,赔偿损失。

下面我们就分别谈一下相邻用水、排水纠纷,相邻采光、通风纠纷,相邻土地使用关系纠纷,相邻损害防免关系纠纷案件的庭审重点内容。

1. 相邻用水、排水纠纷案件

在相邻用水关系中,无论是地上水还是地下水,水源所有人或使用人均有权合理使用水源,任何一方不得垄断对水的利用。合理使用水资源在审判实践中主要是指不能对水源进行随意截流和污染,妨害相邻关系人对水源的正常使用,对自然流水的排放,应当尊重自然流向。

相邻排水关系包括自然排水关系和人工排水关系。自然排水时,高地所有人或使用人有权向低地排水,低地所有人或使用人对高地的排水有承受的义务。人工排水时,高地所有人或使用人享有“过水权”,即低地所有人或使用人应允许高地所有人或使用人使水流通过低地,但高地所有人或使用人不得使水流滞于低地。因此,虽然高地所有人或使用人享有向低地排水的权利,但也不能妨碍低地所有人或使用人的合法权益,高地排水滞于低地时,应及时排除妨碍。

2. 相邻采光、通风关系纠纷案件

相邻各方在修建建筑物时,应当与相邻他方的建筑物保持适当的距离,不得妨碍相邻人的采光和通风。

采光权产生纠纷的原因主要有:(1)有关行政部门规划不合理、审批不严。政府有关部门在规划、审批时没有综合考虑建设项目周围的环境、相邻建筑物的距离、建筑物的层数等问题,片面的行政许可,导致新建项目影响周围原有建筑物的采光权。(2)开发商违规施工。有些开发商为谋取私利,超规划、超范围、超高度、超层数、超面积施工,直接影响了原有建筑物的采光。(3)业主的违规搭建。有些业主违反市容管理规定,擅自搭建阳台、违规加高、乱搭乱建,影响了邻居的采光权。(4)室内室外设计不合理。有些建筑设计研究机构在进行室内室外设计时,只求美观大方、布局合理,致使有些管道、装饰钢梁位于门窗附近,影响了视觉效果,也可能构成对采光权的侵权。

审判实践中,采光权纠纷是否构成侵权标准,一般要由具有鉴定能力的机构和具有相关专业知识的人,根据专业知识、运用专业方法测算光照时间。法院根据鉴定结果,比照相关规定才能确定是否构成侵权。

3. 相邻土地使用关系纠纷案件

土地所有人或使用人为行使权利的方便,在法律法规规定的范围内,有权使用相邻人的土地。相邻土地使用关系纠纷案件包括:(1)相邻土地通行关系,即相邻土地之间,相邻一方有在他方的土地上通行的必要时,他方应予准许，造成相邻人损失的，通行方应予适当的补偿；（2）相邻土地管线设置关系，指土地所有人或使用人非通过他人的土地不能安设电线、电缆、水管、煤气等管线，或虽能安设而费用过大时，有权通过他人土地安设管线，邻地所有人或使用人应当允许安设；（3）相邻土地的建筑物营缮关系，指土地所有人或使用人在其疆界或近旁营造修缮建筑物时，如有使用邻地的必要，邻地所有人或使用人应当准许使用。

不动产权利人因用水、排水、通行、铺设管线等利用不动产的，应尽量避免对相邻的不动产权利人造成损害，造成损害的，应当给予赔偿。

4. 相邻损害防免关系纠纷案件

相邻损害防免关系是指不动产所有人或使用人在行使不动产权利时，应当注意防止、避免给相邻人造成损害。相邻损害防免关系包括：相邻环保关系、建筑物倒塌的防免关系、地基动摇的防免关系、业务活动危险的防免关系等。

不动产权利人不得违反国家规定弃置固体废物，排放大气污染物、水污染物、噪声、光、电磁波辐射等有害物质。

六、劳动争议纠纷案件

（一）案件性质简述

劳动争议纠纷案件又称劳动纠纷，是指用人单位与劳动者在执行劳动法规、履行劳动合同中所产生的争议或纠纷。劳动争议纠纷案件主要包括劳动合同纠纷、事实劳动关系争议和劳动保险纠纷。劳动合同是指劳动者与用人单位确立劳动关系、明确双方权利和义务的协议，建立劳动关系应当签订劳动合同；事实劳动关系是指劳动者与用人单位没有依照劳动法签订劳动合同但形成了劳动关系的事实，即劳动者在用人单位劳动，单位给予相应报酬；劳动保险，又称社会保险，是社会成员在年老、患病、工伤、失业、生育等情况下获得国家物质帮助和补偿的各种措施的总称。社会保险是与商业保险完全不同的一种保险。劳动争议纠纷包括：劳动合同纠纷、集体劳动合同纠纷、事实劳动关系争议、劳动保险纠纷。

（二）劳动争议纠纷案件的庭审重点内容

劳动争议发生后，当事人可以向本单位劳动争议调解委员会申请调解；调解不成，当事人一方要求仲裁的，可以向劳动争议仲裁委员会申请仲裁。当事人一方也可以直接向劳动争议仲裁委员会申请仲裁。对仲裁裁决不服的,可以向人民法院提起诉讼。因此,劳动争议纠纷案件必须要经过仲裁程序,即仲裁前置,对仲裁裁决不服才可以向人民法院提起诉讼。但是对于劳动合同的无效,可以由人民法院或者劳动争议仲裁委员会确认,也就是说对于确认劳动合同无效的案件,人民法院可以直接受理,而不必非要经过仲裁程序。人民法院审理劳动争议纠纷案件的重点包括:是否经过劳动仲裁,是否有劳动合同,劳动关系是否存在,是否有用人单位作出的开除、除名、辞退、解除劳动合同、减少劳动报酬的决定,劳动者工作年限的计算,工伤是否经过有关部门的鉴定等内容。

1. 双方的劳动纠纷是否经过了仲裁程序

这是审理劳动争议纠纷案件的前提,当事人一方可以经本单位劳动争议调解委员会调解不成后向劳动争议仲裁委员会申请仲裁,也可以直接向劳动争议仲裁委员会申请仲裁。收到仲裁裁决后对仲裁裁决不服的,可以自收到仲裁裁决书之日起15日内向人民法院提起诉讼。一方当事人在法定期限内不起诉又不履行仲裁裁决的,另一方当事人可以申请人民法院强制执行。

对于没有经过劳动争议仲裁委员会裁决的案件,人民法院不予立案受理,可以告知当事人先到劳动争议仲裁委员会进行仲裁;对于收到仲裁裁决书后超过15日向法院提起诉讼的,也不应当立案。当事人收到仲裁裁决书后没有在法定期限内起诉的,仲裁裁决即已生效,应当按照仲裁裁决的内容履行各自的权利和义务,对于不履行仲裁裁决的当事人,另一方当事人可以申请人民法院强制执行。

2. 劳动合同和劳动关系是否存在

对于有劳动合同的,首先应审查双方签订的劳动合同,对劳动合同的真实性和内容予以确认,然后根据劳动合同的内容来确定双方的权利义务。劳动合同可以约定试用期,但试用期最长不能超过6个月。劳动合同当事人也可以在劳动合同中约定保守用人单位商业秘密的有关事项。

对于没有签订劳动合同的,要着重审查双方是否存在事实劳动关系,主要是要劳动者举证证明自己有在用人单位劳动的事实,只要劳动者能够证明在用人单位劳动的事实,用人单位就应按照同工同酬、按劳分配的原则给予劳动者相应报酬。

3. 劳动纠纷产生的原因和经过

这部分主要审查用人单位对劳动者做出的开除、除名、辞退、解除劳动合同或减少劳动报酬的决定以及时间和理由,对劳动者工作年限的计算是否准确,劳动者的工伤是否经过了有关部门的鉴定等内容。

在审查用人单位的解除劳动合同的事实时应注意,劳动者存在下列情形之一的,用人单位可以解除劳动合同:(1)在试用期间被证明不符合录用条件的;(2)严重违反用人单位规章制度的;(3)严重失职,营私舞弊,给用人单位利益造成重大损害的;(4)被依法追究刑事责任的;(5)劳动者同时与其他用人单位建立劳动关系,对完成本单位的工作任务造成严重影响,或经用人单位提出,拒不改正的;(6)劳动合同无效的。

劳动者患职业病或者因工负伤并被确认丧失或部分丧失劳动能力的,劳动者患病或负伤在规定的医疗期内的,女职工在孕期、产期、哺乳期内的,用人单位不能任意与劳动者解除劳动合同。

七、买卖合同纠纷案件

(一)案件性质简述

买卖合同是指出卖人转移标的物的所有权于买受人,买受人支付价款的合同。买卖合同的当事人是出卖人和买受人,其中转移买卖标的物的一方为出卖人(卖方),受领买卖标的物并支付价款的一方是买受人(买方)。买卖合同纠纷是比较常见的一种合同纠纷,也是人民法院审理的数量最多的一种合同纠纷案件。买卖合同纠纷包括:分期付款买卖合同纠纷、凭样品买卖合同纠纷、试用买卖合同纠纷、招标投标买卖纠纷、拍卖纠纷和互易纠纷。

(二)买卖合同纠纷案件的庭审重点内容

买卖合同一般包括以下条款:当事人的名称、姓名和住所,标的,数量,质量,价款或者报酬,履行期限、地点和方式,违约责任和解决争议的方法。人民法院在审理买卖合同纠纷案件时,首先要确认双方的买卖关系是否存在,其次要审查双方对标的物的质量、价款及履行地点、方式和期限等主要内容的约定是否明确,再次审查买卖双方是否存在违约行为,最后是根据违约行为确定违约责任。

1. 买卖关系是否存在

买卖合同有书面形式和口头形式,书面形式是指合同书、信件和数据电文(包括电报、电传、传真、电子数据交换和电子邮件)等可以有形地变现所载内容的形式。对于书面形式的买卖合同,要审查其真实性和有效性,根据其真实性和有效性才能确定双方买卖关系的自愿性和合法性。审查合同的真实性要调查合同是否是当事人的真实意思表示,合同上的签字和盖章是否是真实的。审查合同的有效性要查清双方签订的合同是否存在以下情况:(1)一方以欺诈、胁迫的手段订立合同,损害国家利益;(2)以合法形式掩盖非法目的;(3)损害社会公共利益;(4)违反法律、行政法规的强制性规定。凡存在以上情形之一的合同就是无效合同。

如果双方没有签订书面买卖合同,要调查双方是否有口头买卖协议,或者双方之间是否存在事实上的买卖关系。如果卖方有实际提供货物的行为,买方有实际收受货物的行为,就可以认定双方存在事实上的买卖关系。

2. 合同内容是否明确具体

在合同合法有效的前提下,合同内容是双方当事人的真实意思表示,应受法律保护,法院应按照合同的具体内容来确定双方当事人的权利和义务。但如果当事人对质量、价款或者报酬、履行地点等合同主要内容约定不明确,就无法确定双方当事人的权利和义务,导致案件无法审理。为解决当事人合同内容约定不明确的问题,法律规定了在双方约定不明的情况下,可以按照合同有关条款或者交易习惯确定;按照合同有关条款或交易习惯仍不能确定的,按照以下原则处理:(1)质量要求不明确的,按照国家标准、行业标准履行;没有国家标准、行业标准的,按照通常标准或者符合合同目的的特定标准履行。(2)价款或者报酬不明确的,按照订立合同时履行地的市场价格履行;依法应当执行政府定价或者政府指导价的,按照规定履行。(3)履行地点不明确,给付货币的,在接受货币一方所在地履行;交付不动产的,在不动产所在地履行;其他标的,在履行义务一方所在地履行。(4)履行期限不明确的,债务人可以随时履行,债权人也可以随时要求履行,但应当给对方必要的准备时间。(5)履行方式不明确的,按照有利于实现合同目的的方式履行。(6)履行费用的负担不明确的,由履行义务一方负担。

3. 双方是否存在违约行为

违约行为是买卖合同纠纷案件调查的主要内容，也是当事人产生纠纷的主要原因，当事人之间往往是因为对方不履行合同义务或者履行合同义务不符合约定才会发生纠纷，如未按约定支付价款或报酬、提供的货物质量不符合约定、没有按期履行合同义务等。

当事人应当按照约定全面履行自己的义务，遵循诚实信用的原则，根据合同的性质、目的和交易习惯履行通知、协助、保密等义务。下列行为均属于违约行为：(1)当事人不能履行，即债务人已经没有实际履行能力，如在提供劳务的合同中，负有提供劳务义务的人丧失了劳动能力，给付特定物的买卖合同中，该特定物灭失；(2)当事人拒绝履行，指合同履行期到来时，当事人能够履行而故意不履行合同约定的义务；(3)当事人迟延履行，指合同义务已经到期，合同当事人超过约定期限迟延履行合同义务，致使另一方当事人的权利受到损害，包括债务人迟延给付及债权人迟延受领；(4)当事人履行不当，指当事人虽然履行了合同义务，但其履行不符合合同约定，包括瑕疵给付（履行有瑕疵，如给付数量不符合约定、给付质量不符合约定、给付时间和地点不当等）和加害给付（因不适当履行造成对方履行利益之外的其他损失，如出售不合格产品导致买受人的损害）。

4. 根据违约行为确定违约责任

违约责任指合同当事人一方不履行合同义务或履行合同义务不符合合同约定的，应当对另一方当事人承担的相应的民事责任。违约方承担民事责任的方式包括：继续履行、采取补救措施、赔偿损失、给付违约金、定金责任。

(1)继续履行也称强制实际履行，是指违约方根据对方当事人的请求继续履行合同规定的义务的违约责任形式，继续履行以守约方的请求为条件，法院不能径行判决。对于金钱债务应无条件适用继续履行的责任形式；对于非金钱债务，有条件地适用继续履行责任，原则上可以请求继续履行，但下列情形除外：法律上或者事实上不能履行，债务标的不适用强制履行或者强制履行费用过高，债权人在合理期限内未请求履行（如季节性物品的供应）。

(2)采取补救措施是指为了补救因合同的不适当履行给对方造成的影响，消除履行缺陷所采取的具体措施。《中华人民共和国民法典》中规定的补救措施有修理、更换、重作、退货、减少价款或者报酬等，《消费者权益保护法》中规定的补救措施有修理、重作、更换、退货、补足商品数量、退还货款和服务费用,《产品质量法》中规定的补救措施有修理、更换、退货。采取补救措施应以标的物的性质和损失大小为依据,确定与之相适应的补救方式,受害方对补救措施享有选择权,但选定的方式应当合理。

(3)赔偿损失也称违约损害赔偿,指违约方以支付金钱的方式弥补受害方因违约行为所减少的财产或者所丧失的利益的责任形式。赔偿损失是最重要的违约责任形式,具有根本救济功能,其他责任形式都可以转化为损害赔偿。赔偿损失主要指金钱赔偿,但在特殊情况下,也可以以其他物代替金钱作为赔偿。赔偿损失的方式有两种:①法定损害赔偿,指违约方对于守约方因违约所遭受的全部损失承担的赔偿责任,赔偿范围包括现有财产损失和可得利益损失,损失的主要表现形式为标的物灭失、为准备履行合同而支出的费用、停工损失、为减少违约损失而支出的费用、合同适当履行后可以实现和取得的财产利益等。但应注意的是,一方违约后,另一方应当及时采取合理措施防止损失的扩大,否则不能就扩大的损失要求赔偿。②约定损害赔偿,指当事人在订立合同时,预先约定一方违约时应当向对方支付一定数额的赔偿金或者约定损害赔偿额的计算方法,约定损害赔偿以主合同的有效成立为前提,以损失的实际发生为条件。

(4)违约金责任指当事人一方违反合同约定应向对方支付金钱或财物的责任承担方式。当事人在订立合同时可以约定违约金的具体数额,也可以约定违约金的计算方法。这种约定的违约金是对损害赔偿额的预先约定,可能会高于实际损失,也可能会低于实际损失,过高或者过低都会产生不公平结果,因此,我国法律规定法官对违约金具有变更权,但这种变更权的行使要具备以下条件:①经当事人请求;②以约定违约金过分高于实际损失或低于实际损失为条件;③由法院或仲裁机构裁量;④予以适当减少或予以增加。

(5)定金责任指为了确保合同的履行,双方当事人约定由一方按合同标的额的比例预先给付对方一定数额的金钱或其他替代物,在一方违约时,以该定金作为违约责任基础的责任承担形式。当事人可以约定一方向对方给付定金作为债权的担保,债务人履行债务后,定金应当抵作价款或者收回。给付定金的一方不履行约定的债务的,无权要求返还定金;收受定金的一方不履行约定的债务的,应当双倍返还定金。如果当事人在合同中既约定了违约金,又约定了定金,应该选择适用违约金或者定金条款,违约金条款和定金条款不能同时适用。

第七节　民事诉讼常用法律术语

【工作情境七】

王兰在记录开庭笔录时按照李义的要求庭前阅卷了解了该案中双方当事人争议的焦点问题以及庭审重点内容,开庭前填写了开庭笔录文头,在开庭时完整记录了庭审四个阶段的主要内容。

但是王兰在记录时发现自己不知道有些法律专用术语怎么写,只能先把拼音记在草纸上,开完庭后再问审判员。

【工作分析】

王兰怎样才能克服这个问题,把庭审笔录记得更好?

【岗位技能】

十四、提高庭审记录质量

一、民事诉讼基本原则的法律术语

(一)平等原则

平等原则又称当事人诉讼权利平等原则,指在民事诉讼活动中,当事人享有平等的诉讼权利,人民法院审理民事案件时,应当保障和便利当事人行使诉讼权利,并对当事人在适用法律上一律平等。我国《宪法》明确规定,中华人民共和国公民在法律面前一律平等,民事诉讼中的平等原则就是宪法精神在《民事诉讼法》中的具体表现。

(二)辩论原则

辩论原则是指在民事诉讼活动中,当事人在法院的主持下,有权就案件事实和争议的问题,各自陈述自己的主张和依据,互相进行反驳和答辩,以维护自己合法权益的原则。进行辩论是当事人的诉讼权利,辩论既可以是口头形式,也可以是书面形式,辩论权的行使贯穿诉讼的整个过程而不仅限于法庭辩论阶段,辩论的内容包括程序方面的问题和实体方面的问题。只有经过辩论核实的事实才能作为裁判的依据。

(三)处分原则

处分原则是指民事诉讼的当事人有权在法律规定的范围内,处分自己的民事权利和诉讼权利。民事诉讼当事人的处分权并不是绝对的,当事人的处分权不得损害国家利益、集体利益以及社会公共利益和公民个人的利益,否则,人民法院将代表国家进行干预,通过司法审判确认当事人的不当处分行为为无效行为。

(四)诚实信用原则

诚实信用原则也称诚信原则,指人民法院、当事人和其他诉讼参与人在审理民事案件和进行民事诉讼活动时应当公正、诚实、正直、善意。

(五)公平原则

公平原则是指在民事诉讼活动中,以利益均衡作为价值判断标准,在民事主体之间发生利益关系冲突时,以权利和义务是否对等来平衡双方的利益。公平原则既是法律适用的原则,在民法规范缺失时依据该原则来调整当事人之间的权利义务;又是一项司法原则,法官在诉讼中和判决时都要做到公平合理,当法律规范不明确时,应当依据公平原则合理分配诉讼义务并作出正确判决。

二、民事诉讼基本制度的法律术语

(一)合议制度

合议制度是指由人民法院的审判人员组成合议庭或者由审判人员与人民陪审员共同组成合议庭,对民事案件进行审理的制度。合议庭由3名以上的人员组成,合议庭的组成人数必须是单数。合议庭的审判工作由审判长主持,合议庭评议案件实行少数服从多数的原则。

(二)回避制度

回避制度是指为了保证案件的公正审判,与案件有一定利害关系的审判人员和其他可能影响案件公正审理的人员,不得参与本案的审理活动或诉讼活动的审判制度。

(三)公开审判制度

公开审判制度是指人民法院审理民事案件时,除法律规定的情况外,审判过程和审判结果均应当向社会和群众公开的审判制度。

(四)两审终审制度

两审终审制度是指一个民事案件经过一审法院和二审法院两级人民法院审判后,就宣告诉讼终结的制度。按照两审终审制度,不服一审法院的判决和依法可以上诉的裁定的,可以上诉至二审法院,上诉期间一审法院的判决、裁定不发生法律效力;二审法院对该案作出的判决、裁定为终审判决、裁定,也是生效的判决、裁定。但是最高人民法院所作的一审判决、裁定,为终审判决、裁定,当事人不得上诉。

三、民事诉讼中关于诉的法律术语

(一)诉

民事诉讼中的“诉”,是指原告就特定民事争议向法院提出的保护自己民事权益的请求。

(二)诉讼标的

诉讼标的是诉的客体,是法院裁判的对象,指当事人之间发生争议并要求法院作出裁判的民事权利义务关系。

(三)确认之诉

确认之诉是指原告请求法院确认其与被告之间是否存在某种民事法律关系的诉。确认之诉的客体是法律关系,不包括事实和事实关系,确认之诉的特点在于原告仅要求法院通过审判确认特定的法律关系存在或者不存在。

(四)给付之诉

给付之诉是指原告请求法院判令被告向其履行特定给付义务的诉讼。在给付之诉中,原告要求被告履行的给付义务既包括一定数额的货币或财产,也包括为或不为某种特定的行为。

(五)变更之诉

变更之诉是指原告请求法院以判决形式改变或消灭既存的某种民事法律关系的诉。在变更之诉中,原告可以要求法院变更其与被告之间的法律关系,如离婚诉讼,也可以按照法律规定要求法院判决变更他人之间的民事法律关系,如债权人可以请求法院撤销债务人与第三人之间以明显不合理的低价转让财产的行为。

(六)反诉

反诉是指在诉讼程序进行中,本诉被告针对本诉原告向法院提出的独立的反请求。反诉是被告的诉讼权利。

(七)诉的合并

诉的合并是指法院将两个或两个以上彼此之间有牵连的诉合并到一个诉讼程序中进行审理和裁判。

(八)诉的分离

诉的分离是指法院将原先合并审理的几个诉分离开进行审理。有时候同时合并审理几个诉,会增加审判的难度,使诉讼复杂化并导致诉讼迟延,而将几个诉分离开分别审理有利于提高审判工作的效率。

四、民事诉讼中关于管辖的法律术语

(一)管辖

民事诉讼中的管辖是指各级人民法院之间和同级法院之间受理第一审民事案件的分工和权限。管辖是法院内部具体落实民事审判权的一项制度。

(二)管辖恒定

管辖恒定是指确定案件的审判权应当以起诉时为标准,起诉时对案件享有管辖权的法院,不因确定管辖的事实在诉讼过程中发生变化而影响其管辖权。

(三)级别管辖

级别管辖是指按照一定的标准,划分上级法院和下级法院之间受理第一审民事案件的分工和权限。我国《民事诉讼法》确定级别管辖的依据是案件性质、繁简程度和案件影响力的大小。

(四)地域管辖

地域管辖是指按照各个法院的辖区和民事案件的隶属关系来确定案件管辖权。地域管辖的作用在于确定同级法院在各自辖区内受理一审民事案件的分工和权限。级别管辖将民事案件的管辖权在上、下级法院之间作出了分配,但是在同一级法院中有多个法院,所以仍然不能确定案件具体应由哪个法院受理,因此还需要按照地域管辖的原则对管辖权进行第二次分配,将划归同一级法院管辖的一审案件重新进行管辖权分配。

(五)协议管辖

协议管辖又称约定管辖、合意管辖,是指双方当事人以协议的方式约定解决他们之间纠纷的管辖法院,协议管辖只适用于一审民事案件中的合同纠纷案件。合同的双方当事人可以在书面合同中协议选择被告住所地、合同履行地、合同签订地、原告住所地、标的物所在地人民法院管辖,但不得违反《民事诉讼法》对级别管辖和专属管辖的规定。

(六)移送管辖

移送管辖是指法院在受理民事案件后,发现自己对案件没有管辖权时,查明案件应当由哪个法院管辖后,主动依法将案件移送有管辖权的法院审理。在审判实践中,移送管辖通常发生在同级法院之间,用来纠正地域管辖的错误,但有时也发生在上、下级法院之间。

(七)指定管辖

指定管辖是指上级法院以裁定方式指定下级法院对某一案件行使管辖权。有管辖权的法院由于特殊原因不能行使管辖权的,由人民法院指定管辖;法院之间因管辖权发生争议,争议双方协商解决不了的,报请它们的共同上级人民法院指定管辖。

(八)管辖权异议

管辖权异议是指当事人向受诉法院提出的该院对案件无管辖权的主张。当事人对管辖权提出异议,应当在提交答辩状期间提出,逾期视为接受受理该案件法院的管辖。

五、关于当事人和诉讼代理人的法律术语

(一)当事人

民事诉讼中的当事人是指因民事权利义务发生争议,以自己的名义进行诉讼,要求法院行使民事裁判权的人。当事人包括原告、被告、共同诉讼人、第三人等。

(二)诉讼权利能力

诉讼权利能力是指公民、法人和其他组织在民事诉讼活动中,依法享有民事诉讼权利和承担民事诉讼义务的资格。在民事诉讼活动中,没有诉讼权利能力,就不能成为民事诉讼的主体。

(三)诉讼行为能力

当事人进行诉讼活动除了必须具备诉讼权利能力外,还必须具有诉讼行为能力。诉讼行为能力也称诉讼能力,指能够亲自从事民事诉讼活动,具有独立行使诉讼权利和履行诉讼义务的能力。

(四)当事人适格

当事人适格又称正当当事人,指对于具体的诉讼,有作为本案当事人起诉或应诉的资格。判断当事人是否适格,只有将当事人与具体的诉讼联系起来,看当事人与特定的诉讼标的有无直接联系。

(五)原告和被告

原告是指为维护自己或自己管理的他人的民事权益,以自己的名义向法院提起诉讼,从而引起民事诉讼程序发生的人。

被告是指被原告诉称侵犯原告民事权益或与原告发生民事争议,由法院通知应诉的人。

(六)共同诉讼

共同诉讼是指当事人一方或者双方为二人以上,诉讼标的是共同的或者是同一种类,在案件审理过程中合并审理的诉讼。其中多数当事人对同一诉讼标的享有共同权利或承担共同义务的共同诉讼,叫作必要共同诉讼;多数当事人对同种类诉讼标的共同诉讼,叫作一般共同诉讼。

(七)诉讼代表人

诉讼代表人是指为了便于诉讼,由人数众多的一方当事人推选出来,代表其利益实施诉讼行为的人。诉讼代表人代表本方当事人进行诉讼,与共同诉讼人不同。

(八)第三人

第三人是指对原告和被告所争议的诉讼标的有独立的请求权,或者虽然没有独立的请求权,但与案件的处理结果有法律上的利害关系,而参加到正在进行的诉讼中的人。

(九)诉讼代理人

诉讼代理人是指在法律规定、法院指定或者在当事人授权的范围内,以当事人的名义代理当事人进行民事诉讼行为,并维护当事人利益的人。诉讼代理人代为行使一定诉讼行为的权限,称为诉讼代理权。

(十)法定诉讼代理人

法定诉讼代理人是指根据法律规定,代理无民事行为能力人、限制民事行为能力人进行民事诉讼活动的人。法定代理人最基本的特征是其代理权的取得,不是基于当事人的委托而是根据法律的直接规定。法定代理人的被代理人,只限于无民事行为能力的人或者限制民事行为能力的人,因此法定代理人的范围一般与被代理人监护人的范围一致。

六、与民事诉讼证据有关的法律术语

(一)书证

书证是指以文字、符号、图形等形式所记载的内容或表达的思想来证明案件事实的证据,主要是各种书面文件或纸面文字材料,如合同文本、信函、电报、传真、图表、文件等。书证在民事诉讼中占有突出的位置,起着非常重要的作用,是一种普遍应用的证据。

(二)物证

物证是指能够证明案件事实的物品及痕迹,它是以自己存在的形态、质量、规格、特征等来证明某种法律事实存在或不存在。物证是客观存在的物品和痕迹，因此它的真实性和可靠性都是比较高的，可以用来检验证人证言和当事人陈述的真伪，印证其他证据材料的真实性。

(三)视听资料

视听资料是指利用录音、录像等技术手段反映的声音、图像以及电脑储存的数据证明案件事实的证据。视听资料是将现代化的科学技术手段运用到民事诉讼中与案件事实结合的一种新的证据形式。

(四)证人证言

证人是指了解案件的真实情况，依法被人民法院传唤出庭作证的人。证人证言是指证人将其了解的案件事实向法院所作的陈述或证词。除了生理上和精神上有缺陷或年幼无知、不能正确表达意志和不能辨别是非的人以外，凡是知道案件情况的单位和个人，都有义务出庭作证；证人确有困难不能出庭的，经人民法院许可，可以提交书面证言。

(五)当事人陈述

当事人陈述是指当事人在诉讼中对自己所知道的案件事实向法院所做的叙述。当事人陈述包括对诉讼请求的陈述、对诉讼理由的陈述、对证据的陈述、反驳对方诉讼请求的陈述、反驳对方证据的陈述、对其他诉讼程序的陈述等。当事人为了追求胜诉，可能向法院作不真实的陈述或者只向法院陈述对自己有利的案件事实，因此当事人陈述与其他证据相比，容易夹带虚假成分。人民法院在判断当事人陈述的真伪时，一定要结合其他证据综合认定。

(六)鉴定结论

鉴定就是运用专门知识和特殊技能，对案件事实进行研究和判断的过程。从事鉴定工作的人是鉴定人，鉴定人必须具有专业知识和技能，能够对案件事实的特殊问题进行鉴别并作出判断，协助人民法院查明案件事实真相。鉴定人对案件事实的专门性问题进行鉴别后所作出的书面鉴别结论，就是鉴定结论，鉴定结论是一种重要的证据形式。

(七)勘验笔录

勘验笔录就是人民法院指派勘验人员对案件的诉讼标的物和有关证据，经过现场勘验、调查所做的记录。民事诉讼中的勘验笔录一般是对土地、房屋、山林、院墙等进行现场测量、绘图、照相时所制作的笔录。

(八)电子数据

电子数据指网上聊天记录、博客、微博客、手机短信、电子签名、域名等形成或者存储在电子介质中的信息。

(九)证据保全

证据保全是指在证据可能灭失或以后难以取得的情况下,人民法院依职权或者依照申请人的申请,对证据加以固定和保护的制度。证据保全要做到不变质、不损坏、不丢失,力争保持证据的原样或原意,以充分发挥其证明效力。

(十)证明对象

证明对象也称证明客体或证明标的,指在民事诉讼中需要证明的案件事实。

(十一)自认

自认是指一方当事人对另一方当事人主张的案件事实表示认可。在对方当事人承认的情况下,将免去主张该事实的当事人的证明责任,法院应当将自认的事实作为裁判的依据。

(十二)举证责任

举证责任也称证明责任,指当事人对自己提出的主张,有提供证据加以证明的责任,即当待证事实处于真伪不明的状态时,由依法负有证明责任的人承担不利后果的责任。

(十三)举证期限

举证期限是指法律规定或法院指定的当事人应当向法院提交证据的有效期间。举证期限是一种限制当事人诉讼行为的制度,对当事人举证的有效性和法院的裁判都有重大影响。当事人没有在法律规定或法院指定的期限内提交证据的,视为放弃举证权利。

(十四)证据交换

证据交换是指人民法院在审查了与案件相关的诉讼材料后,对那些案情复杂、证据材料较多的案件,可以在答辩期限届满后至开庭之前,组织双方当事人对各自向法院提交的证据材料进行互换、核对,并就自己提供的证据材料和对方提供的证据材料发表意见,以固定证据的诉讼活动。

(十五)质证

质证是指当事人、诉讼代理人及第三人在法庭的主持下,对当事人及第三人提供的证据就其真实性、合法性、关联性以及有无证明力、证明力大小予以说明和辩论的活动和过程。

（十六）认证

认证是指法院对经过质证或当事人在证据交换中认可的各项证据材料作出审查判断，确认其能否作为认定案件事实根据的过程。

七、与民事诉讼审理程序有关的法律术语

（一）普通程序

普通程序是我国《民事诉讼法》规定的人民法院审理第一审民事案件通常适用的诉讼程序，也是民事案件当事人在进行第一审民事诉讼通常所遵循的程序。普通程序是民事诉讼中的基础程序，是民事审判程序中最完整、最系统的程序，具有广泛的适用性。

（二）起诉

起诉是公民、法人和其他组织在其民事权益受到侵害或与他人发生争议时，向人民法院提起诉讼，请求人民法院通过审判予以司法保护的行为。起诉是当事人获得司法保护的手段，也是人民法院对民事案件行使审判权的前提。

（三）受理

受理是指人民法院通过对当事人的起诉进行审查，对符合法律规定条件的起诉，决定立案审理的行为。

（四）开庭审理

开庭审理又称法庭审理，是指在人民法院审判人员的主持下，在当事人和其他诉讼参与人的参加下，依照《民事诉讼法》规定的程序和方式，对案件进行实体审理，查明案件事实、分清是非责任，并在此基础上对案件作出裁判所进行的诉讼活动。开庭审理是审判活动中最中心和最重要的环节，是当事人行使诉讼权利和人民法院行使审判权的集中体现。

（五）法庭辩论

法庭辩论即双方当事人及其诉讼代理人充分行使自己的辩论权利，在法庭上就有争议的事实和法律问题进行辩驳和论证的过程。法庭辩论是开庭审理的重要阶段之一，是民事诉讼的辩论原则在审判活动中最集中的体现。

（六）撤诉

撤诉是指在人民法院受理案件之后至宣告判决之前，原告撤回起诉的行为。撤诉是原告对其诉讼权利行使处分权的一种表现。撤诉包括原告向人民法院申请撤诉和人民法院按撤诉处理两种形式。

(七)缺席判决

缺席判决是指在开庭审理案件时,一方当事人无正当理由拒不到庭参加诉讼,人民法院按照法律规定仅对到庭的一方当事人进行询问、核对证据、听取意见之后作出的判决。

(八)诉讼中止

诉讼中止是指在诉讼进行过程中,因发生某种法定中止诉讼的原因致使诉讼无法继续进行或不宜进行的情况下,人民法院裁定暂时停止诉讼程序的制度。诉讼中止的原因消除后,诉讼程序恢复,诉讼继续进行而不是从头开始。诉讼中止前进行的一切诉讼行为,在诉讼程序恢复后继续有效。

(九)诉讼终结

诉讼终结是指在诉讼进行过程中,因发生某种法定的诉讼终结原因致使诉讼程序不能继续进行或继续进行已没有必要,而由人民法院裁定终结诉讼程序的制度。诉讼终结只是结束诉讼程序,不涉及有关实体问题的处理。

(十)简易程序

简易程序是指基层人民法院及其派出法庭审理简单的第一审民事案件所适用的诉讼程序。简易程序是一种独立的诉讼程序,相对于普通程序而言,在起诉手续、传唤当事人的方式、审理方式以及审理期限等方面都做了简化,是简化了的普通程序。

(十一)第二审程序

第二审程序也称上诉审程序,是指民事诉讼的当事人不服地方各级人民法院的第一审判决、裁定,在法定期间内向上一级人民法院提起上诉而引起的诉讼程序,是上一级人民法院审理上诉案件所适用的程序。我国民事诉讼实行两审终审制,一个民事案件经过二审程序审理并作出裁判后,诉讼即告终结,二审法院作出的判决、裁定是发生法律效力的终审判决、裁定,因此第二审程序又称为"终审程序"。

(十二)再审程序

再审程序又称审判监督程序,是指人民法院认为已经发生法律效力的判决书、裁定书或调解书确有错误的,对案件提起的再行审理的程序。再审程序只是纠正生效的错误裁判的法定程序,并不是案件审理的必经程序,也不是诉讼程序中的独立审级。人民法院审理再审案件所适用的程序取决于生效裁判的审级,生效裁判是由第一审法院作出的,再审案件按照第一审程序处理;生效裁判是由第二审法院作出的,再审案件按照第二审程序审理。

第八章　庭审后书记员的工作规范

第一节　裁判文书送达前的工作规范

【工作情境八】

一审案件开完庭之后，合议庭立即对案件进行了评议，王兰对评议过程和评议内容进行了记录，制作了合议笔录。根据合议庭的评议内容和评议结果，李义开始制作民事判决书。

二审案件当事人到法院接受了询问，李义把当事人在二审期间的争议焦点和案件事实都调查清楚之后，上诉人北京荣华商贸有限公司以同意原审判决为由，申请撤回上诉。合议庭研究后同意了上诉人的撤诉申请，王兰对合议庭的研究过程制作了评议笔录。李义让王兰写一份民事撤诉裁定书。

李义和王兰分别制作好民事判决书和民事撤诉裁定书之后，两人共同对裁判文书进行了校对。

【工作分析】

书记员要会制作一些简单的民事裁判文书，哪些裁判文书审判员会交给书记员来制作？制作这些裁判文书时应注意哪些问题？

校对裁判文书时应注意哪些问题？

【工作步骤】

二十、制作合议笔录

二十一、制作简单的民事裁判文书

【岗位技能】

十五、制作合格的评议笔录

十六、制作简单民事裁判文书

十七、校对裁判文书

一、合议庭评议案件，书记员制作合议笔录

庭审结束后，合议庭应及时对案件进行评议。根据《最高人民法院关于人民法院合议庭工作的若干规定》之规定，合议庭评议案件应当在庭审结束后5个工作日内进行。

合议庭成员在审理案件和对案件进行评议时，享有同等的权利，对审判过程中出现的问题以及对案件作出裁定、判决时，合议庭成员都有权发表自己的意见。《最高人民法院关于民事经济审判方式改革问题的若干规定》第31条规定："合议庭组成人员必须共同参加对案件的审理，对案件的事实、证据、性质、责任、适用法律以及处理结果等共同负责。"合议庭成员应在法庭调查和法庭辩论的基础上，客观、全面地分析判断案件事实和证据，正确适用法律，共同协商讨论，力求作出正确结论，共同对认定案件事实和适用法律负责。

合议庭评议一审案件时，先由承办案件的法官介绍原告、被告的情况和案由，然后向合议庭全面介绍案件情况：(1)原告的诉讼请求和理由；(2)被告的答辩意见；(3)原告为支持自己的诉讼请求提供了哪些相关证据，在这些证据中哪些证据可以支持其诉讼请求，哪些证据不能支持其诉讼请求，对这些证据采信或不采信的理由分别是什么；(4)被告为支持自己的答辩意见提供了哪些相关证据，在这些证据中哪些证据可以支持其答辩意见，哪些证据不能支持其答辩意见，对这些证据采信或不采信的理由分别是什么。介绍完案情之后，承办法官要依据案件事实和证据就本案的法律适用和处理结果发表自己的意见。合议庭其他成员听完承办法官介绍的案情和发表的意见后，要分别发表自己对案件适用法律和处理结果的意见，审判长最后发表意见，最后审判长应当根据评议情况总结合议庭评议的结论性意见。

合议庭评议二审案件时，先由承办案件的法官介绍上诉人、被上诉人的情况和案由，然后向合议庭全面介绍案件情况：(1)上诉人的诉讼请求和理由；(2)被上诉人的答辩意见；(3)上诉人和被上诉人双方在二审中争议的焦点问题是什么；(4)一审法院查明的事实是否属实，对一审法院认定有误的事实和漏查的事实要重点向合议庭介绍；(5)上诉人为支持自己的上诉请求提供了哪些相关证据，在这些证据中哪些证据是一审时提交的，哪些是二审中新提交的，二审中新提交的证据是否符合新证据的要求，哪些证据可以支持其上诉请求，哪些证据不能支持其上诉请求，对这些证据采信或不采

信的理由分别是什么;(6)被上诉人为支持自己的答辩意见提供了哪些相关证据,在这些证据中哪些可以支持其答辩意见,哪些不能支持其答辩意见,对这些证据采信或不采信的理由分别是什么。介绍完案情之后,承办法官要依据案件事实就本案的法律适用和处理结果发表自己的意见。合议庭其他成员听完承办法官介绍的案情和发表的意见后,要分别发表自己对案件适用法律和处理结果的意见,审判长最后发表意见,最后审判长还应当根据评议情况总结合议庭评议的结论性意见。

合议庭成员进行评议时,应当认真负责,充分陈述意见,独立行使表决权,不得拒绝陈述意见或者仅作同意与否的简单表态;同意他人意见的,也应当提出同意的事实根据和法律根据,并进行论证分析。合议庭意见有分歧的,应把合议庭的多数意见和少数意见都写进合议笔录,最后应当按照合议庭多数人的意见作出决定。

合议庭评议案件时,由书记员按照笔录的制作规范和要求制作合议笔录,合议笔录制作完成之后由合议庭成员和书记员签名。合议庭应当依照规定的权限,及时对评议意见一致的案件或者形成多数意见的案件直接作出判决或者裁定。但是对于下列案件,合议庭应当提请院长决定提交审判委员会讨论决定:(1)拟判处死刑的;(2)疑难、复杂、重大或者新类型的案件,合议庭认为有必要提交审判委员会讨论决定的;(3)合议庭在适用法律方面有重大意见分歧的;(4)合议庭认为需要提请审判委员会讨论决定的其他案件,或者本院审判委员会确定的应当由审判委员会讨论决定的案件。

二、简单民事裁判文书的制作要求

一般来说,裁判文书的制作应当由承办法官来完成。但是一些简单的裁判文书,如民事裁定书和民事调解书,承办法官会交给书记员来制作。因此书记员也应了解一些简单民事裁判文书的格式和具体制作要求。

(一)民事裁定书的制作要求

1. 一审民事裁定书的制作要求

根据《民事诉讼法》规定,裁定适用于下列范围:(1)不予受理;(2)对管辖权有异议的;(3)驳回起诉;(4)财产保全和先予执行;(5)准许或者不准许撤诉;(6)中止或者终结诉讼;(7)补正判决书中的笔误;(8)中止或者终结执行;(9)不予执行仲裁裁决;(10)不予执行公证机关赋予强制执行效力的债权文书;(11)其他需要裁定解决的事项。其中,对不予受理、对管辖权有异议的和驳回起诉的裁定,可以上诉。裁定书应写明裁定结果和作出该裁定的理由。裁定书由审判人员、书记员署名,加盖人民法院印章。口头裁定的,记入笔录。

民事裁定书的结构、内容与民事判决书的结构、内容基本相同,但民事裁定书一般是就某一具体程序问题作出的决定,所以内容比较简单。首部与尾部与一审民事判决书基本相同,但标题中诉讼文书名称部分应写"民事裁定书",尾部上诉人的上诉期限是10日而不是15日。

(1)不予受理起诉民事裁定书。不予受理起诉裁定书是在法院没有正式立案的情况下制作的,裁定书中当事人称为"起诉人",不列"被起诉人"项。不予受理的理由应当明确、具体,切忌笼统或简单化,甚至以口头通知代替的现象。另外,在向起诉人送达不予受理裁定时,应当告诉起诉人其他处理办法。

××××人民法院

民事裁定书

(　　)京　　民初　　号

起诉人……(写明姓名或名称等基本情况)。

××××年×月×日,本院收到起诉人×××向本院提交的起诉状……(写明起诉事由)。

经审查,本院认为,(:)……(写明法院认为不符合法定受理条件和不予受理的理由)。依照《中华人民共和国民事诉讼法》第一百零八条、第一百一十二条之规定,裁定如下:

对×××的起诉,本院不予受理。

如不服本裁定,可在裁定书送达之日起十日内,向本院递交上诉状,上诉于×××人民法院。

审判长　×××

审判员　×××

审判员　×××

二〇　　年　　月　　日

本件与原件核对无误　　(院印)

书记员　×××

(2)驳回起诉民事裁定书。立案后发现起诉不符合受理案件条件的,裁定驳回起诉。正文部分先简述原告起诉的诉讼请求和理由,再阐明本院驳回原告起诉的理由及所依据的法律条款。

××××人民法院
民事裁定书

(　　)京　　民初　　号

原告……(写明姓名或名称等基本情况)。

被告……(写明姓名或名称等基本情况)。

原告诉被告……(写明案由)纠纷一案,本院依法进行了审查,现已审理终结。

……(简述原告的诉讼请求和起诉的理由。)

本院认为,(:)……(写明驳回原告起诉的理由)。依照《中华人民共和国民事诉讼法》第××条第×款第×项之规定(写明驳回原告起诉的法律依据),裁定如下:

驳回原告×××(写明原告的姓名或名称)的起诉。

如不服本裁定,可在裁定书送达之日起十日内,向本院递交上诉状,并按对方当事人的人数提出副本,上诉于×××人民法院。

审判长　×××
审判员　×××
审判员　×××
二〇　　年　　月　　日
(院印)

本件与原件核对无误

书记员　×××

(3)管辖权异议民事裁定书。在裁定书中叙述当事人提出的管辖权异议理由应当准确、简明,裁定理由必须有针对性和法律依据,根据案件事实,依据法律法规,阐明对管辖权异议的处理意见。

××××人民法院
民事裁定书

(　　)京　　民初　　号

原告……(写明姓名或名称等基本情况)。

被告……(写明姓名或名称等基本情况)。

本院受理……(写明案由)纠纷一案后,被告×××在提交答辩状期间对管辖权提出异议,认为……(写明被告对管辖权问题提出异议的内容和理由)。

经审查,本院认为,(:)……(写明被告提出的管辖权异议成立或者不成立的理由)。依照《中华人民共和国民事诉讼法》第三十八条之规定,裁定如下:

驳回被告×××对本案管辖权提出的异议。(被告提出的管辖权异议成立的,写成"被告×××对管辖权提出的异议成立,本案移交×××人民法院处理。")

如不服本裁定,可在裁定书送达之日起十日内,向本院递交上诉状,并按对方当事人的人数提出副本,上诉于×××人民法院。

审判长　×××
审判员　×××
审判员　×××
二〇　　年　　月　　日

本件与原件核对无误　　　　　　(院印)

书记员　×××

(4)诉前财产保全民事裁定书。当事人的名称为"申请人"和"被申请人",文书编号中的文书简称部分为"保"。裁定书中应写明人民法院裁定采取财产保全的理由、法律依据和具体的保全措施,并写明保全财产的名称、数量或数额。

××××人民法院
民事裁定书

( )京 民保 号

申请人……(写明姓名或名称等基本情况)。

被申请人……(写明姓名或名称等基本情况)。

申请人×××因……(写明提出诉前保全的原因和理由),于××××年×月×日向本院提出申请,要求对被申请人×××……(写明申请采取财产保全措施的具体内容,即要求何时、何地、对何种财产采取何种保全方法)。申请人已向本院提供……(写明申请人提供的担保财产的名称、数量或数额)担保。

经审查,本院认为,(:)……(写明人民法院采取财产保全的理由)。依照《中华人民共和国民事诉讼法》第××条第×款第×项之规定,裁定如下:

……(写明具体的财产保全措施和内容,如查封、扣押、冻结及被保全财产的名称、数量、数额等内容)。

申请人应当在裁定书送达之日起十五日内向本院起诉,逾期不起诉的,本院将解除财产保全。

本裁定书送达后,立即执行。

如不服本裁定,可以向本院申请复议一次。复议期间不停止裁定的执行。

审判员 ×××

二〇 年 月 日

本件与原件核对无误 (院印)

书记员 ×××

(5)诉讼财产保全民事裁定书。对人民法院自行采取财产保全措施的,应当写明采取财产保全的事实依据和理由。

××××人民法院

民事裁定书

(　　)京　　民初　　号

原告……(写明姓名或名称等基本情况)。

被告……(写明姓名或名称等基本情况)。

本院在审理……(写明当事人姓名、名称和案由)一案中……(写明申请人的诉讼地位和姓名或名称)于××××年×月×日向本院提出财产保全的申请,要求……(写明申请人的具体请求内容,即要求何时、何地、对何种财产采取何种保全方法),并已提供担保。申请人已向本院提供……(写明申请人提供的担保财产的名称、数量或数额)担保。

本院认为,(:)……(写明申请人的诉讼地位及姓名或名称)的申请符合法律规定。依照……(写明裁定所依据的法律条款)之规定,裁定如下:

……(写明采取财产保全的具体内容,即保全标的物的名称、数量或数额以及保全的具体方法)。

本裁定书送达后立即执行。

如不服本裁定,可以向本院申请复议一次。复议期间不停止裁定的执行。

审判长　×××

审判员　×××

审判员　×××

二〇　　年　　月　　日

本件与原件核对无误　　(院印)

书记员　×××

(6)准许或不准许撤诉民事裁定书。申请撤诉必须符合下列条件:①撤诉申请必须在法院审理活动开始之后、宣告判决之前提出;②撤诉必须出于原告自愿,代理人代为申请撤诉的,必须经原告特别授权;③原告申请撤诉应当向受诉法院提出口头或书面申请;④有独立请求权的第三人参加的诉讼,法院准许原告撤诉的,原案的原、被告作为另案被告,诉讼另行进行;⑤原告不能为了规避法律而申请撤诉,原告的撤诉行为不能损害国家、集体、社会公共利益及他人利益。

××××人民法院
民事裁定书

(　　)京　　民初　　号

原告……(写明姓名或名称等基本情况)。

被告……(写明姓名或名称等基本情况)。

本院在审理……(写明当事人姓名、名称和案由)一案中,原告×××于××××年×月×日向本院提出撤诉申请。

本院认为,(:)……(写明准许或不准许撤诉的理由)。依照……(写明裁定所依据的法律条款)之规定,裁定如下:

准许原告×××撤回起诉。(不准撤诉的,写:不准原告×××撤回起诉,本案继续审理。)

……(写明案件受理费的负担。不准许撤诉的,不写案件受理费的负担。)

审判长　×××
审判员　×××
审判员　×××
二〇　　年　　月　　日
(院印)

本件与原件核对无误

书记员　×××

2. 二审民事裁定书的制作要求

一审法院不予受理的裁定、对管辖权有异议的裁定和驳回起诉的裁定，可以提起上诉，二审法院对不服一审法院裁定的上诉案件的处理，一律使用裁定。另外，原判决认定事实错误，或者原判决认定事实不清、证据不足，或原判决违反法定程序，可能影响案件正确判决的，二审法院可以裁定撤销原审判决，发回原审人民法院重审。

(1)发回重审的二审民事裁定书。

××××人民法院
民事裁定书

(　　)京　　民终　　号

上诉人(原审×告)……(写明姓名或名称等基本情况)。
法定代表人(或负责人)……(写明姓名和职务)。
法定代理人(或指定代理人)……(写明姓名等基本情况)。
委托代理人……(写明姓名等基本情况)。
被上诉人(原审×告)……(写明姓名或名称等基本情况)。
法定代表人(或负责人)……(写明姓名和职务)。
法定代理人(或指定代理人)……(写明姓名等基本情况)。
委托代理人……(写明姓名等基本情况)。

上诉人×××因……(写明案由)一案,不服××××人民法院(××××)×民初字第××号民事判决,向本院提起上诉。本院依法组成合议庭,公开(或不公开)开庭审理了本案。……(写明到庭参加诉讼的本案当事人及其诉讼代理人)到庭参加诉讼。本案现已审理终结。(未开庭的,写:本院依法组成合议庭审理了本案,现已审理终结。)

本院认为,(:)……(概括写明发回重审的理由)。依照……(写明发回重审所依据的法律条、款、项)之规定,裁定如下:

一、撤销××××人民法院(××××)×民初字第××号民事判决;
二、发回××××人民法院重审。

审判长　×××
审判员　×××
审判员　×××

二〇　　年　　月　　日

本件与原件核对无误　　(院印)

书记员　×××

(2)对管辖权有异议的上诉民事裁定书。

××××人民法院
民事裁定书

(　　)京　　民终　　号

上诉人(原审×告)……(写明姓名或名称等基本情况)。
法定代表人(或负责人)……(写明姓名和职务)。
法定代理人(或指定代理人)……(写明姓名等基本情况)。
委托代理人……(写明姓名等基本情况)。
被上诉人(原审×告)……(写明姓名或名称等基本情况)。
法定代表人(或负责人)……(写明姓名和职务)。
法定代理人(或指定代理人)……(写明姓名等基本情况)。
委托代理人……(写明姓名等基本情况)。

上诉人×××不服××××人民法院(××××)×民初字第××号民事裁定,向本院提起上诉。……(写明上诉人的上诉请求和理由,及被上诉人的答辩)。

本院经审查认为,(:)……(简要写明驳回上诉或者撤销原裁定的事实依据和理由)。依照……(写明驳回上诉或者撤销原裁定的法律依据)之规定,裁定如下:

驳回上诉,维持原裁定。

[撤销原裁定的,写:

一、撤销××××人民法院(××××)×民初字第××号民事裁定;

二、本案由×××人民法院管辖。(在本辖区外的,写:本案移送×××人民法院处理。)]

本裁定为终审裁定。

审判长　×××
审判员　×××
审判员　×××
二〇　　年　　月　　日

本件与原件核对无误　　（院印）

书记员　×××

(3)不予受理的上诉民事裁定书。

××××人民法院
民事裁定书

(　　)京　　民终　　号

上诉人……(写明姓名或名称等基本情况)。

上诉人×××不服××××人民法院(××××)×民初字第××号不予受理起诉的民事裁定,向本院提起上诉。上诉人×××称……(写明上诉人的上诉请求和理由)。

本院经审查认为,(:)……(简要写明本院驳回上诉或者撤销原裁定的事实依据和理由)。依照……(写明驳回上诉或者撤销原裁定的法律依据)之规定,裁定如下:

驳回上诉,维持原裁定。

[撤销原裁定的,写:

一、撤销××××人民法院(××××)×民初字第××号民事裁定;

二、本案由×××人民法院立案受理。]

本裁定为终审裁定。

审判长　×××
审判员　×××
审判员　×××
二〇　　年　　月　　日
(院印)

本件与原件核对无误

书记员　×××

(4)驳回起诉的上诉民事裁定书。

××××人民法院
民事裁定书

(　　)京　　民终　　号

上诉人(原审×告)……(写明姓名或名称等基本情况)。
法定代表人(或负责人)……(写明姓名和职务)。
法定代理人(或指定代理人)……(写明姓名等基本情况)。
委托代理人……(写明姓名等基本情况)。
被上诉人(原审×告)……(写明姓名或名称等基本情况)。
法定代表人(或负责人)……(写明姓名和职务)。
法定代理人(或指定代理人)……(写明姓名等基本情况)。
委托代理人……(写明姓名等基本情况)。

上诉人×××因……(写明双方当事人姓名或名称以及案由)一案,不服××××人民法院(××××)×民初字第××号驳回起诉的民事裁定,向本院提起上诉。本院依法组成合议庭,公开(或不公开)开庭审理了本案。……(写明到庭参加诉讼的本案当事人及其诉讼代理人)到庭参加诉讼。本案现已审理终结。(未开庭的,写:本院依法组成合议庭审理了本案,现已审理终结。)

……(概括写明原审裁定的主要内容和上诉人的上诉请求与理由,被上诉人的答辩等内容)。

本院经审理认为,(:)……(简要写明二审驳回上诉或者撤销原裁定的事实依据和理由,着重对原审裁定是否正确、上诉理由是否合理进行分析评判)。依照……(写明驳回上诉或者撤销原裁定的法律依据)之规定,裁定如下:

驳回上诉,维持原裁定。

[撤销原裁定的,写:
一、撤销××××人民法院(××××)×民初字第××号民事裁定;
二、指令××××人民法院审理。]

本裁定为终审裁定。(指令审理的不写此句)

审判长　×××
审判员　×××
审判员　×××
二〇　　年　　月　　日
(院印)

本件与原件核对无误

书记员　×××

(5)准许或不准许撤回的上诉民事裁定书。

××××人民法院
民事裁定书

(　　)京　　民终　　号

上诉人(原审×告)……(写明姓名或名称等基本情况)。
法定代表人(或负责人)……(写明姓名和职务)。
法定代理人(或指定代理人)……(写明姓名等基本情况)。
委托代理人……(写明姓名等基本情况)。
被上诉人(原审×告)……(写明姓名或名称等基本情况)。
法定代表人(或负责人)……(写明姓名和职务)。
法定代理人(或指定代理人)……(写明姓名等基本情况)。
委托代理人……(写明姓名等基本情况)。

上诉人×××因……(写明双方当事人姓名或名称以及案由)一案,不服××××人民法院(××××)×民初字第××号民事判决(裁定),向本院提起上诉。本院在审理本案过程中,上诉人×××又以……(写明上诉人撤回上诉的理由,在二审期间上诉人撤回上诉的合法理由是:同意原审判决,申请撤回上诉;或双方当事人已达成调解协议并已执行完毕,申请撤回上诉。)为理由,于××××年×月×日申请撤回上诉。

本院经审查认为,(:)……(概述准许撤回上诉或者不准许撤回上诉的事实根据和理由)。依照……(写明准许撤回上诉或者不准许撤回上诉所依据的法律条、款、项)之规定,裁定如下:

准许上诉人×××撤回上诉,双方均按原审判决执行。(双方已达成调解协议并已执行完毕的,只写:准许上诉人×××撤回上诉。)

……(写明一审、二审案件受理费的负担)。

不准许撤回上诉的,写"不准上诉人×××撤回上诉,本案继续审理"。

本裁定为终审裁定。(不准撤回上诉的,不写该句)

审判长　×××
审判员　×××
审判员　×××

二〇　　年　　月　　日

本件与原件核对无误　　　　(院印)

书记员　×××

(二)民事调解书的制作要求

人民法院审理民事案件,不仅第一审程序可以进行调解,第二审程序和审判监督程序也可以进行调解。人民法院采用调解的办法处理民事案件,是我国民事审判工作成功经验的总结。但采取调解结案的民事案件,不一定都要制作调解书。下列案件调解达成协议,人民法院可以不制作调解书:(1)调解和好的离婚案件;(2)调解维持收养关系的案件;(3)能够即时履行的案件;(4)其他不需要制作调解书的案件。对不需要制作调解书的协议,应记入笔录,由双方当事人、审判人员、书记员签名或者盖章后,即具有法律效力。

调解书中的案件事实部分,应根据不同的情况书写:如果案件已经过法院开庭审理,案件事实已审理清楚,案件的事实部分可写法院确认的事实;如果案件是在法院受理案件后,还没有开过庭,法院只是对案件的基本事实和法律作了初步审查,案件事实部分可以简略,只写当事人争议的事实。

调解书中的协议内容部分,当事人是否是在自愿、合法的原则下达成解决纠纷的一致意见,是调解书的核心内容,因此调解书中一定要表述"本案在审理过程中,经本院主持调解,双方当事人自愿达成如下协议:……"(写明协议内容)。关于诉讼费用的负担,如果由双方当事人协商解决,协商的内容可以作为协议内容的最后一项书写;如果是由法院决定的,应在写完协议内容后,另起一段书写。

协议内容和诉讼费用之后,应表明法院对协议内容的态度,可表述为:"上述协议,符合有关法律规定,本院予以确认。"如果当事人的协议内容法律没有明文规定,但并不违法,可表述为:"上述协议,不违背法律规定,本院予以确认。"最后,应写明:"本调解书经双方当事人签收后,即具有法律效力。"

1. 一审民事调解书

××××人民法院
民事调解书

(　　)京　　民初　　号

原告……(写明姓名或名称等基本情况)。

被告……(写明姓名或名称等基本情况)。

第三人……(写明姓名或名称等基本情况)。

(代理人和其他诉讼参与人的列项和基本情况的写法,与一审民事判决书样式相同。)

案由:……

……(写明当事人的诉讼请求、双方争议的焦点和案件事实)。

本案在审理过程中,经本院主持调解,双方当事人自愿达成如下协议:

……(写明协议的具体内容)。

……(写明诉讼费用的负担)。

上述协议,符合有关法律规定,本院予以确认。

本调解书经双方当事人签收后,即具有法律效力。

审判长　×××

审判员　×××

审判员　×××

二〇　　年　　月　　日

本件与原件核对无误　　(院印)

书记员　×××

2.二审民事调解书

××××人民法院
民事调解书

(　　)京　　民终　　号

上诉人(原审×告)……(写明姓名或名称等基本情况)。

被上诉人(原审×告)……(写明姓名或名称等基本情况)。

(代理人和其他诉讼参与人的列项和基本情况的写法,与二审民事判决书样式相同。)

案由:……

上诉人×××不服××××人民法院(××××)×民初字第××号民事判决,向本院提起上诉,请求……(写明上诉请求和理由)。

……(写明法院查明的案件事实)。

本案在审理过程中,经本院主持调解,双方当事人自愿达成如下协议:

……(写明协议的具体内容)。

……(写明诉讼费用的负担)。

上述协议,符合有关法律规定,本院予以确认。

本调解书经双方当事人签收后,即具有法律效力。

审判长　×××

审判员　×××

审判员　×××

二〇　年　月　日

(院印)

本件与原件核对无误

书记员　×××

三、裁判文书的审批程序

合议庭评议完案件、承办法官根据合议庭意见制作出裁判文书后，应填写结案呈批表。承办法官要把结案呈批表中的当事人情况、代理人、收案案由、结案案由以及案号等情况填写完整，然后在结案呈批表中的“承办人意见处”写明案件的具体处理结果，在“承办人签名”处签名并在裁判文书原件尾部有自己署名的对应位置签名。

承办法官将结案呈批表填写完整后，连同制作好的裁判文书和案卷材料一并交给审判长和其他合议庭成员，以备审判长和合议庭其他成员审核签字。审判长和合议庭其他成员对承办法官所制作的裁判文书审核无误后，应分别在结案呈批表中的“审判长意见”和“合议庭意见”处签上自己的意见和名字，同时在裁判文书原件尾部有自己署名的对应位置签名。审判长虽然同意承办法官的裁判结果但认为裁判文书的具体内容需要修改的，可以直接在裁判文书上作修改，承办法官应当按照审判长修改的内容对裁判文书进行修改。

如果案件需要报经庭长或院长审批的，应将案卷全部材料连同结案呈批表和裁判文书一并交给庭长或院长，由庭长或院长在结案呈批表中的“庭长意见”或“院长意见”处签上意见和名字。院长、庭长在审核合议庭的评议意见和裁判文书过程中，对评议结论有异议的，可以建议合议庭复议，合议庭复议后，庭长仍有异议的，可以将案件提请院长审核，院长可以提交审判委员会讨论决定。

书记员应在结案呈批表中的“核稿人”位置签名，并同时在裁判文书原件尾部有自己署名的对应位置签名。

案件结案呈批表

(适用一审程序)

20　　年　　月　　日

原告				代理人	
被告				代理人	
收案案由		结案案由		案号	
承办人意见					
审判长意见					
合议庭意见					
庭长审批					
院长审批					
备注					

案件结案呈批表
（适用二审程序）

20　　年　　月　　日

<table>
<tr><td>上诉人
（原审　　）</td><td colspan="3"></td><td>代理人</td><td></td></tr>
<tr><td>被上诉人
（原审　　）</td><td colspan="3"></td><td>代理人</td><td></td></tr>
<tr><td>收案
案由</td><td></td><td>结案
案由</td><td></td><td>案号</td><td></td></tr>
<tr><td>承办人
意见</td><td colspan="5"></td></tr>
<tr><td>审判长
意见</td><td colspan="5"></td></tr>
<tr><td>合议庭
意见</td><td colspan="5"></td></tr>
<tr><td>庭长
审批</td><td colspan="5"></td></tr>
<tr><td>院长
审批</td><td colspan="5"></td></tr>
<tr><td>备注</td><td colspan="5"></td></tr>
<tr><td>承办人签名</td><td colspan="3"></td><td>核稿人</td><td></td></tr>
</table>

四、校对裁判文书时应注意的事项

裁判文书的审批工作完成后,承办法官和书记员要对审判长及合议庭其他成员审核修改过的裁判文书进行校对。校对时除了要改正文书中的错别字、修改语句不通顺的地方外,还要按照相关规定正确使用数字、计量单位和标点符号,正确引用所适用法律的条、款、项、目。在校对裁判文书时要注意以下具体问题:

(一)校对标题、案号和当事人情况时应注意的问题

1. 裁判文书标题的校对

文书标题由制作法院名称和裁判文书种类组成。标题应分两行,上行写制作法院名称,下行写裁判文书种类,均写在各行的正中。法院名称用2号标宋体字,裁判文书名称用1号标宋体字。如果是涉外案件,法院名称应写两行,第一行是"中华人民共和国",第二行是制作法院的具体名称。

对于裁判文书标题的校对要注意:(1)涉外案件的文书标题要加"中华人民共和国"字样;(2)文书标题的字体,中华人民共和国和法院名称用2号标宋体字,文书名称用1号标宋体字。

2. 案号和案由的核对

案号应与立案审批表所记载一致。案号由立案年度、受理案件法院的简称、案件性质简称、审判程序的代字以及案件的顺序号组成。案号及正文均用3号标仿宋体字,案号写在裁判文书名称下行靠右侧位置,裁判文书名称与案号之间要空出一行,案号与正文之间也要空一行。案号中的年度和案件顺序号均使用阿拉伯数字。

裁判文书中的案号一定要与立案审批表中的案号一致,文书中的案号错了所对应的案件也就错了,不便于对案件的查询和管理。案号在初步校对时就应核对准确,如果在已经印制好的裁判文书中发现案号仍有错误的,可以在印制好的裁判文书中直接改正并加盖审判员或书记员的名章,或另行制作补正裁定进行纠正,不必重新印制。

案由的核对应分两种情况:(1)审判庭经过审查后认为立案庭在立案时所确定的案由是正确的,裁判文书中就按照立案审批表中确定的案由进行核对;(2)审判庭经过审查后认为立案庭确定的案由不正确,应在审理案件的过程中更改案由,裁判文书中所表述的案由就以审判庭更改的案由为准。

3. 当事人基本情况的校对

当事人是自然人的，写明其姓名、性别、民族、出生年月日和住址，职业或工作单位和职务。住址应写其住所地，住所地与经常居住地不一致的，写经常居住地。

当事人是法人的，写明法人的名称和住所地，法人名称要写全称，另起一行写该单位法定代表人的姓名和职务。如果当事人是不具备法人资格的组织或是起字号的个人合伙，写明其名称（字号）和所在地址，另起一行写明负责人或代表人的姓名和职务。

当事人是个体工商户的，写明业主的姓名、性别、民族、出生年月日、住址。有字号的，在姓名后加括号注明“系×××（字号名）业主”。

当事人情况按原告、被告、第三人的顺序书写。

被告提起反诉的案件，应在原告和被告在本诉中的诉讼主体称谓后，用括号注明其在反诉中的诉讼地位，即“原告”（反诉被告）“被告”（反诉原告）。

当事人有法定代理人或指定代理人的，应在当事人的基本情况写完后，另起一行接着列项写明其法定代理人或指定代理人的情况：姓名、性别、民族、出生年月日、住址，职业或工作单位和职务，并在其姓名后用括号注明其与当事人的关系。

当事人有委托代理人的，在当事人的基本情况写完后，另起一行列项写明代理人的姓名、性别、民族、出生年月日、住址，职业或工作单位和职务。委托代理人是当事人的近亲属，还应在委托代理人的姓名后用括号注明其与当事人的关系。委托代理人是律师的，只需写明律师的姓名、工作单位和职务。

二审案件当事人的主体称谓是“上诉人”和“被上诉人”，另外还要在其主体称谓后用括号注明其在原审中的诉讼地位，即“上诉人”（原审×告）“被上诉人”（原审×告）。在列明上诉案件当事人的主体地位时应当注意以下几方面：(1)双方当事人均提起上诉的，均列为上诉人；(2)上诉是针对对方当事人提出的，不涉及其他共同诉讼人利益的，对方当事人为被上诉人，未上诉的其他共同诉讼人依原审诉讼地位列明；(3)上诉仅对共同诉讼人的权利义务分担有意见，不涉及对方当事人利益的，未上诉的共同诉讼人为被上诉人，对方当事人依原审诉讼地位列明；(4)上诉对共同诉讼人和对方当事人权利义务的分担均有异议的，未提出上诉的当事人和共同诉讼人均为被上诉人;(5)无民事行为能力人或限制民事行为能力人的法定代理人或指定代理人,代为当事人提起上诉的,仍应将无民事行为能力人或限制民事行为能力人列为上诉人。

当事人及其诉讼代理人的基本情况要严格依照他们提交的诉讼手续进行核对。

当事人为法人或其他组织的,其名称要与其工商登记中的名称或公章上的名称完全一致,不能用简称,也不能漏字或多字。法人或其他组织的主要负责人在诉讼中的称谓要写准确,法人的主要负责人称为"法定代表人",不具备法人资格的其他组织的主要负责人称为"负责人"或"代表人"。

当事人为自然人的,其基本情况要依照当事人的身份证复印件核对其姓名、性别、民族、出生年月、住址,其工作单位、职业和职务依照当事人提交的其他资料核对。当事人的住址与其经常居住地不一致的,写明其经常居住地。

诉讼代理人的称谓,应当核对其身份是法定代理人、指定代理人还是委托代理人。法定代理人或指定代理人应核对其姓名、性别、住址、工作单位、职业和职务,并在姓名后括注其与当事人的关系。委托代理人应核对其姓名、性别、住址、工作单位、职业和职务;如果委托代理人是当事人的近亲属,应在委托代理人姓名后括注其与当事人的关系;如果委托代理人是律师,只需写明其姓名、工作单位和职务。

(二)校对审判组织形式和审理方式应注意的问题

裁判文书中应该写明审理该案所采用的审判组织方式(组成合议庭审理还是独任审判)和审理方式(公开开庭还是不公开开庭)。公开开庭审理的,要写明到庭参加诉讼的当事人及诉讼代理人,当事人经合法传唤未到庭的,应写"×告×××经本院合法传唤无正当理由拒不到庭";当事人未经法庭许可中途退庭的,应写"×告×××未经法庭许可中途退庭"。不公开开庭审理的,要说明不公开开庭的理由和依据,最后写明"本案现已审理终结"。

根据《民事诉讼法》规定第二审人民法院对上诉案件,应当组成合议庭,开庭审理。经过阅卷和调查,询问当事人,在事实核对清楚后,合议庭认为不需要开庭审理的,也可以径行判决、裁定。因此,二审法院对于上诉民事案件,可以组成合议庭开庭审理,也可以组成合议庭书面审理或不开庭审理。不开庭审理就是通过询问当事人来调查案件事实的一种审理方式,询问当事人不要求合议庭成员都参加询问过程,一般由承办法官、书记员和当事人参加;询问方式也不需要按照开庭的程序进行,只需将案件事实调查清楚即可。

对二审法院书面审理或不开庭审理的案件,在审理组织和审理方式中应写明:"本院依法组成合议庭审理了本案,现已审理终结。"

按照法律规定依法公开开庭或不公开开庭审理案件的,审判组织形式与审判方式在裁判文书中的表述为:"本院依法组成合议庭(或依法由审判员×××独任审判),公开(或不公开)开庭进行了审理……(写明本案当事人及其诉讼代理人等)到庭参加诉讼。本案现已审理终结。"

(三)校对其他技术要求和援引法律应注意的问题

1.裁判文书中相关技术要求的校对

裁判文书中的有关技术要求,如数字的用法、计量单位的用法、标点符号的用法以及印制的标准等,要按照《北京市高级人民法院关于制作裁判文书有关技术要求的规定》进行校对。技术要求除按照上述规定进行校对外,其他数字的使用问题,依照《中华人民共和国国家标准〈出版物上数字用法的规定〉》的要求执行;其他计量单位的使用问题,依照《中华人民共和国法定计量单位》的规定执行;其他标点符号的使用问题,依照《中华人民共和国国家标准〈标点符号用法〉》的要求执行。

2.裁判文书中援引法律问题的校对

在援引法律时,要正确引用法律的条、款、项、目。法律是由法条组成的,而法条则由款、项、目组成,其中法条的子项目是款,款的子项目是项,项的子项目是目。引用法律、法规等的条文时,应按条、款、项、目顺序来写,即条下为款,款下为项,项下为目。

条是法律规定中具体条文的基本划分,是构成具体法律规定的基本单位。

款是条的组成部分。在一般情况下,每一款都是一个独立的内容或是对其前一款内容的补充表述。款的表现形式为条中的自然段。每个自然段为一款。该自然段前不冠以数字排列顺序。参照《最高人民法院关于引用法律、法令等所列条、款、项、目顺序的通知》,如果某一条下面没有分款而直接分列几项的,就不要加"第一款"。款的数目的书写一般应当使用中文,不用阿拉伯数字。

项是以列举的形式对前段文字的说明,项前冠以数字以对列举的内容进行排列,各项前都冠以(一)、(二)、(三)等数字,而且这些数字只能以中文数字加括号的形式出现。对含有项的法条,适用时应当适用到项。根据立法技术的不同需要,项可以依附于条,也可以依附于款。即条中可以有项,款中也可以有项。

目隶属于项,是法律规范中最小的单位。目的特性作用与项相似,不同的是项是对条或款的列举式说明,而目是对项的列举式说明。项的前面冠以中文数字加括号,而目的前面则冠以阿拉伯数字,并在阿拉伯数字后加点(在具体引用法条的目时,只注明阿拉伯数字,无须加点)。如果某个法条或款的内容有项,而项下还有目的,在适用法律时就应当适用到目。

五、裁判文书的印制和盖章

(一)裁判文书印制

裁判文书一般需要印制 15 ~ 20 份。其中需要给当事人和其诉讼代理人每人送达 1 份;订卷归档需要 4 份(1 份订入卷宗,3 份附在卷内备用);合议庭成员及书记员各留存 1 份;一审案件上诉后,一审文书需移送上诉法院 3 份左右;二审案件结案后退还一审卷宗时,二审文书需一并移送一审法院 3 份。

裁判文书印好后有分页需要装订或粘贴的要按照规定装订或粘贴。发放给当事人和代理人的裁判文书、合议庭成员自己留存的裁判文书以及移送其他法院的裁判文书,可以用订书钉装订。但是案卷归档所用的文书,不能用订书钉装订,只能用胶水粘贴。文书材料上的金属物必须剔除干净,如果卷宗中留有这些金属物,一方面对卷宗的装订有影响,另一方面这些金属物容易腐蚀卷宗,不利于卷宗的长期保管。

裁判文书印制并装订、粘贴完毕后,书记员应在裁判文书上盖章,盖章后裁判文书才生效,才能送达给当事人。裁判文书上需要盖两个章,一个是人民法院的院章,院章是圆形章,加盖在裁判文书尾部判决日期的中间;另一个是长方形的核对无误章,核对无误章上的内容是"本件与原本核对无误",这个章是书记员在核对判决书正本与原本无误后加盖在裁判文书上的,它是书记员履行职责的体现,也是裁判文书有效性的重要标志。核对无误章应加盖在裁判文书的尾部,判决日期与书记员署名之间的空行处,左边与裁判文书的正文对齐。

发现印制好的裁判文书中有笔误(指法律文书误写、误算、诉讼费用漏写、误算和其他笔误),如果尚未将裁判文书送达给当事人的,可以直接在裁判文书上将笔误改正,并在改正处加盖审判员或书记员的人名章。但每份裁判文书修改的笔误不能超过两个字。另外,裁判文书的裁判结果内容有笔误不能修改。每份裁判文书修改的笔误超过两个字或者裁判结果内容有笔误的,裁判文书必须重新打印;印制好的裁判文书有笔误且已经送达给当事人的,人民法院必须将笔误的地方以补正裁定的形式进行补正,并将补正裁定送达给当事人。补正裁定中首先要明确原裁判文书中错误的内容,然后确定错误内容改正后的正确内容应为什么。补正裁定与裁判文书具有同等法律效力。

(二)裁判文书盖章位置

审判长　×××
审判员　×××
审判员　×××
二〇　年　月　日

本件与原件核对无误　　（院印）

书记员　×××

六、与裁判文书校对相关的业务文件

《北京市高级人民法院关于制作裁判文书有关技术要求的规定》(2005年修订)

为进一步规范全市法院裁判文书的数字、计量单位、标点符号用法和印制标准,根据《中华人民共和国国家标准〈出版物上数字用法的规定〉和〈标点符号用法〉》及《中华人民共和国法定计量单位》的规定,按照最高人民法院的有关要求,结合本市法院实际,制定本规定。

一、数字的用法

1. 裁判文书中表述数字,视不同情况可分别使用阿拉伯数字或汉字数字小写(以下简称汉字数字),但应保持相对统一。

裁判文书中表述数字,可以使用阿拉伯数字而且很得体的地方,均应使用阿拉伯数字,但另有规定的除外。

2. 下列情况,应使用汉字数字:

(1)裁判文书的裁判主文需要列条的序号;

(2)裁判文书的裁判主文涉及的数字;

(3)裁判文书尾部的年、月、日;

(4)定型的词、词组、成语、惯用语、缩略语或具有修辞色彩的词语中作为词素的数字,如一律、星期六、三棱刮刀、七上八下、不管三七二十一、第三季度;

(5)相邻的两个数字并列连用表示的概数,如二三米、三五天、十七八岁、七八十种,但在连用的两个数字之间不得用顿号隔开;

(6)带有“几”字的数字表示的约数,如几十年、三十几天、几万分之一。

3. 下列情况,应使用阿拉伯数字:

(1)除本规定第2条列举的情况之外的公历世纪、年代、年、月、日及时、分、秒;

(2)物理量的量值,即表示长度、质量、电流、热力学温度、物质的量和发光强度量等的量值,如856.80千米、500克、12.5平方米;

(3)非物理量(日常生活中使用的量)的数量,如48.60元、27亿美元、18岁、10个月;

(4)案号、部队番号、证件号码、地址门牌号码;

(5)为保持裁判文书体例一致,凡用“多”“余”“左右”“上下”“约”等表示的约数,如80余次、约80次、800多吨。

4. 引用法律、法规及司法解释条文时,原条文用阿拉伯数字的,应用阿拉伯数字;原条文用汉字数字的,应用汉字数字。

5. 使用阿拉伯数字应注意下列问题:

(1)4位以内的数字,不需用分节法,如8715;

(2)4位以上(修改为:4位和4位以上)的数字,采用三位分节法,即从小数点往前每三位数字为一节,节与节之间采用空格的方法断开,空格位置不需使用千分撇(“,”),如2 748 456;

(3)5位以上的数字,尾数零多的,可以“万”“亿”为单位,如345 000 000,可以写成34 500万或3.45亿,但不能写作3亿4千5百万;

(4)每两个阿拉伯数字占一个汉字的位置;

(5)一个用阿拉伯数字书写的多位数不能断开移行,如100 000,不能在一行末写100,又在下一行开头写000;

(6)年份不能简写,如“1999年”不得写为“99年”。

6. 除上述规定外,其他数字的使用问题,依照《中华人民共和国国家标准〈出版物上数字用法的规定〉》的要求执行。

二、计量单位的用法

7. 长度法定计量单位采用米制，单位名称用“米”“海里”“千米（公里）”；不得使用“公分”“尺”“寸”“分”及“吋”（英寸）。

8. 质量计量单位名称使用“千克”“克”“吨”；不得使用“斤”“两”。

9. 时间计量单位名称使用“秒”“分”“时”“日”“周”“月”“年”；不得使用“点”“刻”。

10. 体（容）积计量单位名称使用“升”；不得使用“公升”。

11. 其他计量单位的使用问题，依照《中华人民共和国法定计量单位》的规定执行。

三、标点符号的用法

12. 诉讼参与人自然情况的表述，同一层意思中各项之间的停顿，应使用逗号；数层意思之间的停顿，应使用分号。

13. “判决如下”“裁定如下”等词语之后，应使用冒号。

14. “原告诉称”“被告辩称”“起诉书指控”“自诉人控告”“经审理查明”“本院认为”等词语之后，凡所提示的下文只有一层意思的用逗号；有数层意思的用冒号，数层意思之间用分号。

15. 除上述规定外，其他标点符号的使用问题，依照《中华人民共和国国家标准〈标点符号用法〉》的规定执行。

四、印制的标准

16. 字体：法院名称应用 2 号标宋体字，裁判文书名称应用 1 号标宋体字，案号和正文应用 3 号仿宋体字。

17. 印刷：一般应用国际标准 A4 型（297mm×210mm）70 克纸。

18. 版式：每页 25～26 行字，每行 25～27 个字；天头大于地角，左空（装订线一侧）大于右空。

19. 装订：印页在两页以上的，应采用粘贴方法，不得使用订书机装订；一律不盖骑缝章。

五、本规定的适用

20. 本规定适用于判决书、裁定书、调解书、决定书和支付令的主体部分。

21. 本规定由市高级人民法院研究室负责解释，自修订之日起施行。（2005 年 12 月）

《最高人民法院关于裁判文书引用法律、法规等规范性法律文件的规定》

为进一步规范裁判文书引用法律、法规等规范性法律文件的工作,提高裁判质量,确保司法统一,维护法律权威,根据《中华人民共和国立法法》等法律规定,制定本规定。

第一条　人民法院的裁判文书应当依法引用相关法律、法规等规范性法律文件作为裁判依据。引用时应当准确完整写明规范性法律文件的名称、条款序号,需要引用具体条文的,应当整条引用。

第二条　并列引用多个规范性法律文件的,引用顺序如下:法律及法律解释、行政法规、地方性法规、自治条例或者单行条例、司法解释。同时引用两部以上法律的,应当先引用基本法律,后引用其他法律。引用包括实体法和程序法的,先引用实体法,后引用程序法。

第三条　刑事裁判文书应当引用法律、法律解释或者司法解释。刑事附带民事诉讼裁判文书引用规范性法律文件,同时适用本规定第四条规定。

第四条　民事裁判文书应当引用法律、法律解释或者司法解释。对于应当适用的行政法规、地方性法规或者自治条例和单行条例,可以直接引用。

第五条　行政裁判文书应当引用法律、法律解释、行政法规或者司法解释。对于应当适用的地方性法规、自治条例和单行条例、国务院或者国务院授权的部门公布的行政法规解释或者行政规章,可以直接引用。

第六条　对于本规定第三条、第四条、第五条规定之外的规范性文件,根据审理案件的需要,经审查认定为合法有效的,可以作为裁判说理的依据。

第七条　人民法院制作裁判文书确需引用的规范性法律文件之间存在冲突,根据立法法等有关法律规定无法选择适用的,应当依法提请有决定权的机关做出裁决,不得自行在裁判文书中认定相关规范性法律文件的效力。

第八条　本院以前发布的司法解释与本规定不一致的,以本规定为准。

《人民法院民事裁判文书制作规范》

为指导全国法院民事裁判文书的制作,确保文书撰写做到格式统一、要素齐全、结构完整、繁简得当、逻辑严密、用语准确,提高文书质量,制定本规范。

一、基本要素

文书由标题、正文、落款三部分组成。

标题包括法院名称、文书名称和案号。

正文包括首部、事实、理由、裁判依据、裁判主文、尾部。首部包括诉讼参加人及其基本情况,案件由来和审理经过等;事实包括当事人的诉讼请求、事实和理由,人民法院认定的证据及事实;理由是根据认定的案件事实和法律依据,对当事人的诉讼请求是否成立进行分析评述,阐明理由;裁判依据是人民法院作出裁判所依据的实体法和程序法条文;裁判主文是人民法院对案件实体、程序问题作出的明确、具体、完整的处理决定;尾部包括诉讼费用负担和告知事项。

落款包括署名和日期。

二、标题

标题由法院名称、文书名称和案号构成,例如,"××××人民法院民事判决书(民事调解书、民事裁定书)+案号"。

(一)法院名称

法院名称一般应与院印的文字一致。基层人民法院、中级人民法院名称前应冠以省、自治区、直辖市的名称,但军事法院、海事法院、铁路运输法院、知识产权法院等专门人民法院除外。

涉外裁判文书,法院名称前一般应冠以"中华人民共和国"国名;案件当事人中如果没有外国人、无国籍人、外国企业或组织的,地方人民法院、专门人民法院制作的裁判文书标题中的法院名称无须冠以"中华人民共和国"。

(二)案号

案号由收案年度、法院代字、类型代字、案件编号组成。

案号="("+收案年度+")"+法院代字+类型代字+案件编号+"号"。

案号的编制、使用应根据《最高人民法院关于人民法院案件案号的若干规定》等执行。

三、正文

(一)当事人的基本情况

1. 当事人的基本情况包括:诉讼地位和基本信息。

2. 当事人是自然人的,应当写明其姓名、性别、出生年月日、民族、职业或者工作单位和职务、住所。姓名、性别等身份事项以居民身份证、户籍证明为准。

当事人职业或者工作单位和职务不明确的,可以不表述。

当事人住所以其户籍所在地为准;离开户籍所在地有经常居住地的,经常居住地为住所。连续两个当事人的住所相同的,应当分别表述,不用"住所同上"的表述。

3. 有法定代理人或指定代理人的,应当在当事人之后另起一行写明其姓名、性别、职业或工作单位和职务、住所,并在姓名后用括号注明其与当事人的关系。代理人为单位的,写明其名称及其参加诉讼人员的基本信息。

4. 当事人是法人的,写明名称和住所,并另起一行写明法定代表人的姓名和职务。当事人是其他组织的,写明名称和住所,并另起一行写明负责人的姓名和职务。

当事人是个体工商户的,写明经营者的姓名、性别、出生年月日、民族、住所;起有字号的,以营业执照上登记的字号为当事人,并写明该字号经营者的基本信息。

当事人是起字号的个人合伙的,在其姓名之后用括号注明"系……(写明字号)合伙人"。

5. 法人、其他组织、个体工商户、个人合伙的名称应写全称,以其注册登记文件记载的内容为准。

6. 法人或者其他组织的住所是指法人或者其他组织的主要办事机构所在地;主要办事机构所在地不明确的,法人或者其他组织的注册地或者登记地为住所。

7. 当事人为外国人的,应当写明其经过翻译的中文姓名或者名称和住所,并用括号注明其外文姓名或者名称和住所。

外国自然人应当注明其国籍。国籍应当用全称。无国籍人,应当注明无国籍。

港澳台地区的居民在姓名后写明"香港特别行政区居民""澳门特别行

政区居民”或“台湾地区居民”。

外国自然人的姓名、性别等基本信息以其护照等身份证明文件记载的内容为准；外国法人或者其他组织的名称、住所等基本信息以其注册登记文件记载的内容为准。

8. 港澳地区当事人的住所，应当冠以“香港特别行政区”“澳门特别行政区”。

台湾地区当事人的住所，应当冠以“台湾地区”。

9. 当事人有曾用名，且该曾用名与本案有关联的，裁判文书在当事人现用名之后用括号注明曾用名。

诉讼过程中当事人姓名或名称变更的，裁判文书应当列明变更后的姓名或名称，变更前姓名或名称无须在此处列明。对于姓名或者名称变更的事实，在查明事实部分写明。

10. 诉讼过程中，当事人权利义务继受人参加诉讼的，诉讼地位从其承继的诉讼地位。裁判文书中，继受人为当事人；被继受人在当事人部分不写，在案件由来中写明继受事实。

11. 在代表人诉讼中，被代表或者登记权利的当事人人数众多的，可以采取名单附后的方式表述，“原告×××等×人”(名单附后)。

当事人自行参加诉讼的，要写明其诉讼地位及基本信息。

12. 当事人诉讼地位在前，其后写当事人姓名或者名称，两者之间用冒号。当事人姓名或者名称之后，用逗号。

(二)委托诉讼代理人的基本情况

1. 当事人有委托诉讼代理人的，应当在当事人之后另起一行写明为“委托诉讼代理人”，并写明委托诉讼代理人的姓名和其他基本情况。有两个委托诉讼代理人的，分行分别写明。

2. 当事人委托近亲属或者本单位工作人员担任委托诉讼代理人的，应当列在第一位，委托外单位的人员或者律师等担任委托诉讼代理人的列在第二位。

3. 当事人委托本单位人员作为委托诉讼代理人的，写明姓名、性别及其工作人员身份。其身份信息可表述为“该单位(如公司、机构、委员会、厂等)工作人员”。

4. 律师、基层法律服务工作者担任委托诉讼代理人的，写明律师、基层法院法律服务工作者的姓名，所在律师事务所的名称、法律服务所的名称及执业身份。其身份信息表述为"××律师事务所律师""××法律服务所法律工作者"。属于提供法律援助的,应当写明法律援助情况。

5. 委托诉讼代理人是当事人近亲属的,应当在姓名后用括号注明其与当事人的关系,写明住所。代理人是当事人所在社区、单位以及有关社会团体推荐的公民的,写明姓名、性别、住所,并在住所之后注明具体由何社区、单位、社会团体推荐。

6. 委托诉讼代理人变更的,裁判文书首部只列写变更后的委托诉讼代理人。对于变更的事实可根据需要写明。

7. 委托诉讼代理人后用冒号,再写委托诉讼代理人姓名。委托诉讼代理人姓名后用逗号。

(三)当事人的诉讼地位

1. 一审民事案件当事人的诉讼地位表述为"原告""被告"和"第三人"。先写原告,后写被告,再写第三人。有多个原告、被告、第三人的,按照起诉状列明的顺序写。起诉状中未列明的当事人,按照参加诉讼的时间顺序写。

提出反诉的,需在本诉称谓后用括号注明反诉原告、反诉被告。反诉情况在案件由来和事实部分写明。

2. 二审民事案件当事人的诉讼地位表述为"上诉人""被上诉人""第三人""原审原告""原审被告""原审第三人"。先写上诉人,再写被上诉人,后写其他当事人。其他当事人按照原审诉讼地位和顺序写明。被上诉人也提出上诉的,列为"上诉人"。

上诉人和被上诉人之后,用括号注明原审诉讼地位。

3. 再审民事案件当事人的诉讼地位表述为"再审申请人""被申请人"。其他当事人按照原审诉讼地位表述,例如,一审终审的,列为"原审原告""原审被告""原审第三人";二审终审的,列为"二审上诉人""二审被上诉人"等。

再审申请人、被申请人和其他当事人诉讼地位之后,用括号注明一审、二审诉讼地位。

抗诉再审案件(再审检察建议案件),应当写明抗诉机关(再审检察建议机关)及申诉人与被申诉人的诉讼地位。案件由来部分写明检察机关出庭人员的基本情况。对于检察机关因国家利益、社会公共利益受损而依职权启动程序的案件,应列明当事人的原审诉讼地位。

4. 第三人撤销之诉案件,当事人的诉讼地位表述为“原告”“被告”“第三人”。“被告”之后用括号注明原审诉讼地位。

5. 执行异议之诉案件,当事人的诉讼地位表述为“原告”“被告”“第三人”,并用括号注明当事人在执行异议程序中的诉讼地位。

6. 特别程序案件,当事人的诉讼地位表述为“申请人”。有被申请人的,应当写明被申请人。

选民资格案件,当事人的诉讼地位表述为“起诉人”。

7. 督促程序案件,当事人的诉讼地位表述为“申请人”“被申请人”。

公示催告程序案件,当事人的诉讼地位表述为“申请人”;有权利申报人的,表述为“申报人”。申请撤销除权判决的案件,当事人表述为“原告”“被告”。

8. 保全案件,当事人的诉讼地位表述为“申请人”“被申请人”。

9. 复议案件,当事人的诉讼地位表述为“复议申请人”“被申请人”。

10. 执行案件,执行实施案件,当事人的诉讼地位表述为“申请执行人”“被执行人”。

执行异议案件,提出异议的当事人或者利害关系人的诉讼地位表述为“异议人”,异议人之后用括号注明案件当事人或利害关系人,其他未提出异议的当事人亦应分别列明。

案外人异议案件,当事人的诉讼地位表述为“案外人”“申请执行人”“被执行人”。

(四)案件由来和审理经过

1. 案件由来部分简要写明案件名称与来源。

2. 案件名称是当事人与案由的概括。民事一审案件名称表述为“原告×××与被告×××……(写明案由)一案”。

诉讼参加人名称过长的,可以在案件由来部分第一次出现时用括号注明其简称,表述为“以下简称×××”。裁判文书中其他单位或组织名称过长的,也可在首次表述时用括号注明其简称。

诉讼参加人的简称应当规范,需能够准确反映其名称的特点。

3. 案由应当准确反映案件所涉及的民事法律关系的性质,符合最高人民法院有关民事案件案由的规定。

经审理认为立案案由不当的,以经审理确定的案由为准,但应在本院认为部分予以说明。

4. 民事一审案件来源包括:(1)新收;(2)有新的事实、证据重新起诉;(3)上级人民法院发回重审;(4)上级人民法院指令立案受理;(5)上级人民法院指定审理;(6)上级人民法院指定管辖;(7)其他人民法院移送管辖;(8)提级管辖。

5. 书写一审案件来源的总体要求是:(1)新收、重新起诉的,应当写明起诉人;(2)上级法院指定管辖、本院提级管辖的,除应当写明起诉人外,还应写明报请上级人民法院指定管辖(报请移送上级人民法院)日期或者下级法院报请指定管辖(下级法院报请移送)日期,以及上级法院或者本院作出管辖裁定日期;(3)上级法院发回重审、上级法院指令受理、上级法院指定审理、移送管辖的,应当写明原审法院作出裁判的案号及日期,上诉人,上级法院作出裁判的案号及日期、裁判结果,说明引起本案的起因。

6. 一审案件来源为上级人民法院发回重审的,发回重审的案件应当写明"原告×××与被告×××……(写明案由)一案,本院于××××年××月××日作出……(写明案号)民事判决。×××不服该判决,向×××法院提起上诉。××××法院于××××年××月××日作出……(写明案号)裁定,发回重审。本院依法另行组成合议庭……"

7. 审理经过部分应写明立案日期及庭审情况。

8. 立案日期表述为:"本院于××××年××月××日立案后。"

9. 庭审情况包括适用程序、程序转换、审理方式、参加庭审人员等。

10. 适用程序包括普通程序、简易程序、小额诉讼程序和非讼程序。

非讼程序包括特别程序、督促程序、公示催告程序等。

11. 民事一审案件由简易程序(小额诉讼程序)转为普通程序的,审理经过表述为:"于××××年××月××日公开/因涉及……不公开(写明不公开开庭的理由)开庭审理了本案,经审理发现有不宜适用简易程序(小额诉讼程序)的情形,裁定转为普通程序,于××××年××月××日再次公开/不公开开庭审理了本案。"

12. 审理方式包括开庭审理和不开庭审理。开庭审理包括公开开庭和不公开开庭。

不公开开庭的情形包括:(1)因涉及国家秘密不公开开庭;(2)因涉及个人隐私不公开开庭;(3)因涉及商业秘密,经当事人申请,决定不公开开庭;(4)因离婚,经当事人申请,决定不公开开庭;(5)法律另有规定的。

13. 开庭审理的应写明当事人出庭参加诉讼情况(包括未出庭或者中

途退庭情况)；不开庭的，不写。不开庭审理的，应写明不开庭的原因。

14. 当事人未到庭应诉或者中途退庭的，写明经传票传唤，无正当理由拒不到庭或者未经法庭许可中途退庭情况。

15. 一审庭审情况表述为："本院于××××年××月××日公开/因涉及……(写明不公开开庭的理由)不公开开庭审理了本案，原告×××及其诉讼代理人×××，被告×××及其诉讼代理人×××等到庭参加诉讼。"

16. 对于审理中其他程序性事项，如中止诉讼情况应当写明。对中止诉讼情形，表述为："因……(写明中止诉讼事由)，于××××年××月××日裁定中止诉讼，××××年××月××日恢复诉讼。"

(五)事实

1. 裁判文书的事实主要包括：原告起诉的诉讼请求、事实和理由，被告答辩的事实和理由，法院认定的事实和据以定案的证据。

2. 事实首先写明当事人的诉辩意见。按照原告、被告、第三人的顺序依次表述当事人的起诉意见、答辩意见、陈述意见。诉辩意见应当先写明诉讼请求，再写事实和理由。

二审案件先写明当事人的上诉请求等诉辩意见。然后再概述一审当事人的诉讼请求，人民法院认定的事实、裁判理由、裁判结果。

再审案件应当先写明当事人的再审请求等诉辩意见，然后再简要写明原审基本情况。生效判决为一审判决的，原审基本情况应概述一审诉讼请求、法院认定的事实、裁判理由和裁判结果；生效判决为二审判决的，原审基本情况先概述一审诉讼请求、法院认定的事实和裁判结果，再写明二审上诉请求、认定的事实、裁判理由和裁判结果。

3. 诉辩意见不需原文照抄当事人的起诉状或答辩状、代理词内容或起诉、答辩时提供的证据，应当全案考虑当事人在法庭上的诉辩意见和提供的证据综合表述。

4. 当事人在法庭辩论终结前变更诉讼请求或者提出新的请求的，应当在诉称部分中写明。

5. 被告承认原告主张的全部事实的，写明"×××承认×××主张的事实"。被告承认原告主张的部分事实的，写明"×××承认×××主张的……事实"。

被告承认全部诉讼请求的，写明："×××承认×××的全部诉讼请求。”被告承认部分诉讼请求的,写明被告承认原告的部分诉讼请求的具体内容。

6. 在诉辩意见之后,另起一段简要写明当事人举证、质证的一般情况,表述为:“本案当事人围绕诉讼请求依法提交了证据,本院组织当事人进行了证据交换和质证。”

7. 当事人举证质证一般情况后直接写明人民法院对证据和事实的认定情况。对当事人所提交的证据原则上不一一列明,可以附录全案证据或者证据目录。

对当事人无争议的证据,写明“对当事人无异议的证据,本院予以确认并在卷佐证”。对有争议的证据,应当写明争议的证据名称及人民法院对争议证据认定的意见和理由;对有争议的事实,应当写明事实认定意见和理由。

8. 对于人民法院调取的证据、鉴定意见,经庭审质证后,按照当事人是否有争议分别写明。对逾期提交的证据、非法证据等不予采纳的,应当说明理由。

9. 争议证据认定和事实认定,可以合并写,也可以分开写。分开写的,在证据的审查认定之后,另起一段概括写明法院认定的基本事实,表述为:“根据当事人陈述和经审查确认的证据,本院认定事实如下:……”

10. 认定的事实,应当重点围绕当事人争议的事实展开。按照民事举证责任分配和证明标准,根据审查认定的证据有无证明力、证明力大小,对待证事实存在与否进行认定。要说明事实认定的结果、认定的理由以及审查判断证据的过程。

11. 认定事实的书写方式应根据案件的具体情况,层次清楚,重点突出,繁简得当,避免遗漏与当事人争议有关的事实。一般按时间先后顺序叙述,或者对法律关系或请求权认定相关的事实着重叙述,对其他事实则可归纳、概括叙述。

综述事实时,可以划分段落层次,亦可根据情况以“另查明”为引语叙述其他相关事实。

12. 召开庭前会议时或者在庭审时归纳争议焦点的,应当写明争议焦点。争议焦点的摆放位置,可以根据争议的内容处理。争议焦点中有证据和事实内容的,可以在当事人诉辩意见之后在当事人争议的证据和事实中写明。争议焦点主要是法律适用问题的,可以在本院认为部分,先写明争议焦点。

13. 适用外国法的,应当叙述查明外国法的事实。

(六)理由

1. 理由部分的核心内容是针对当事人的诉讼请求,根据认定的案件事实,依照法律规定,明确当事人争议的法律关系,阐述原告请求权是否成立,依法应当如何处理。裁判文书说理要做到论理透彻,逻辑严密,精练易懂,用语准确。

2. 理由部分以"本院认为"作为开头,其后直接写明具体意见。

3. 理由部分应当明确纠纷的性质、案由。原审确定案由错误,二审或者再审予以改正的,应在此部分首先进行叙述并阐明理由。

4. 说理应当围绕争议焦点展开,逐一进行分析论证,层次明确。对争议的法律适用问题,应当根据案件的性质、争议的法律关系、认定的事实,依照法律、司法解释规定的法律适用规则进行分析,作出认定,阐明支持或不予支持的理由。

5. 争议焦点之外,涉及当事人诉讼请求能否成立或者与本案裁判结果有关的问题,也应在说理部分一并进行分析论证。

6. 理由部分需要援引法律、法规、司法解释时,应当准确、完整地写明规范性法律文件的名称、条款项序号和条文内容,不得只引用法律条款项序号,在裁判文书后附相关条文。引用法律条款中的项的,一律使用汉字不加括号,例如:"第一项"。

7. 正在审理的案件在基本案情和法律适用方面与最高人民法院颁布的指导性案例相类似的,应当将指导性案例作为裁判理由引述,并写明指导性案例的编号和裁判要点。

8. 司法指导性文件体现的原则和精神,可在理由部分予以阐述或者援引。

9. 在说理最后,可以另起一段,以"综上所述"引出,对当事人的诉讼请求是否支持进行评述。

(七)裁判依据

1. 引用法律、法规、司法解释时,应当严格适用《最高人民法院关于裁判文书引用法律、法规等规范性法律文件的规定》。

2. 引用多个法律文件的,顺序如下:法律及法律解释、行政法规、地方性法规、自治条例或者单行条例、司法解释;同时引用两部以上法律的,应当先引用基本法律,后引用其他法律;同时引用实体法和程序法的,先引用实体法,后引用程序法。

3. 确需引用的规范性文件之间存在冲突,根据《中华人民共和国立法法》等有关法律规定无法选择适用的,应依法提请有决定权的机关作出裁决,不得自行在裁判文书中认定相关规范性法律文件的效力。

4. 裁判文书不得引用宪法和各级人民法院关于审判工作的指导性文件、会议纪要、各审判业务庭的答复意见以及人民法院与有关部门联合下发的文件作为裁判依据,但其体现的原则和精神可以在说理部分予以阐述。

5. 引用最高人民法院的司法解释时,应当按照公告公布的格式书写。

6. 指导性案例不作为裁判依据引用。

(八)裁判主文

1. 裁判主文中当事人名称应当使用全称。

2. 裁判主文内容必须明确、具体、便于执行。

3. 多名当事人承担责任的,应当写明各当事人承担责任的形式、范围。

4. 有多项给付内容的,应当先写明各项目的名称、金额,再写明累计金额。如“交通费……元、误工费……元、……,合计……元”。

5. 当事人互负给付义务且内容相同的,应当另起一段写明抵付情况。

6. 对于金钱给付的利息,应当明确利息计算的起止点、计息本金及利率。

7. 一审判决未明确履行期限的,二审判决应当予以纠正。

判决承担利息,当事人提出具体请求数额的,二审法院可以根据当事人请求的数额作出相应判决;当事人没有提出具体请求数额的,可以表述为:“按×××利率,自××××年××月××日起计算至××××年××月××日止。”

(九)尾部

1. 尾部应当写明诉讼费用的负担和告知事项。

2. 诉讼费用包括案件受理费和其他诉讼费用。收取诉讼费用的,写明诉讼费用的负担情况。如“案件受理费……元,由……负担;申请费……元,由……负担”。

3. 诉讼费用不属于诉讼争议的事项,不列入裁判主文,在判决主文后另起一段写明。

4. 一审判决中具有金钱给付义务的,应当在所有判项之后另起一行写明:“如果未按本判决指定的期间履行给付金钱义务,应当依照《中华人民共和国民事诉讼法》第二百五十三条的规定,加倍支付迟延履行期间的债务利息。”二审判决具有金钱给付义务的,属于二审改判的,无论一审判决是否写入了上述告知内容,均应在所有判项之后另起一行写明上述告知内容。二审维持原判的判决,如果一审判决已经写明上述告知内容,可不再重复告知。

5. 对依法可以上诉的一审判决,在尾部表述为:“如不服本判决,可以在判决书送达之日起十五日内,向本院递交上诉状,并按对方当事人的人数或者代表人的人数提出副本,上诉于××××人民法院。”

6. 对一审不予受理、驳回起诉、管辖权异议的裁定,尾部表述为:“如不服本裁定,可以在裁定书送达之日起十日内,向本院递交上诉状,并按对方当事人的人数或者代表人的人数提出副本,上诉于××××人民法院。”

四、落款

(一)署名

诉讼文书应当由参加审判案件的合议庭组成人员或者独任审判员署名。

合议庭的审判长,无论审判职务,均署名为“审判长”;合议庭成员有审判员的,署名为“审判员”;有助理审判员的,署名为“代理审判员”;有陪审员的,署名为“人民陪审员”。独任审理的,署名为“审判员”或者“代理审判员”。书记员,署名为“书记员”。

(二)日期

裁判文书落款日期为作出裁判的日期,即裁判文书的签发日期。当庭宣判的,应当写宣判的日期。

(三)核对戳

本部分加盖“本件与原本核对无异”字样的印戳。

五、数字用法

(一)裁判主文的序号使用汉字数字,例如:“一”“二”;

(二)裁判尾部落款时间使用汉字数字,例如:“二〇一六年八月二十九日”;

(三)案号使用阿拉伯数字,例如:“(2016)京0101民初1号”;

(四)其他数字用法按照《中华人民共和国国家标准 GB/T 15835—2011 出版物上数字用法》执行。

六、标点符号用法

(一)“被告辩称”“本院认为”等词语之后用逗号。

(二)“×××向本院提出诉讼请求”“本院认定如下”“判决如下”“裁定如下”等词语之后用冒号。

(三)裁判项序号后用顿号。

(四)除本规范有明确要求外,其他标点符号用法按照《中华人民共和国国家标准 GB/T 15834—2011 标点符号用法》执行。

七、引用规范

(一)引用法律、法规、司法解释应书写全称并加书名号。

(二)法律全称太长的,也可以简称,简称不使用书名号。可以在第一次出现全称后使用简称,例如:“《中华人民共和国民事诉讼法》(以下简称民事诉讼法)。”

(三)引用法律、法规和司法解释条文有序号的,书写序号应与法律、法规和司法解释正式文本中的写法一致。

(四)引用公文应先用书名号引标题,后用圆括号引发文字号;引用外文应注明中文译文。

八、印刷标准

(一)纸张标准,A4 型纸,成品幅面尺寸为:210mm×297mm。

(二)版心尺寸为:156mm×225mm,一般每面排 22 行,每行排 28 个字。

(三)采用双面印刷;单页页码居右,双页页码居左;印品要字迹清楚、均匀。

(四)标题位于版心下空两行,居中排布。标题中的法院名称和文书名称一般用二号小标宋体字;标题中的法院名称与文书名称分两行排列。

(五)案号之后空二个汉字空格至行末端。

(六)案号、主文等用三号仿宋体字。

(七)落款与正文同处一面。排版后所剩空白处不能容下印章时,可以适当调整行距、字距,不用“此页无正文”的方法解决。审判长、审判员每个字之间空二个汉字空格。审判长、审判员与姓名之间空三个汉字空格,姓名之后空二个汉字空格至行末端。

(八)院印加盖在日期居中位置。院印上不压审判员,下不压书记员,下弧骑年压月在成文时间上。印章国徽底边缘及上下弧以不覆盖文字为限。公章不应歪斜、模糊。

(九)凡裁判文书中出现误写、误算,诉讼费用漏写、误算和其他笔误的,未送达的应重新制作,已送达的应以裁定补正,避免使用校对章。

(十)确需加装封面的应印制封面。封面可参照以下规格制作:

1. 国徽图案高55mm,宽50mm。

2. 上页边距为65mm,国徽下沿与标题文字上沿之间距离为75mm。

3. 标题文字为“××××人民法院××判决书”(或裁定书等),位于国徽图案下方,字体为小标宋体字;标题分两行或三行排列,法院名称字体大小为30磅,裁判文书名称字体大小为36磅。

4. 封面应庄重、美观,页边距、字体大小及行距可适当进行调整。

九、其他

(一)本规范可以适用于人民法院制作的其他诉讼文书,根据具体文书性质和内容作相应调整。

(二)本规范关于裁判文书的要素和文书格式、标点符号、数字使用、印刷规范等技术化标准,各级人民法院应当认真执行。对于裁判文书正文内容、事实认定和说理部分,可以根据案件的情况合理确定。

(三)逐步推行裁判文书增加二维条形码,增加裁判文书的可识别性。

第二节　裁判文书送达工作

【工作情境九】

裁判文书印好并盖上章之后,下一步需要进行裁判文书送达工作。

【工作分析】

送达民事判决书时应注意哪些问题?送达民事裁定书和民事调解书时

应注意哪些问题?

【工作步骤】

二十二、送达裁判文书

【岗位技能】

十八、裁判文书送达技能

一、裁判文书的宣判和送达

裁判文书主要分为3种:调解书、裁定书、判决书。调解书、裁定书、判决书必须向双方当事人送达后才产生法律效力。调解书、裁定书、判决书的送达方式都是一样的,但在完成具体的送达工作时法律又规定了一些具体要求,我们分别加以说明。

(一)民事调解书的送达要求

调解书的送达要求比裁定书的送达要求严格,法律规定调解书要求直接送达当事人本人,不适用留置送达,当事人本人因故不能签收的,可由其指定的代收人签收。之所以要求调解书应当由本人签收且不适用留置送达,是因为法律明确规定了当事人一方拒绝签收调解书的,调解书不发生法律效力,人民法院要及时通知对方当事人并及时判决。调解应当依据当事人自愿和合法的原则,因此调解时当事人本人应当参加,当事人不能参加调解的,经其特别授权,可由其委托代理人参加调解,达成的调解协议可由委托代理人签名。调解书的送达应当送达给当事人本人、当事人指定的代收人或当事人特别授权的委托代理人。调解书的送达只需使用送达回证。

调解书的送达方式不适用留置送达和公告送达,也不宜适用邮寄送达。如确有必要必须向当事人邮寄送达调解书,应注意以下问题:(1)邮寄送达调解书必须附有送达回证,并在回证中注明当事人签收送达回证后应及时将送达回证退回法院;(2)调解书的送达应以当事人在送达回证上签收为准,不能仅以邮局的挂号回执为依据认定当事人已经签收调解书;(3)如果当事人收到调解书后没有及时签收送达回证并将送达回证退回,法院应当催促其退回送达回证或及时采用其他送达方式,当事人未在送达回证上签字并将送达回证退回法院,不能视为调解书已经送达。

××××人民法院
送达回证

案由	民间借贷纠纷	案号	(2019)京02民终08769号
送达文书名称和件数	民事调解书两份		
受送达人	李宇亮		
送达地址	本院		
受送达人签名或盖章	(李宇亮或其委托代理人签字)2019年5月18日		
代收人及代收理由	年　月　日		
备考			

填发人　　　　送达人

(二)裁定书的送达要求

裁定书的送达应当直接送交受送达人。受送达人是公民的,可以送达给本人或其同住成年家属,也可以送达给其诉讼代理人或指定的代收人;受送达人是法人或者其他组织的,送达给法人的法定代表人、其他组织的主要负责人或者办公室、收发室、值班室等负责收件的人,该法人或其他组织有诉讼代理人或指定的代收人的,也可以向诉讼代理人或代收人送达。裁定书的送达一般采用直接送达的方式,直接送达时当事人拒绝签收的,可以适用留置送达方式;直接送达有困难的,可以委托送达、邮寄送达或转交送达;当事人下落不明的,可以进行公告送达。裁定书的送达与一般诉讼文书的送达一样,在送达时只需使用送达回证。

××××人民法院
送达回证

案由	分期付款买卖合同纠纷	案号	(2019)京02民初12875号
送达文书名称和件数	民事裁定书两份		
受送达人	北京瑞达贸易有限责任公司		
送达地址	本院		
受送达人签名或盖章	(法定代表人或委托代理人签字)2019年5月18日		
代收人及代收理由	年　月　日		
备考			

填发人　　　　　　　　　　　　　　送达人

(三)判决书的公开宣判要求和送达要求

1. 公开宣告判决的相关法律规定

送达判决书时要求一律公开宣告判决。《民事诉讼法》第148条规定："人民法院对公开审理或者不公开审理的案件,一律公开宣告判决。当庭宣判的,应当在十日内发送判决书;定期宣判的,宣判后立即发给判决书。宣告判决时,必须告知当事人上诉权利、上诉期限和上诉的法院。宣告离婚判决,必须告知当事人在判决发生法律效力前不得另行结婚。"

2. 公开宣告判决书的程序和步骤

(1)预订法庭。定期公开宣判的案件,宣判时间确定后,书记员要提前预订宣判时所使用的法庭,避免到了预订的宣判时间没有法庭使用,以保证公开宣判工作的顺利进行。

(2)发布宣判公告。预订好宣判所使用的法庭后,下一步工作就是提前3日发布公开宣判的公告,公告中应写明公开宣判的时间、地点、案件当事人情况和案由,并注明发布公告的时间。公开宣判的公告除了对外公开发布以外,还要留底联入卷备案。

(3)通知当事人到庭参加宣判。公开宣判民事案件时一般应当通知当事人或其诉讼代理人到庭。

(4)公开宣告判决书。公开宣告判决时审判员应当向到庭的当事人及诉讼代理人宣读判决结果,并由书记员制作宣判笔录,将宣判过程和宣判内容记录下来。在记录宣判笔录时首先应把宣判笔录中的"案由""宣判时间""审判长(员)""书记员"等内容填写完整;然后写明到庭参加宣判的当事人或代理人的姓名及身份;在"审判长(员)宣读判决"处写上"审判长(员)宣读××××××判决书(略)"即可,其中的"××××××"处写该案的具体案号即可;"当事人对判决的意见"要求当事人签名盖章并写明同意判决内容还是不同意判决内容,不同意判决内容的还可以简要写明不同意判决的理由以及是否提起上诉等内容;宣判后,参加宣判过程的审判人员、书记员、当事人应分别在笔录上签名或盖章。

3. 判决书的送达要求

判决书要求公开宣告后立即向当事人或诉讼代理人送达,送达后让当事人或诉讼代理人在送达回证上签上名字和接受送达判决书的日期。因此,公开宣告判决时不仅需要使用宣判笔录,还需要使用送达回证,宣判笔录可以证明宣判程序的合法性,送达回证则证明完成了向当事人送达判决书的工作。

定期宣判的案件宣判程序结束后应当立即向当事人或诉讼代理人送达判决书。当庭宣判的宣判后不用立即送达判决书。当庭宣判的民事案件，应当在宣判后 10 日内向当事人及诉讼参与人送达判决书。人民法院在定期宣判时,当事人拒不签收判决书的,应视为送达,并在宣判笔录中记明。

北京市第二中级人民法院

公告

本院定于二〇一九年十二月十一日上午九时三十分,在本院第十七法庭依法公开宣判原告北京世纪天宇生物技术有限公司诉被告北京市中天创维科技有限公司商标许可使用合同纠纷一案。

特此公告

二〇一九年十二月八日

(院印)

北京市第二中级人民法院
宣判笔录

案由:商标许可使用合同纠纷

宣判时间:2019 年 12 月 11 日 9 时 30 分

宣判长(员):高玉梅

书记员:王　静

到庭当事人:原告北京世纪天宇生物技术有限公司委托代理人张元魁,该公司法律顾问。

被告北京市中天创维科技有限公司委托代理人丁浩川,北京市济世律师事务所律师。

审判长(员)宣读判决:宣读(2019)京 02 民初 15639 号民事判决(略)。

当事人对判决的意见:

张元魁(签字)　2019 年 12 月 11 日

丁浩川(签字)　2019 年 12 月 11 日

高玉梅(签字)　2019 年 12 月 11 日

王　静(签字)　2019 年 12 月 11 日

注:宣判后,审判人员、书记员、当事人应分别在笔录上签名或盖章。

××××人民法院
送达回证

案由	商标许可使用合同纠纷	案号	(2019)京02民初15639号
送达文书名称和件数	民事判决书两份		
受送达人	北京世纪天宇生物技术有限公司		
送达地址	本院		
受送达人签名或盖章	张元魁(签字)　2019年12月12日		
代收人及代收理由	年　月　日		
备考			

填发人　　　　　　　　　　　　　　　送达人

××××人民法院

送达回证

案由	商标许可使用合同纠纷	案号	(2019)京02民初15639号
送达文书名称和件数	民事判决书两份		
受送达人	北京市中天创维科技科技有限公司		
送达地址	本院		
受送达人签名或盖章	丁浩川(签字)　2019年12月12日		
代收人及代收理由	年　　月　　日		
备考			

填发人　　　　　　　　　　　　送达人

二、调解书、裁定书、判决书送达的法律后果

(一)调解书送达后的法律后果

调解书经双方当事人签收后即具有法律效力。因此,法院向当事人送达调解书,双方签收后,送达即完成,调解书也随即发生法律效力。对已经生效的调解书,双方当事人应当按照调解书中的内容履行权利义务,任何一方不履行已经生效的调解书,对方当事人可以向人民法院申请执行。如果当事人对已经生效的调解书反悔并有正当理由的(如调解违反了自愿原则或者调解协议内容违法),只能通过申请再审,由法院通过审判监督程序来撤销或变更。

调解书经双方当事人签收后,即发生实体法和程序法两方面的法律效力。

1. 实体法上的效力

调解书生效后产生的实体法上的效力就是因诉讼而发生的权利义务争议因调解笔录或调解书的生效而消失,双方当事人的权利义务关系依据调解书或调解笔录中记载的调解协议的内容而确定。

调解书生效后具有强制执行效力,生效的调解书与生效的判决书一样,当事人必须履行,任何一方当事人拒绝履行调解书规定的义务的,对方当事人都可以以调解书为依据向人民法院申请强制执行。

2. 程序法上的效力

生效的调解书可以结束诉讼程序。调解书生效,表明双方当事人之间的纠纷已经得到解决,诉讼程序因调解书的生效而结束。

调解书生效后,当事人不得提出上诉和再行起诉。调解协议是当事人自愿达成的,法律为了给调解的自愿性提供充分保障,规定当事人在调解书送达前可以反悔,任何一方当事人在法院送达调解书时拒绝签收,调解书即不发生法律效力,而这是任何诉讼文书都不具备的特殊权利。正因为调解书在法律上具有这样的特殊权利,所以对已经生效的调解书不允许当事人再提起上诉。已经生效的调解书与生效的判决书具有同等法律效力,都已从法律上最终解决了当事人之间的争议,因此当事人不得以同一事实和理由再次起诉。

(二)裁定书送达后的法律后果

当事人不服人民法院第一审裁定的,有权在裁定书送达之日起 10 日内向上一级人民法院提起上诉。

当事人收到一审法院的民事裁定书后，没有在法律规定的期限内提起上诉的，人民法院的一审裁定书发生法律效力。

（三）判决书宣判送达后的法律后果

当事人不服人民法院第一审判决的，有权在判决书送达之日起15日内向上一级人民法院提起上诉。

当事人收到一审法院的民事判决书后，没有在法律规定的期限内提起上诉的，人民法院的一审判决书发生法律效力。

三、期间的确定及延误期间的法律后果

（一）法定期间和指定期间

不论是当事人的诉讼行为还是人民法院的审判行为，均应在法定期间或指定期间内完成，未在法定期间或指定期间内完成诉讼行为，应当承担相应的责任和法律后果。

法定期间是指由法律直接规定的期间，法定期间不能由当事人协商，也不能由人民法院任意变更，所以法定期间也叫"不变期间"。人民法院、当事人及其他诉讼参与人都必须在法律规定的期限内完成某项诉讼行为才具有法律效力，否则就不具备法律效力。人民法院违反法定期间的行为是违法行为，应该承担相应的责任，当事人违反法定期间就会丧失进行某种诉讼行为的权利，甚至会引起诉讼的终结。

指定期间指法律没有规定，人民法院根据审理案件的需要和案件的具体情况，依职权指定当事人和其他诉讼参与人在一定期限内从事某种诉讼行为的期间。指定期间是相对于法定期间而言的，是法定期间的补充。人民法院不仅有权决定指定期间的长短，还可以根据当事人的申请或案件的具体需要变更或延长指定期间，因此指定期间也称"可变期间"。尽管指定期间可以变更或延长，但是期间一经人民法院指定，就不得随意变更。随意变更指定期间，不仅不利于当事人安排生产和工作，不利于诉讼活动的进行，而且也会造成人力和物力的浪费，有损于人民法院执法的严肃性。所以，人民法院在指定期间时，应充分考虑各方面的实际情况，指定方便、可行、合理的期间，如确因情况发生变化，需要变更指定期间的，应当将变更的情况和理由及时通知当事人和其他诉讼参与人。

（二）期间的计算方法

期间对于人民法院和当事人都具有非常重要的意义，因此期间的计算方法对人民法院和当事人同样重要。如果仅知道期间的相关法律规定但不了解期间的计算方法,同样会导致行为违法或诉讼权利丧失的法律后果。

《民事诉讼法》第 82 条第 2 款规定:“期间以时、日、月、年计算。期间开始的时和日,不计算在期间内。”民事诉讼中以日计算的各种期间均从次日起算。

以日计算期间的,以期间届满的最后一日为期间终期。期间届满的最后一日是节假日的,以节假日后的第一日为期间届满的日期。期间届满的时刻,理论上应该是期间最后一日的 24 点,但在司法实践中,通常以法院正式的下班时间为期间届满时刻。期间届满的最后一日是节假日的,以节假日后的第一日为期间届满的日期。节假日是指星期六、星期日和国家法定的公众节假日,包括元旦、春节、“五一”国际劳动节、国庆节、清明节、中秋节。其中元旦放假 1 天,春节放假 3 天,清明节放假 1 天,“五一”国际劳动节放假 1 天,端午节放假 1 天,中秋节放假 1 天,国庆节放假 3 天。

期间以月计算,则不分大月、小月,期间以年计算,不分平年、闰年。期间以月计算的,期间届满的日期,应当是期间届满月对应于期间开始月份的那一天,没有对应于期间开始月份的那一天的,应当为期间届满月的最后一天。例如,在一起宣告失踪的案件中,人民法院于 2019 年 8 月 26 日发出公告寻找下落不明的人,公告期间为 3 个月,因此公告届满的日期就是 2019 年 11 月 26 日,在公告届满的日期下落不明人还未出现的,人民法院就可以判决宣告下落不明人失踪。

但应注意的是,期间的开始日期或期间过程中的一些日期是节假日的,应当计算在期间内而不应当从期间中扣除。还有,期间不包括在途时间,诉讼文书在期间届满前交邮的,不算过期,以诉讼文书交邮时邮局在邮件上所盖邮戳的日期为期间届满日期。在途时间仅指诉讼文书的在途时间,而不包括当事人为进行诉讼行为的旅途时间。

(三)延误期间的法律后果

1. 延误期间会产生违法行为

为了保证人民法院审理案件的程序合法,法律对人民法院的审判行为规定了一些强制性的法定期间,违反了这些法定期间的规定,就会导致人民法院的审判程序不合法。

以《民事诉讼法》为例,《民事诉讼法》为了规范人民法院审判民事案件的审判行为作出了以下规定:(1)人民法院审理民事案件,应当在开庭 3 日前通知当事人和其他诉讼参与人;(2)人民法院对当事人提出的回避申请,应当在申请提出的3日内,以口头或者书面形式作出决定;(3)人民法院接受当事人提出的财产保全申请后,对情况紧急的,必须在48小时内作出裁定;(4)人民法院对符合条件的起诉,应当在收到起诉状之日起7日内立案;(5)人民法院应当在立案之日起5日内将起诉状副本发送被告;(6)被告提出答辩状的,法院应当在收到之日起5日内将答辩状副本发送原告;(7)合议庭组成人员确定后,应当在3日内告知当事人;(8)受委托人民法院接到委托法院委托调查的委托书后,应当在30日内完成调查;(9)当庭宣判的案件应当在10日内发送判决书;(10)适用普通程序审理的案件,应当在立案之日起6个月内审结;(11)适用简易程序审理案件,应当在立案之日起3个月内审结;(12)审理对判决的上诉案件,应当在第二审立案之日起3个月内审结;(13)审理对裁定的上诉案件,应当在第二审立案之日起30日内作出终审裁定;(14)适用特别程序审理的案件,应当在立案之日起30日内或者公告期满后30日内审结;(15)原审人民法院收到当事人提交的上诉状、答辩状,应当在5日内连同全部案卷和证据,报送第二审人民法院;等等。

规范人民法院审判行为的期间都是法定期间,人民法院在从事审判活动的过程中必须遵守法定期间的规定,否则就会造成审判程序违法的后果。

2. 延误期间会丧失诉讼权利

当事人或其他诉讼参与人未在法定期间或指定期间内从事一定的行为,则实施诉讼行为的权利随法定期间或指定期间的届满而消失,在法律上就意味着当事人或诉讼参与人放弃了相应的诉讼权利,并自行承担放弃诉讼权利所导致的法律后果。

当事人未在法院指定的举证期间内提交证据,就意味着其放弃了举证权利并承担举证不能的法律后果;原告经传票传唤,无正当理由未在法院指定的开庭时间到庭参加诉讼,法院可以按撤诉处理;被告经传票传唤,无正当理由未在法院指定的开庭时间到庭参加诉讼,可以缺席判决。

当事人或其他诉讼参与人收到一审民事判决书或行政判决书后15日内没有提起上诉,当事人或公诉人收到一审刑事判决书后10日内没有提起上诉或抗诉,视为同意一审判决,丧失上诉或抗诉的权利,一审法院的判决书生效。

当事人或其他诉讼参与人收到一审民事裁定书或行政裁定书后10日内没有提起上诉,当事人或公诉人收到一审刑事裁定书后5日内没有提起上诉或抗诉,视为同意一审裁定,丧失上诉或抗诉的权利,一审法院的裁定书生效。

(四)延误期间的救济措施

延误期间是指当事人未在法定期间或指定期间内完成一定行为所导致的期间的耽误和延长。一般情况下,当事人延误期间即丧失相应的诉讼权利,但在特殊情况下法律允许当事人延长期间。

《民事诉讼法》第83条规定:“当事人因不可抗拒的事由或者其他正当理由耽误期限的,在障碍消除后的十日内,可以申请顺延期限,是否准许,由人民法院决定。”所谓“不可抗拒的事由”,是指当事人不可预见、无法避免和克服的客观情况,如地震、洪水、战争等原因;所谓“其他正当理由”是指不可抗拒事由之外的,不归责于当事人且当事人无法克服的事由。如因患病、交通事故、参加关系到国家重大利益的活动等原因致使当事人无法完成必须由自己完成的诉讼行为。在这些情况下,当事人可以申请顺延期间。

顺延期间的基本程序为:(1)当事人应当在障碍消除后的10日内,向人民法院提出顺延期限的书面申请,申请中应当写明耽误期限的原因和障碍消除的时间;(2)对当事人提出的顺延期限申请,人民法院应当认真审查,认为当事人顺延期限的申请有正当理由的,准予顺延,并通知双方当事人;(3)如果不可抗拒的事由发生在诉讼期间届满后,或者当事人顺延期限的申请没有正当理由,或当事人未能在障碍消除后10日内及时向法院提出顺延申请,人民法院不予准许当事人顺延期限的要求并通知申请人。

第三节　裁判文书送达后的工作规范

【工作情境十】

王兰顺利完成了一审民事案件和二审民事案件的裁判文书送达工作,李义告诉王兰这两个案件可以录入电脑报结了。

案件报结之后,一审民事案件的被告湖北省医药公司不服一审判决,向王兰提交了上诉状。

【工作分析】

一、案件审结之后,如何进行录入和报结工作?

二、一审民事案件当事人上诉之后应该如何处理?

三、二审民事案件审结之后应该如何处理?

【工作步骤】

二十三、案件的录入和报结工作

二十四、一审民事案件当事人上诉之后的相关工作

二十五、二审民事案件审结之后的相关工作

【岗位技能】

十九、录入和报结案件的工作能力

二十、处理上诉一审民事案件的工作能力

二十一、处理已经审结的二审案件的工作能力

一、结案后的录入和报结工作

案件审结后,应及时将案件审理各阶段的审判流程信息录入到法院信息管理系统中的“审判流程管理情况表”中。录入电脑的审判流程信息应当与案卷材料中的信息一致,录入信息的内容包括:合议庭组成人员和书记员,开庭的时间、地点,结案方式,裁判结果,宣判时间,裁判文书送达日期,结案案由,结案标的金额,结案日期等主要内容。

裁判文书制作完成并完成了宣告判决、送达裁判文书的工作后,要及时在法院信息管理系统中录入必要的审判流程信息和结案时间,同时在法院信息管理系统中完成案件的报结工作,并录入裁判文书的具体内容。

在法院信息管理系统中完成案件报结工作后,案件自动进入到结案库中,案件的审理阶段正式结束。

民事一审案件审理流程管理信息

案号:(2019)京02民初00439号

立案日期:2018年12月20日	移交审判庭日期:2018年12月22日	审判庭或法庭名称:民四庭 接收人:		
适用程序:普通	审判长或独任审判员:潘扬 承办人:陈宇飞	其他合议庭成员:陈宇飞 李文 陪审员参加: 书记员:王静		
参加诉讼的代理人2人,其中代理律师2人,法律援助律师 人	反诉			
申请回避人:	申请回避原因:			
申请回避结果:	不公开审判:	不公开审判的法律依据:		
排期日程	庭次	开庭时间	开庭地点	法庭记录员
2019年1月5日	1	2019年2月20日至2019年2月20日11时00分	二十九法庭	
2019年1月11日	2	2019年2月21日至2019年2月21日11时00分	二十九法庭	
扣除审理期间	案件中止审理及法定扣除审限原因	批准延长审限的时间	申请延长审限原因	
提出管辖异议人:	对管辖异议处理结果:			
对管辖异议裁定上诉:	对管辖异议裁定上诉后的处理结果:			
简易程序转普通程序日期	审批人:	法定审限:共180日,延长审限 日,实际审理176日		
超审限:	超审限原因:			
承办人报批日期:	审判长或独任审判员审签日期:	庭长审签日期:		
院长审签日期:	审委会讨论决定日期:	审委会讨论决定后院长签发日期:		
结案方式	判决			
裁判结果		当庭宣判:		
缺席宣判:	宣判时间:2019年6月20日	裁判文书送达日期:	送达人:	
结案案由	一般股权转让侵权纠纷			
结案日期:2019年6月20日	结案标的金额:万元	上诉人名称:		
收到上诉状日期:	预交二审受理费日期:	向二审法院移送案卷日期:		
结案信息统计在2019年6月法综10(13,16,19,21),31,32(33),35表	备注:			

民事二审案件审理流程管理信息

案号:(2019)京02民终02767号

立案日期:2019年1月16日	移交审判庭日期:2019年1月16日	审判庭名称:民四庭	接收人:	
审判长:潘扬	承办人:李文 合议庭其他成员:李文　陈宇飞	书记员:王静		
参加诉讼的代理人　　人,其中代理律师　　人,法律援助律师　　人	申请回避人:			
申请回避原因:	申请回避结果:			
不公开审判:	不公开审判的法律依据:			
排期日程	庭次	开庭日期	开庭地点	法庭记录员
2019年2月14日	1	2019年2月15日13时30分至2019年2月15日17时00分	第七合议庭	
2019年3月29日	2	2019年4月5日9时00分至2019年4月5日11时00分	第七法庭	
扣除审理期间	案件中止审理及其他法定扣除审理原因	批准延长审限时间	申请延长审限原因	
法定审限:共90日,延长审限　日,实际审理79日	超审限:			
超审限原因:				
承办人报批日期:	审判长审签日期:	庭长审签日期:		
院长审签日期:	审委会讨论决定日期:	审委会讨论决定后院长签发日期:		
结案方式	裁定:撤诉			
二审改判情况				
改判原因:	发回重审原因:			
当庭宣判:	宣判日期:	裁判文书送达日期:	送达人:	
结案案由	其他股东权纠纷			
结案标的金额:万元	结案日期:2019年4月5日			
结案信息统计在2019年4月法综11(14,17,20,22)31,32(33),35表	备注:			

二、录入和报结时如何确定结案时间

在进行案件报结工作时,必须要录入结案时间才能允许案件报结,确定不了结案时间案件就无法进行报结。结案时间就是案件彻底审结的时间,在司法实践中确定结案时间不是以合议时间为准,也不是以裁判文书印制出来的时间为准,而是以裁判文书送达给当事人的时间为准。

在给当事人送达裁判文书时当事人往往并不是在同一日期领取裁判文书,双方当事人领取裁判文书的时间常常不一致。在这种情况下,《最高人民法院关于严格执行案件审理期限制度的若干规定》第 10 条第 1 款规定:"人民法院判决书宣判、裁定书宣告或者调解书送达最后一名当事人的日期为结案时间。如需委托宣判、送达的,委托宣判、送达的人民法院应当在审限届满前将判决书、裁定书、调解书送达受托人民法院。受托人民法院应当在收到委托书后 7 日内送达。"

但人民法院在判决书宣判、裁定书宣告或者调解书送达时还会遇到一些特殊情况,在遇到这些特殊情况时结案时间的确定应遵循以下规定:

1. 留置送达裁判文书时结案时间的确定

留置送达的,以裁判文书留在受送达人的住所日为结案时间。留置送达适用于当事人拒不签收裁判文书的情况,当事人不可能在送达回证上签明收到裁判文书的时间,没有当事人签收的接受送达的时间法院就不好确定裁判文书的送达时间。但是,法律规定受送达人拒绝接收诉讼文书的,在见证人证明的情况下,送达人把诉讼文书留在受送达人的住所即视为送达。因此,裁判文书留在受送达人住所地的时间就是送达工作完成的时间,这个时间也是当事人接受送达的时间。如果人民法院留置送达裁判文书的当事人是接受送达的最后一名当事人,留置时间就是结案时间。

2. 公告送达裁判文书时结案时间的确定

公告送达的,以公告刊登之日为结案时间。公告送达裁判文书,自发出公告之日起经过 60 日,才视为裁判文书已经送达。如果法院以公告期满的时间作为结案时间,就会导致因裁判文书迟迟不能送达而影响案件的审理期限,为了不因公告的生效期间而影响案件的审理期限,法律规定以公告刊登之日为结案时间。另外,根据《最高人民法院关于严格执行案件审理期限制度的若干规定》的规定,民事、行政案件公告的期间不计入审理、执行期限。综上所述,公告送达裁判文书不以公告期满的时间作为结案时间,而以刊登公告的时间为结案时间。

3. 邮寄送达裁判文书时结案时间的确定

邮寄送达的，以交邮日期为结案时间。邮寄送达裁判文书有一个在途时间问题，对于在途时间，法律明确规定诉讼文书在期满前交邮的，不算过期，期间不包括诉讼文书的在途时间。因此，人民法院用邮寄方式送达裁判文书的，以交邮时邮局在邮件上盖戳的日期为送达日期。如果人民法院交邮的裁判文书是送达给本案的最后一名当事人，交邮日期就是结案时间。

4. 委托送达裁判文书时结案时间的确定

委托其他人民法院代为送达的，以受送达人在送达回证上签收的日期为送达日期。委托法院应当向受托法院出具委托函，并附需要送达的诉讼文书和送达回证，受托法院收到委托法院的材料后应按委托法院的要求及时向受送达人送达。受托法院完成送达工作后，应将受送达人签收的送达回证尽快寄回委托法院。如果委托送达的裁判文书是送达给本案的最后一名当事人，寄回的送达回证上受送达人签收的日期就是结案时间。

5. 转交送达裁判文书时结案时间的确定

通过有关单位转交送达的，以送达回证上当事人签收的日期为结案时间。《民事诉讼法》第91条明确规定："代为转交的机关、单位收到诉讼文书后，必须立即交受送达人签收，以在送达回证上的签收日期，为送达日期。"如果人民法院通过有关单位转交送达的裁判文书是送达给本案的最后一名当事人，当事人在送达回证上签收的日期就是本案的结案时间。

三、一审民事案件审结之后的上诉工作

（一）审查上诉是否在法定期限内

《民事诉讼法》对上诉的期限有明确要求，当事人不服一审民事判决书的上诉期限是收到一审判决后15日内，当事人不服一审民事裁定书的上诉期限是收到一审裁定后10日内。超过法定期限，当事人丧失上诉的权利，一审法院的民事判决书或民事裁定书生效。当事人中的任何一方在法定期限内提起上诉的，案件都必须进入二审程序，一审法院的判决书或裁定书都不是生效判决或裁定。

因此，当事人不服一审判决或裁定提出上诉的，书记员应首先审查其上诉是否在法律规定的上诉期限内，对符合上诉期限的上诉，收取当事人提交的上诉状，对超过上诉期限的上诉，不收取当事人提交的上诉状并告知其已丧失上诉权利。

(二)办理上诉的具体工作

上诉应当向原审人民法院提出。直接向第二审人民法院提出上诉的,第二审人民法院应当在5日内将上诉状移交原审人民法院。

原审人民法院收到上诉状后,要做以下工作:

1. 对上诉状进行审查

审查上诉状的内容,包括当事人的姓名或名称,原审人民法院的名称、案件的编号和案由,上诉的请求和理由。

上诉状的内容合格后,要求上诉人按照对方当事人的人数提出上诉状副本。

2. 送达上诉状副本和答辩状副本

原审人民法院应当在5日内将上诉状副本送达对方当事人,对方当事人在收到之日起15日内提出答辩状的,人民法院应当在5日内将答辩状副本送达上诉人。对方当事人不提出答辩状的,不影响人民法院审理。

3. 通知上诉人缴纳上诉费

上诉人提出上诉后,对于应该缴纳上诉费的案件,人民法院应当通知上诉人在一定期限内缴纳上诉费。上诉人在人民法院规定的期限不缴纳上诉费的,视为自动放弃上诉。

如果双方当事人都不服一审法院的判决或裁定,均在法定期间内提起上诉,各方都应缴纳一份上诉费,法院共收取两份上诉费,但最终应由二审中败诉的上诉人承担一份上诉费,另一份上诉费由法院退还给胜诉的上诉人。如果双方当事人都上诉的案件二审法院最终判决驳回上诉,维持原判,上诉费由双方当事人分担,由法院各退还当事人一半上诉费。

(三)向二审法院移送上诉案件的卷宗材料

1. 上诉民事案件的移送期限

当事人提出上诉的民事案件,第一审人民法院在收到上诉状、答辩状后,应当在5日内连同全部案卷和证据,报送第二审人民法院。

2. 向二审法院移送上诉案卷和材料

(1)准备上诉材料。一审法院应将上诉案件的上诉材料准备齐全,上诉材料包括:上诉状、上诉费收据、上诉人及被上诉人的诉讼手续、答辩状(如果被上诉人没有提交答辩状则不需准备),一审判决书或裁定书3份。

(2)整理、装订一审卷宗。除了上诉材料外,其他与案件有关的材料应该订入一审卷宗。在装订案卷之前首先应该收集、整理与案件相关的诉讼材料,在整理诉讼材料的过程中发现诉讼材料不完备的,应及时补齐,并去掉与本案无关的材料和诉讼材料的重份材料。诉讼材料整理好之后,按照《人民法院诉讼文书立卷归档办法》的要求,将诉讼材料排列好顺序并在右上角编写好页码,最后按照案卷装订要求对案卷进行装订。

(3)将一审案卷、上诉材料和上诉移送函报送二审法院。一审法院收到上诉状、答辩状之后,应当在5日内将一审案卷装订好,连同上诉状、答辩状、上诉移送函及其他上诉材料和证据材料,报送第二审人民法院。上诉移送函中应说明案件当事人的情况、上诉情况以及移送卷宗材料情况。上诉移送函一式两份,一份移送二审法院,一份订入一审卷宗。

同时,还应准备一份一审法院的送达回证,在"送达文书名称和件数"一栏把向二审法院移送的所有材料和卷宗都写上,在"受送达人"处写上二审法院的名称和具体审判庭的名称,并在送达法院的名称处盖上本院院章。

二审法院收到一审法院移送的上诉移送函、上诉材料、一审卷宗和送达回证后,应在送达回证中的"受送达人签名或盖章"处签收或盖章,表明收到了一审法院移送的卷宗和材料,然后把签收的送达回证退回一审法院保存。

××××人民法院

案件上诉移送函(稿)

( )京 民初 号

××××人民法院:

我院审理的……(写明案件当事人情况和案由)一案,已于××××年××月××日作出(××××)×××初字第 ×× 号判决(裁定)。因×××(写明上诉人的姓名或名称)不服提出上诉(抗诉)。我院已将该案的上诉状副本送达被上诉人×××(写明被上诉人姓名或名称),并已收到被上诉人的答辩状。

现将该案的上诉状、答辩状、一审判决书(裁定书)3 份连同全部案卷共计 宗一并送上,请查收。

年 月 日

(院印)

签发人: 经办人:

(本联存卷)

××××人民法院

案件上诉移送函

(　　)京　　民初　　号

××××人民法院：

我院审理的……(写明案件当事人情况和案由)一案，已于××××年××月××日作出(××××)×××初字第 ×× 号判决(裁定)。因×××(写明上诉人的姓名或名称)不服提出上诉(抗诉)。我院已将该案的上诉状副本送达被上诉人×××(写明被上诉人姓名或名称)，并已收到被上诉人的答辩状。

现将该案的上诉状、答辩状、一审判决书(裁定书)3 份连同全部案卷共计　　　宗一并送上，请查收。

年　　月　　日

(院印)

人民法院
送达回证

案由		案号	
送达文书名称和件数	上诉移送函、上诉状、答辩状、上诉费收据、一审判决书(裁定书)3份、一审卷宗　　宗。		
受送达人	××××人民法院××审判庭		
送达地址			
受送达人签名或盖章	年　月　日		
代收人及代收理由	年　月　日		
备考			

填发人　　　　　　　　　　　　送达人

四、二审案件审结之后的工作规范

(一)办理撤诉、退上诉费手续

上诉人在二审阶段撤回上诉的,书记员应为上诉人办理撤诉和退回部分上诉费的手续。

二审法院对上诉人撤回上诉的申请应予以审查,在两种情况下允许上诉人撤回上诉:(1)上诉人以同意原审判决或原审裁定为由申请撤回上诉的;(2)上诉人以双方已达成调解协议并已执行完毕为由申请撤回上诉的。如果双方当事人仅达成了调解协议但并未按调解协议履行完毕,二审法院不应同意上诉人撤回上诉的申请,法院可以根据双方当事人达成的调解协议制作正式的调解书,调解书送达双方当事人后生效,该案的二审审理阶段结束。如果送达调解书时一方反悔,调解书不发生法律效力,继续进行二审审理。

二审法院允许上诉人撤回上诉后,除了要制作撤诉裁定外,还应办理退回部分上诉费的手续。上诉人在二审阶段撤回上诉的,应退还其一半诉讼费。退诉讼费时应填写"退诉讼费呈批表",退费呈批表填完后,连同案卷和撤诉裁定一起报审判长和庭长审批,审判长和庭长分别审核签字后才能办理退费手续。

退费时把诉讼费退费通知书填好,退费通知书一式三联,一联领取诉讼费时交给财务部门,一联给当事人保存,一联入卷留存。诉讼费退费通知书中应填写以下内容:该案的案号、案件当事人情况、原交诉讼费金额、经审理后应退诉讼费金额。承办人和庭长分别在退费通知书上签字,然后盖上庭章并写明日期。诉讼费退费通知书写好后就可以通知当事人到法院领取诉讼费,领取诉讼费时由书记员陪同当事人一起到财务部门办理,手续办完后书记员将退费通知书中由当事人保存的一联交给当事人,将应该入卷留存的一联放入卷宗保存,装订卷宗时订入案卷内。

案件退诉讼费呈批表

(20 年 月 日)

案号		案由	
上诉人 (原审)		收费金额	
被上诉人 (原审)		退费金额	
退费对象			
退费 原因			
承办人 签字		审判长 签字	
庭长 意见			
主管院长 意见			
财务主管 院长意见			
备注:1. 退费5万元以下须庭长、办公室主任审批; 2. 退费5万元以上(含5万元)须庭长、主管院长审批,再由办公室报财务主管院长审批; 3. 报批时须附法律文书。			

诉讼费退费通知书(1)

法院受理(　　)　字第　　号　诉　　一案，　　原交诉讼费　　元，经审理应退诉讼费　　元。 凭此联领款。 承办人：　　庭长：　　年　　月　　日(庭章)

注：退费通知书一式三联，一联领取诉讼费时交给财务部门，一联给当事人保存，一联入卷留存。

(二)复印一审卷宗中的诉讼材料

二审案件结案后,书记员应按照审判员的要求,对一审卷宗中需要复印的重要证据材料、诉讼文书和一审笔录进行复印,复印的一审卷宗材料要订入二审卷宗。审理二审案件的主要依据就是一审案卷中的诉讼材料和当事人在二审阶段提交的新证据。一审卷宗中的诉讼材料是二审法院裁判的主要依据,因此,一审卷宗中的重要诉讼材料需要复印后作为二审法院的主要证据入卷保存。

一审程序中新的证据包括:(1)当事人在一审举证期限届满后新发现的证据;(2)当事人确因客观原因无法在举证期限内提供,经人民法院准许,在延长的期限内仍无法提供的证据。

二审程序中新的证据包括:(1)一审庭审结束后新发现的证据;(2)当事人在一审举证期限届满前申请人民法院调查取证未获准许,二审法院经审查认为应当准许并依当事人申请调取的证据。

当事人在举证期限届满后提供的证据不是新的证据的,人民法院不予采纳。但当事人经人民法院准许延期举证,因客观原因未能在准许的期限内提供,且不审理该证据可能导致裁判明显不公的,其提供的证据可视为新的证据。

当事人在一审程序中提供的新证据,应当在一审开庭前或者开庭审理时提出。当事人在二审程序中提供的新证据,应当在二审开庭前或者开庭审理时提出;二审不需要开庭审理的,应当在人民法院指定的期限内提出。

对于当事人在二审阶段提交的新证据,二审法院应认真审查,符合新证据标准的,经开庭质证后作为二审法院裁判的依据并入卷保存;不符合新证据标准的,不予质证,人民法院不予采纳也不入卷保存。

(三)把一审案卷退回一审法院

向双方当事人送达完二审裁判文书并完成了复印一审卷宗材料的工作后,书记员应将一审案卷退回原审法院,退还一审案卷时还应将二审法院的裁判文书3份一并退还原审法院,以便原审法院了解二审裁判结果。如果二审法院没有维持原审判决或裁定,一审法院还要根据二审裁判文书分析案件被改判或者发回重审的原因,以确定是否是一审法官的责任。

在退还一审案卷时需要填写退卷函并使用送达回证。退卷函一式两份,一份交给原审法院,一份入二审卷宗保存。退卷函中应写明以下内容:二审法院名称、该案的二审案号、原审人民法院名称、案件当事人情况、所退案卷的件数、退卷日期,退卷日期处应盖二审法院的院章。送达回证的“送达文书名称和件数”处要写明退卷函 1 份、二审判决书(或裁定书)3 份以及一审案卷的件数;“受送达人”处要写明原审法院和审判庭的名称;原审法院收到二审法院退还的案卷和材料后,应在“受送达人签名或盖章”处签名或盖上原审法院院章,表明已收到二审法院退还的案卷和材料,然后将送达回证退回二审法院;二审法院收到送达回证后放入二审卷宗保存。

××××人民法院

退卷函(稿)

(　　)京　　民终　　号

××××人民法院:

现将你院　　　　　　一案的全部案卷材料退还,请查收。

附件:案卷　　　　宗。

年　　月　　日

(院印)

签发人:　　　　　　　　　　　　经办人:

(本联存卷)

××××人民法院

退卷函

(　　)京　　民终　　号

××××人民法院:

现将你院　　　　　　　一案的全部案卷材料退还,请查收。

附件:案卷　　　　宗。

年　　月　　日

(院印)

××××人民法院
送达回证

案由		案号	
送达文书名称和件数	退卷函1份、二审判决书(裁定书、调解书)3份、一审案卷　　宗。		
受送达人	××××人民法院　××审判庭		
送达地址			
受送达人签名或盖章	年　月　日		
代收人及代收理由	年　月　日		
备考			

填发人　　　　　　　　　　　　送达人

(四)整理、装订二审卷宗并归档

书记员在案件审结后应及时收集、整理二审案件的诉讼材料,并按照《人民法院诉讼文书立卷归档办法》的要求对案卷材料进行立卷、编目和装订,经检查无误后应在案件结案后3个月内到档案科办理案卷归档手续。归档时间要求的3个月是指自二审裁判文书送达最后一名当事人的日期至二审卷宗归档的时间。为了方便保存和查阅,两册以上的卷宗要用线绳捆扎。

案卷归档后书记员应在法院信息管理系统中录入案卷归档的具体时间。

第四节 裁判文书公开要求

一、裁判文书公开的范围

根据《最高人民法院关于人民法院在互联网公布裁判文书的规定》(法释〔2016〕19号)第3条规定,人民法院作出的下列裁判文书应当在互联网公布:(1)刑事、民事、行政判决书;(2)刑事、民事、行政、执行裁定书;(3)支付令;(4)刑事、民事、行政、执行驳回申诉通知书;(5)国家赔偿决定书;(6)强制医疗决定书或者驳回强制医疗申请的决定书;(7)刑罚执行与变更决定书;(8)对妨害诉讼行为、执行行为作出的拘留、罚款决定书,提前解除拘留决定书,因对不服拘留、罚款等制裁决定申请复议而作出的复议决定书;(9)行政调解书、民事公益诉讼调解书;(10)其他有中止、终结诉讼程序作用或者对当事人实体权益有影响、对当事人程序权益有重大影响的裁判文书。

按照《最高人民法院关于人民法院在互联网公布裁判文书的规定》第4条规定,人民法院作出的裁判文书有下列情形之一的,不在互联网公布:(1)涉及国家秘密的;(2)未成年人犯罪的;(3)以调解方式结案或者确认人民调解协议效力,但为保护国家利益、社会公共利益、他人合法权益确有必要公开的除外;(4)离婚诉讼或者涉及未成年子女抚养、监护的;(5)人民法院认为不宜在互联网公布的其他情形。

二、裁判文书公开的技术处理标准

按照《最高人民法院关于人民法院在互联网公布裁判文书的规定》(法释〔2016〕19号)的要求,人民法院在互联网公布裁判文书时,应当对文书中包含的以下内容进行如下技术处理:

1. 应当对下列人员的姓名进行隐名处理:(1)婚姻家庭、继承纠纷案件中的当事人及其法定代理人;(2)刑事案件被害人及其法定代理人、附带民事诉讼原告人及其法定代理人、证人、鉴定人;(3)未成年人及其法定代理人。

2. 进行隐名处理时,应当按以下情形处理:(1)保留姓氏,名字以"某"替代。(2)对于少数民族姓名,保留第一个字,其余内容以"某"替代。(3)对于外国人、无国籍人姓名的中文译文,保留第一个字,其余内容以"某"替代;对于外国人、无国籍人的英文姓名,保留第一个英文字母,删除其他内容。对不同姓名隐名处理后发生重复的,通过在姓名后增加阿拉伯数字进行区分。

3. 在互联网公布裁判文书时,应当删除下列信息:(1)自然人的家庭住址、通讯方式、身份证号码、银行账号、健康状况、车牌号码、动产或不动产权属证书编号等个人信息;(2)法人以及其他组织的银行账号、车牌号码、动产或不动产权属证书编号等信息;(3)涉及商业秘密的信息;(4)家事、人格权益等纠纷中涉及个人隐私的信息;(5)涉及技术侦查措施的信息;(6)人民法院认为不宜公开的其他信息。按照前述删除信息影响对裁判文书正确理解的,用符号"×"作部分替代。

4. 在互联网公布裁判文书,应当保留当事人、法定代理人、委托代理人、辩护人的下列信息:(1)除根据前述规定进行隐名处理的以外,当事人及其法定代理人是自然人的,保留姓名、出生日期、性别、住所地所属县、区;当事人及其法定代理人是法人或其他组织的,保留名称、住所地、组织机构代码,以及法定代表人或主要负责人的姓名、职务。(2)委托代理人、辩护人是律师或者基层法律服务工作者的,保留姓名、执业证号和律师事务所、基层法律服务机构名称;委托代理人、辩护人是其他人员的,保留姓名、出生日期、性别、住所地所属县、区,以及与当事人的关系。

三、法院案件编号的相关规定

(一)一般规定

1. 案号是指用于区分各级法院办理案件的类型和次序的简要标识,由中文汉字、阿拉伯数字及括号组成。

2. 案号的基本要素为收案年度、法院代字、类型代字、案件编号。

收案年度是收案的公历自然年,用阿拉伯数字表示。

法院代字是案件承办法院的简化标识,用中文汉字、阿拉伯数字表示。

类型代字是案件类型的简称,用中文汉字表示。

案件编号是收案的次序号,用阿拉伯数字表示。

3. 案号各基本要素的编排规格为:“(”+收案年度+“)”+法院代字+类型代字+案件编号+“号”。

每个案件编定的案号均应具有唯一性。

(二)法院代字

1. 最高人民法院的法院代字为“最高法”。

各省、自治区、直辖市高级人民法院的法院代字与其所在省、自治区、直辖市行政区划简称一致,但下列情形除外:

内蒙古自治区高级人民法院、中国人民解放军军事法院、新疆维吾尔自治区高级人民法院生产建设兵团分院的法院代字分别为“内”“军”“兵”。

2. 中级、基层法院的法院代字,分别由所属高院的法院代字与其数字代码组合而成。

中级、基层法院的数字代码,分别由两位、四位阿拉伯数字表示,并按下列规则确定:

(1)各省、自治区按地级市、地区、自治州、盟等地级行政区划设置的中级法院和按县、自治县、县级市、旗、自治旗、市辖区、林区、特区等县级行政区划设置的基层法院,数字代码分别与其相应行政区划代码(三层六位层次码)的中间两位、后四位数字一致。

(2)直辖市、中国人民解放军军事法院、新疆维吾尔自治区高级人民法院生产建设兵团分院所辖的中级法院,数字代码均按01－20确定。

(3)省、自治区、直辖市高级人民法院所辖的铁路、海事、知识产权、油田、林业、农垦专门中级法院,各省、自治区高级人民法院所辖的跨行政区划中级法院以及为省(自治区)直辖县级行政区划人民法院对应设立的中级法院,数字代码分别按71、72、73、74、75－80、81－85,87－95以及96－99确定。

(4)中国人民解放军军事法院和新疆维吾尔自治区高级人民法院生产建设兵团分院所辖的基层法院,以及在同一高院辖区内铁路、油田、林业、农垦专门中级法院所辖的铁路、油田、林业、农垦基层法院,数字代码的前两位与其中院数字代码一致,后两位均按01-40确定。

(5)地级市未设县级行政区划单位时,该市中级法院所辖基层法院的数字代码,前两位与该中院数字代码一致,后两位按71-80确定。

(6)在同一高院辖区内无铁路专门中院的铁路基层法院,其数字代码前两位为86,后两位按01-20确定。

(7)非林业、农垦专门中院所辖的林业、农垦基层法院及为非行政区划建制的开发区、新区、园区、库区、矿区等特别设立的基层法院,数字代码的前两位与其所属中院数字代码一致,后两位在91-99范围内确定。

前述(2)~(7)所列中级、基层法院,分别同属一个高院、中院的,综合设立先后、建制等因素编制数字代码顺序。

3. 确定中级、基层法院的所属各省、自治区、直辖市高院,以人、财、物统一管理为标准。

前述(7)中所列基层法院的所属中院是指在同一高院辖区内主要承担该基层法院案件二审职权的中级法院。

(三)类型代字

1. 确定案件的类型代字,应结合案件所涉事项的法律关系性质与适用程序的特点。

类型代字应简练、贴切反映该类型案件的核心特征,用3个以内中文汉字表示。

每一类型案件的类型代字均应具有唯一性。

2. 案件合并审理或并用多个程序办理时,以必须先决的事项及所适用程序作为确定类型代字的依据。

(四)案件编号

1. 不同法院承办或同一法院承办不同类型代字的案件,其编号均应单独编制。

2. 同一类型代字的案件编号,按照案件在同一收案年度内的收案顺序,以顺位自然数编排,但下列情形除外:

刑事复核案件的编号以8位自然数为固定长度,由承办法院随机确定,且不得依序编制。

(五)案号管理

1. 案号的基本要素、规格及编制规则,由最高人民法院统一制定。

2. 各省、自治区、直辖市高级人民法院、中国人民解放军军事法院、新疆维吾尔自治区高级人民法院生产建设兵团分院及其所辖中级、基层法院的法院代字，由最高人民法院定期统一发布。

3. 行政区划发生变更但对应的中级、基层法院未作相应调整前，法院代字按原行政区划代码编制。

中级、基层法院因规定所列的直辖市、中国人民解放军军事法院、新疆维吾尔自治区高级人民法院生产建设兵团分院所辖中院数字代码发生变化的，法院代字按变化后情形应适用的编码规则编制。

4. 案件类型的具体划分及其代字，由最高人民法院另行制定标准。

5. 法律、行政法规的制定、修改、废止致使案件类型发生变化的，最高人民法院应及时调整案件类型及其代字标准。

最高人民法院制定、修改、废止司法解释或规范性文件将导致案件类型发生变化的，应同步调整案件类型及其代字标准。

6. 具体案件的案号编制，由各级法院的立案或承担相应职责的部门负责。

第五节　案件评查工作

【工作情境十一】

王兰将两个民事案件报结之后，案件评查办公室（以下简称评查办）通知王兰抽查已经审结的（2019）京 02 民终 02767 号民事案件进行检查。

【工作分析】

评查办会检查卷宗中的哪些问题？王兰应该怎样应对评查办的检查？

案件审结之后，该案的审判程序是否合法、裁判结果是否正确，当事人可以通过提起上诉或提起再审进行监督，上级法院或本院对案件程序方面的问题和实体处理结果的问题可以通过法律途径予以纠正。但一个案件结案之后，不仅要经受上诉和再审的考验，也要经得住案件评查部门对该案各个方面的评查。案件评查部门是法院内部为了监督本院的审判质量而专门设置的案件检查部门，一般都是抽调本院审判经验丰富的审判员组成，对已经审结的案件进行抽查。案件评查部门对本院案件进行抽查时，对案件的实体处理、审理程序、诉讼文书、卷宗材料和执行程序等各个方面进行全方面的检查，并出具书面意见对评查出的错误分清等级、认定责任，对评查中没有错误的案件提出表扬。案件评查部门出具的书面评查意见与审判员和书记员的评选优秀和年终考核挂钩。案件评查部门对案件的评查内容主要包括以下几个方面：

一、案件实体处理方面的评查内容

(一)认定主要证据不真实、不充分、遗漏和丢失主要证据造成严重后果的

证据在案件审理过程中有着举足轻重的作用，它既是人民法院认定事实的根据，也是人民法院作出裁判的基础。人民法院在审理案件时，应当要对所有证据的真实性和合法性进行审查。经过人民法院认真、细致地调查和分析，查证属实的证据才能作为认定事实的根据。审查证据首先是审查证据的真实性，伪造的、不真实的证据不能作为认定案件事实的依据，审判员在审查证据时应当去伪存真；对证据的审查必须全面充分，不能遗漏丢失重要证据，遗漏丢失重要证据就会造成法院认定事实不全面、不客观、不公正。

(二)认定主要案件事实不清楚、不准确、不全面造成错误裁判的

查清案件事实是案件审理的基础，也是审理案件的首要任务，在案件事实清楚的基础上，才能正确适用法律。因此，案件事实认定不清楚、不准确、不全面，必然导致案件实体处理不当、显失公平、裁判结果错误或有漏判事项。案件事实认定不清一方面可能是法官的业务能力所限，法官对当事人提交的证据的真伪和证明力大小不能作出准确判断，导致案件认定事实有误；另一方面也可能有法官的主观因素和情感因素。不管什么原因导致的案件事实认定不清楚、不准确，都是案件审理的致命错误，直接的后果就是案件发回重审或改判。

(三)对当事人和诉讼代理人的诉讼请求及被告和诉讼代理人的答辩意见不予审查的

当事人和诉讼代理人的诉讼请求是法院审理案件的基础，法院应当围绕当事人的诉讼请求范围进行审理，最终作出支持其诉讼请求或不支持其诉讼请求的裁判结果。因此，对当事人和诉讼代理人提出的诉讼请求，法院应当逐一进行审查并作出判断，最终在裁判文书中逐一说明是否支持其诉讼请求的理由和依据，不能擅自取舍当事人和诉讼代理人提出的诉讼请求。

被告和诉讼代理人的答辩意见是对抗原告的诉讼请求和理由的,被告和诉讼代理人的答辩意见是否成立,直接决定原告的诉讼请求是否成立。因此,对被告和诉讼代理人的答辩意见应当全面认真地分析和审查,不能遗漏或擅自取舍,在裁判文书中不仅要把被告和诉讼代理人的答辩意见全面表述出来,更要对答辩意见逐一进行说理分析。

(四)适用法律、法规不准确,影响正确裁判的

人民法院处理案件的原则是以事实为依据,以法律为准绳。在事实认定全面、清楚的前提下,审判员必须能够准确适用法律法规,才能保证案件的最终处理结果是正确的、公正的,否则就会造成裁判结果错误。判决书中可以直接引用的法律法规包括:法律、行政法规、地方性法规、民族自治条例和单行条例、司法解释,判决书中一般不得直接引用宪法、行政规章、法院的内部文件以及公布的案例。要做到正确适用法律法规,必须要了解与案件相关的所有法律规定,在基本法和单行法都有相关规定的时候,应当引用单行法的有关条款作为法律依据,单行法的有关条款作为裁判依据不充分的,再引用基本法的相关条款。

(五)调解违反法定程序和当事人自愿、合法原则,导致再审改判的

调解只适用于民事案件,刑事案件和行政案件均不适用调解原则。法院审理民事案件,应当根据当事人自愿的原则,在事实清楚的基础上,分清是非,进行调解。调解达成协议,必须双方当事人自愿,不得强迫。因此,法院在给当事人做调解工作时,最好在案件事实调查结束后进行,并且审判员不能在调解过程中主动发表调解意见,应在双方当事人提出的调解方案基础上,讲清事实,分清责任,促使双方达成调解协议。一方当事人不同意调解的,调解工作不再进行,不能强迫当事人进行调解。另外,法院还必须对双方当事人达成的调解协议内容进行审查,当事人只能依法处置属于自己所有或经营管理的财产,处分第三方所有或经营管理的财产,必须征得第三方的同意和对方当事人的同意。调解协议的内容不能违反法律规定,违反法律规定的调解协议是无效的。

(六)赃、证物处理不符合法律规定的

人民法院对于扣押、冻结在案的被告人的财物及其孳息,应当妥善保管,以供核查,任何单位和个人不得挪用或者自行处理。依法扣押的货币、有价证券,应当登记写明名称、数额、面额,货币应当存入银行专户,并登记银行存款凭证的名称、内容,入卷备查。依法扣押的物品,应登记写明物品

名称、型号、规格、数量、重量、质量、成色、纯度、颜色、新旧程度、缺损特征和来源等,入卷备查。依法扣押的文物、金银、珠宝、名贵字画等以及违禁品,应当及时鉴定作价。人民法院扣押、冻结的赃款、赃物及其孳息,待人民法院作出的判决生效后,由原审人民法院依照生效的法律文书进行处理,除依法返还被害人的以外,一律应当没收,上缴国库。

与案件相关的证据材料和诉讼文书材料,都必须订入卷宗,凡能附卷保存的证物均应装订入卷。无法装订的证物可装入证物袋,并标明物证名称、数量、特征和来源。证物袋应三孔一线装订入卷,不得粘贴在卷底,不得用信封或文件袋等代替证物袋。

二、案件审理程序方面的评查内容

(一)应公开审理的案件,未公告公开审理和未公开宣判的

按照法律规定公开审理的案件,应当公开开庭审理,提前3日发布开庭公告,公布当事人姓名、案由、开庭时间和地点。无论是公开开庭审理的案件还是不公开开庭审理的案件,民事判决书、刑事判决书和行政判决书一律公开宣告判决。公开宣判应提前3日发布宣判公告,公布公开宣判案件的当事人姓名、案由、开庭时间和地点。未按规定公开审理和公开宣判的案件,都属于审判程序违法。

(二)对涉及案件事实的证据未经当庭质证就作出判决或裁定的

法律明确规定,证据应当在法庭上出示,并由当事人互相质证,未经质证的证据,不能作为认定案件事实的依据。质证是当事人的一项重要诉讼权利,可以维护诉讼主体在诉讼程序中的实体权利,是当事人能否胜诉的重要手段。质证也是法院审查、认定证据效力的必要前提,可以保证审判的公正,使法官不能仅凭个人好恶或从某种利益观念出发来审查、判断证据。经过举证质证的认证过程,对于当事人出示的证据,双方当事人无异议的,可以确认该证据的证明效力,如果一方当事人对证据提出异议,法院应对该证据作进一步地调查与核实,不能直接将有异议的证据作为认定事实的依据。

(三)有侵犯、剥夺诉讼参与人诉权问题的

当事人在诉讼中享有诉讼权利,当事人享有的诉讼权利是法律赋予的,任何人不能剥夺,人民法院在审理案件时一定要保障当事人的诉讼权利得以实现。当事人的诉讼权利包括:(1)可以处分自己的实体权利,即当事人在诉讼中可以承认、放弃、变更诉讼请求,进行和解,提起反诉或上诉。(2)可以委托代理人进行诉讼。每个当事人都可以委托1~2人代为进行

诉讼。(3)申请回避。为了保证案件的公正审理,当事人有权要求人民法院更换与本案有利害关系的审判人员和其他人员。(4)可以查阅与案件审理相关的材料,并可以复制与本案有关的证据材料和法律文书。(5)庭审笔录有错误的,有权要求人民法院补正。

(四)未经批准无故超过审理期限的

每个案件都应在法律规定的审理期限内结案,法律对民事一审案件和二审案件、刑事一审案件和二审案件以及行政一审案件和二审案件的审理期限分别作了相应规定,每个案件都应在法律规定的审理期限内审结。在审理期限内不能结案的,应在审理期限届满前填写延审呈批表,说明不能按期结案的原因和理由,并报庭长和院长批准。未经庭长和院长批准,案件必须在审理期限内审结,不能无故超审限。

(五)案件未经宣判和送达裁判文书即先行报结

案件只有在完成了宣告判决、送达裁判文书的工作后,才能够进行报结;未经宣判和送达,不能先行报结。报结案件时,必须要录入结案时间才能允许案件报结,确定不了结案时间的案件就无法进行报结。结案时间以裁判文书送达给当事人的时间为准。因此,每个案件只有在完成了向双方当事人送达裁判文书的工作后,才算正式结案。

(六)无正当理由拖延正常立案造成严重后果的

《民事诉讼法》和《行政诉讼法》均规定,人民法院在收到起诉状后,经审查,认为符合起诉条件的,应当在7日内立案,认为不符合起诉条件的,应当在7日内裁定不予受理。人民法院审查起诉必须遵守法定期间,法律之所以对立案时间作出紧急而明确的规定,是为了维护公民、法人和其他组织的诉讼权利,解决当事人起诉难的问题,另外也可以提高人民法院的办案效率。

(七)无正当理由拖延移送上诉案件

拖延移送上诉案件,不仅会延长审理期限,也会因此损害当事人的合法权益。对于当事人上诉的案件,一审法院应在法定期限内将一审卷宗和上诉材料移送二审法院,以便上诉案件能够及时进入二审审理阶段。如果一审法院向二审法院移交卷宗和上诉材料的时间过长,就会人为延长案件的审理期限,致使案件迟迟不能进入二审程序,从而耽误裁判文书的生效时间,损害当事人的利益。对于上诉的民事案件和行政案件,原审法院在收到上诉状、答辩状后,应当在5日内连同全部案卷和证据,报送二审法院。刑事案件的被告人、自诉人、附带民事诉讼的原告人和被告人通过原审法院提出上诉的,原审法院应当在3日内将上诉状连同案卷、证据移送二审法院,同时将上诉状副本送交同级人民检察院和对方当事人。

(八)评议案件时只合不议、对案件争议焦点不评议,或评议意见不清就作出裁判的

合议庭成员必须共同参加案件的审理,对案件的事实、证据、性质、责任、适用法律以及处理结果等共同负责。合议庭在评议案件时,每个成员都应对案件事实和证据的认定、案件争议焦点的处理以及适用法律等问题,充分陈述自己的意见,独立行使表决权,不得拒绝陈述意见或者仅作同意与否的简单表态。同意他人意见的,也应提出同意的事实根据和法律依据,并进行分析论证。合议庭评议案件实行少数服从多数的原则,合议庭多数人的意见就是案件的裁判结果。如果合议庭中两个人的意见对立,而另外一个成员的意见不明确,属于评议意见不清楚,应该进行复议,直至合议意见形成明确的多数意见后才能作出裁判。

(九)合议结论与判决实体处理结果不符

合议结论为合议庭多数意见,合议结论应与裁判文书的实体处理结果一致。如果裁判文书的实体处理结果不是根据合议结论制作的,而是根据合议庭少数人的意见或其他人的意见制作的,不仅案件会被发回重审或改判,还要对承办法官的失职或违法行为追究责任。

(十)庭审各阶段未严格按照法律规定进行的

开庭程序包括法庭调查阶段、法庭辩论阶段、最后陈述阶段,民事案件还有法庭调解阶段。开庭审理案件时一定要严格按照庭审顺序进行,省略任何一个庭审环节不仅会使当事人不能完全充分地陈述自己的主张和意见,剥夺当事人的诉讼权利,还会导致案件事实审查不清。

(十一)诉讼保全及解除保全手续不完备,违反法定程序的

诉讼保全措施应当谨慎使用,防止滥用给当事人造成不必要的损失,法院在做诉讼保全时应认真审查当事人的申请是否符合法定条件;符合法定条件的,待当事人提供了相应担保后,才能裁定采取保全措施。对情况紧急的诉讼保全申请,法院应当在48小时内完成审查并作出裁定,作出保全裁定后应当立即开始执行。一旦决定了采取诉讼保全措施,除非出现了被申请人提供担保的情况或诉前保全的申请人在法定期限内不起诉的情况,不得任意解除诉讼保全,诉讼保全裁定的效力维持到生效的法律文书执行时止。

（十二）应向双方当事人送达的法律文书未送达或只送达一方造成严重后果的

在庭审前应向双方当事人送达的诉讼文书未送达会致使当事人不能完整行使诉讼权利，而在庭审后裁判文书未及时向双方当事人送达，会延误案件审理期限并影响裁判文书的效力。按照法律规定裁判文书送达最后一名当事人的时间才算结案时间，因此，裁判文书未及时向双方当事人的送达的，不仅会影响案件的审理期限，更重要的是影响裁判文书生效的时间，只要有一方没有收到裁判文书，裁判文书就不产生法律效力。

三、诉讼文书评查内容

（一）二审裁判文书未针对上诉人的上诉理由及一审裁判文书认定的事实、证据、有异议的问题进行说理论证的

根据《民事诉讼法》的规定，二审法院应当对上诉请求的有关事实和适用法律进行审查。因此，二审法院审理上诉案件应围绕上诉人的上诉请求和上诉理由进行，裁判文书中只对上诉人的部分上诉请求进行说理论证，遗漏或回避其他上诉请求的，二审裁判结果不仅没有说服力还有可能是错误的。在围绕上诉请求范围进行审查的前提下，二审裁判文书中还应明确一审裁判文书认定的案件事实是否正确及是否有遗漏，并充分论证双方当事人在二审审理阶段的争议焦点问题，从而作出公正判决。

（二）裁判文书应引用相关法条而未引用即作出判决、裁定的

人民法院审理案件的原则是以事实为依据，以法律为准绳，每个案件都应按照具体的法律法规来确定责任。因此，在每份裁判文书中都应引用该案件具体适用的法律条款，裁判文书中没有引用法律条款的，就不能证明该案件的裁判结果有合法依据。

（三）裁判文书认定事实及证据部分与实体处理结果相互矛盾的

根据裁判文书中认定的事实和证据，应当能得出正确的裁判结果。如果裁判文书中认定的事实和证据与最终的裁判结果不一致，就证明该案件或者是认定事实有错误，或者是适用法律不正确，或者是裁判结果有错误，总之，案件事实与结果矛盾表明该案件必然存在错误。

（四）裁判文书使用法言法语不规范的

在对裁判文书的语言要求中，准确性是第一位的，如果裁判文书的用语不准确，可能会因一字之差而产生谬之千里的结果。而裁判文书的用语要做到准确，就必须规范使用法言法语。法言法语是明白精确的语言，即包括

法律专业词语,也包括派生性法律词语,裁判文书事关当事人的切身利益,必须完全客观地反映案件原貌。因此,裁判文书中无论是说明当事人和诉讼参与人的身份、叙述案件事实,还是分析论证是非对错、引用法律条款,直至最后作出裁判结果,都必须确凿无误,言必有据,经得起审查和检验。

(五)裁判文书未加盖法院院章就宣判和送达的

印制好的裁判文书上必须要加盖制作法院的院章才能生效,同时还要加盖核对无误章,证明裁判文书与原本一致。未加盖法院院章的裁判文书不具备法律效力,未加盖核对无误章不能证明裁判文书与原本一致,只有盖了这两个章的裁判文书才能向当事人宣判和送达。

(六)裁判文书中错漏当事人、错案号、错案由,错字、漏字3处以上的

裁判文书代表着国家法律的严肃性,因此,裁判文书一定要认真校对准确后才能印发,应避免裁判文书中出现错字、漏字、语句不通顺、语意不合逻辑的情况,另外裁判文书中当事人的姓名或名称要与其提交的身份证或单位公章上的姓名或名称一致,案件的案由和案号要与立案审批表中的案由和案号一致,但是如果审判庭经审查认为立案庭确定的案由不正确的,以审判庭确定的案由为准。

四、卷宗材料评查内容

(一)卷宗装订顺序颠倒,不符合归档要求的

书记员在订卷归档时要按照《人民法院诉讼文书立卷归档办法》的要求,将与案件有关的诉讼材料的顺序排列好。诉讼文书材料的排列顺序,总的原则是按照法定审判程序和文件材料形成的时间顺序,另外还要兼顾文件之间的有机联系进行排列。关于诉讼文书材料的具体排列要求,《人民法院诉讼文书立卷归档办法》中分别对民事一审案件、民事二审案件、行政一审案件、行政二审案件、刑事一审案件、刑事二审案件、减刑假释案件、执行案件、赔偿案件、申请再审案件等案件的案卷材料排列顺序作了详细规定,书记员在排列诉讼材料顺序的时候按照上述规定排列即可。

(二)遗漏或丢失案件有关证据材料的

在案件审理过程中,书记员应妥善保管卷宗材料,与案件有关的证据材料不能丢失。书记员在整理卷宗材料时,要把与案件相关的诉讼材料和证据材料都装订入卷,不能随意剔除、遗漏相关证据材料。丢失、遗漏证据材料和订卷时任意剔除证据材料,都会导致认定案件事实的依据不充分、案件经不起检验和审查。

（三）应由审判长、合议庭成员、书记员及当事人和诉讼参与人签字的笔录、裁判文书而未签的

庭审笔录应由参加庭审的当事人和诉讼代理人签上名字和日期，参加庭审的审判员和书记员也要在庭审笔录上签上名字和日期；合议笔录应由合议庭成员和书记员分别签上名字和日期；宣判笔录中参加案件宣判的审判员、书记员、当事人及诉讼代理人都要签上名字和时间；结案呈批表中审判长、承办法官、合议庭其他成员和书记员分别签名字和时间；裁判文书原件上审判长、承办法官、合议庭其他成员和书记员要分别在打印的名字后面签字，裁判文书原件只需盖本院院章，不用盖核对无误章。

（四）不按规范制作笔录，各种笔录不完整、不准确、字迹难以辨认的

书记员记录笔录时应当按照笔录制作的程序要求、笔录制作的文字和书写要求以及笔录制作的格式要求来制作笔录，除此之外，笔录记录的内容要能客观、全面地反映所记录的诉讼活动的真实过程。笔录的字迹一定要清晰，字迹难以辨认的笔录不便于当事人阅读和签字，不便于审判员依照笔录认定案件事实，也不便于案件的审查和检验。

（五）送达回证填写不完整

送达回证是法院最常使用的诉讼文书。人民法院在庭审前、庭审中和庭审后的各个阶段向当事人送达的所有诉讼材料都要使用送达回证，当事人在送达回证上签字之后就表明法院相关的送达工作已经完成。另外，一审法院向二审法院报送上诉材料、二审法院向一审法院退卷时也都要使用送达回证，以证明案卷材料的交接工作已经完成。送达回证的填写一定要规范，案由、案号、送达文书的名称和件数、受送达人的名称以及送达地址都要填写完整，送达回证中最重要的内容是受送达人的签字或盖章，没有受送达人的签字或盖章，其他内容填写再完整也不能证明完成了送达工作。

（六）未按规定保存、移送案卷，导致案卷丢失的

书记员和承办法官在案件审理过程中对案卷和诉讼材料共同负有保管责任，在案件审理期间丢失案卷的，书记员和承办法官共同承担失职责任。由书记员和承办法官共同保管的卷宗，在案卷归档后书记员和承办法官不再负有保管责任，案卷保管由档案室负责；一审案件上诉后，书记员应把一审卷宗整理好报送二审法院，报送之后一审案卷的保管责任由二审法院负责；二审法院结案后，应把一审案卷退回一审法院，一审法院收到退回的案卷后，应及时归档，将案卷交由档案室保管，以免丢失。在案卷移送的过程

中发生案卷丢失情况的,由移送案卷的人负责。

五、执行程序的评查内容

(一)执行准备工作失误,造成被执行财产流失的

人民法院决定受理执行案件后,应当在3日内向被执行人发出执行通知书,责令其在指定的期间内履行生效法律文书确定的义务。被执行人未按执行通知书指定的期间履行生效法律文书确定的义务的,法院应当及时采取执行措施。在执行通知书指定的期限内,被执行人转移、隐匿、变卖、毁损财产的,应当立即采取执行措施。

(二)错误执行或遗漏执行法律文书内容,造成严重后果的

执行机构负责执行的生效法律文书包括:(1)人民法院民事、行政判决、裁定、调解书,民事制裁决定、支付令,以及刑事附带民事判决、裁定、调解书;(2)依法应由人民法院执行的行政处罚决定、行政处理决定;(3)我国仲裁机构作出的仲裁裁决和调解书;(4)人民法院依据《仲裁法》有关规定作出的财产保全和证据保全裁定;(5)公证机关依法赋予强制执行效力的关于追偿债款、物品的债权文书;(6)经人民法院裁定承认其效力的外国法院作出的判决、裁定,以及国外仲裁机构作出的仲裁裁决;(7)法律规定由人民法院执行的其他法律文书。执行机构应当按照生效法律文书确定的责任和义务对被执行人采取强制执行措施,不能错误执行或遗漏执行生效法律文书。发生法律效力的民事判决、裁定,以及刑事判决、裁定中的财产部分,由第一审人民法院执行。法律规定其他由人民法院执行的法律文书,由被执行人住所地或者被执行的财产所在地人民法院执行。

(三)强制执行及变更被执行人等重大执行措施未严格履行法定审批程序的

执行程序中重大事项的办理,应由3名以上执行员共同讨论决定,并报经院长批准。执行员接到申请执行书或者移交执行书,应当向被执行人发出执行通知,责令其在指定的期间履行;逾期不履行的,强制执行,采取强制执行措施应由3名以上执行员共同讨论并报院长批准。采取强制迁出房屋或者强制退出土地的执行措施时,应由院长签发公告,责令被执行人在指定期间履行,逾期不履行的,由执行员强制执行。在执行过程中需要变更或者追加被执行人的,也应由3名以上执行员共同讨论并报院长批准,院长同意变更或追加被执行人的,由执行员作出书面裁定。

（四）对案外人或变更追加被执行人提出的异议不审查不质证的

执行过程中，案外人对执行标的提出异议的，执行员应当按照法定程序进行审查，在审查过程中应由案外人、被执行人、申请执行人分别对执行标的举证质证，根据他们对执行标的提供的相关证据确定是否继续对执行标的采取执行措施。经审查，案外人对执行标的提出的异议理由不成立的，予以驳回；理由成立的，由院长批准中止执行。执行机构依法变更追加被执行人的，如果变更追加的被执行人提出异议，执行员也应按照法定程序进行审查，审查过程中由变更追加的被执行人、被执行人及申请执行人分别举证质证，然后根据法律规定报经院长决定是否变更追加被执行人。

（五）执行和解违反当事人自愿、合法原则，导致不良后果的

在执行过程中，双方当事人自行和解达成协议的，执行员应当将协议内容记入笔录，由双方当事人签名或者盖章。一方当事人不履行和解协议的，人民法院可以根据对方当事人的申请，恢复对原生效法律文书的执行。执行中的和解必须遵循双方当事人自愿的原则，执行员不能强制任何一方当事人进行和解。和解协议可以变更生效法律文书确定的履行义务主体、标的物及其数额、履行期限和履行方式，但是和解协议的内容不能违反法律规定。当事人之间达成的和解协议合法有效并已履行完毕的，人民法院作执行结案处理。

（六）执行各阶段未制作相关笔录，不能真实反映执行情况的

在案件执行过程中，对执行各个阶段的具体工作都应当制作相关笔录，客观真实地反映执行工作的具体内容和具体措施。执行员对执行程序中重大事项的讨论，执行员对执行程序中重大事项向院长所作的汇报，案外人对执行标的提出异议后执行员进行审查的过程，执行过程中双方当事人达成和解的过程和内容，对变更追加被执行人的审查过程，案件执行中的执行时间、执行地点、执行程序、执行措施和执行内容等工作，都应当制作相应笔录。

（七）无正当理由超执行期限未报延期执行手续的

执行案件应当自立案之日起6个月内执结，非诉执行案件应当自立案之日起3个月内执结，有特殊情况需要延长的，经本院院长批准，可以延长3个月，还需延长的，层报市高级法院备案；刑事案件没收财产刑应当即时执行；刑事案件罚金刑，应当在判决、裁定发生法律效力后3个月内执行完毕，至迟不超过6个月。

(八)案件执结后不及时录入执行情况,逾期不报告、报结不准确、卷宗整理不合格、逾期不归档的

执行案件执结后,应及时录入准确执结信息,并按规定对执结案件立卷归档。法院在依照生效法律文书内容执行完毕后,应给案件当事人送达结案证明或者口头告知当事人并记入工作笔录。因此,强制执行案件的结案日期,以给当事人送达结案证明的日期或告知当事人执行完毕的日期为结案日期。法院裁定终结执行的,以法院裁定送达最后一名当事人之日为结案日期。案件执结后,书记员应按照《人民法院诉讼文书立卷归档办法》的要求,整理卷宗材料,按正卷和副卷的装订顺序分别立卷,并按照案卷装订的要求分册装订成卷。执行案件应当在案件执结后3个月内办理归档手续,归档手续办理完毕后,在电脑中录入归档信息和归档时间。

第六节　案卷归档工作

【工作情境十二】

评查办检查完案件之后,李义告诉王兰要按规定时间及时将案卷送到档案室归档。

【工作分析】

案卷归档都有哪些要求?

【工作步骤】

二十六、案卷归档

【岗位技能】

二十二、整理卷宗材料并装订卷宗

一、立卷要求及诉讼材料的收集、整理

人民法院的诉讼文书,应根据民事、刑事、行政、执行等案件类别,按年度、审级、一案一号的原则,单独立卷。各类诉讼文书,应按照利于保密、方便利用的原则,分别立正卷和副卷(执行案件可根据卷内文件材料的情况只立正卷)。

人民法院在立案后,书记员即应开始收集有关本案的各种诉讼文书材料,着手整理工作。在案件办结以后,书记员应认真检查案件的文书材料是

否收集齐全，诉讼文书不完备的应及时补齐，并去除与本案无关的材料。

各类诉讼文书必须使用标准 A4 办公纸，并用碳素墨水、蓝黑墨水书写或电脑打印，严禁使用圆珠笔、铅笔、纯蓝墨水、红墨水及其他不耐久字迹材料书写。由上述不耐久字迹材料书写的证据文件材料应复印一份附后（排列顺序为原件在前，复印件在后）。需要归档的传真文件材料必须复印，复印件归档，传真件不归档。

入卷的诉讼文书材料应为原件，不能提供原件的可保存一份复印件同时注明没有原件的原因。入卷诉讼文书材料的重份材料一律剔除。本院的判决书、裁定书、调解书等法律文书原件应保留 3 份，去除金属物后用胶水粘贴，附在卷内备用。

二、诉讼材料的排列顺序

诉讼文书材料的排列顺序，总的要求是按照法定审判程序和文件材料形成的时间顺序，兼顾文件之间的有机联系进行排列。随着审判工作的不断发展和完善，诉讼程序日益严格，诉讼材料也更加完备，结合现在的审判工作实际，书记员在立民事案卷时，卷宗中的诉讼材料应按下列顺序排列：

（一）民事一审案件正卷排列顺序

1. 案卷封面 2. 卷宗目录 3. 审判流程管理信息表 4. 立案审批表 5. 诉讼费收据 6. 当事人联系表 7. 立案诉讼材料清单 8. 起诉书 9. 应诉通知书 10. 答辩状 11. 管辖异议申请书 12. 反诉状 13. 反诉答辩状 14. 第三人参诉意见书、追加第三人通知 15. 原告身份证明、授权委托书、代理人手续 16. 被告身份证明、授权委托书、代理人手续 17. 第三人身份证明、授权委托书、代理人手续 18. 财产保全、先予执行申请及本院裁定 19. 鉴定、审计申请书 20. 其他相关申请书 21. 原告提供证据材料 22. 被告提供证据材料 23. 第三人提供证据材料 24. 鉴定审计结论 25. 证据交换笔录 26. 谈话笔录（询问笔录、调查笔录、工作记录）27. 开庭公告 28. 开庭笔录 29. 当事人及其代理人书面代理意见 30. 调解材料、撤诉材料 31. 一审法律文书 32. 宣判公告 33. 宣判笔录（委托宣判函）34. 委托送达函 35. 上诉移送函 36. 二审法律文书 37. 上级法院退卷函 38. 其他诉讼材料 39. 送达回证、介绍信 40. 备考表 41. 证物袋 42. 卷底。

（二）民事二审案件正卷排列顺序

1. 案卷封面 2. 卷宗目录 3. 审判流程管理信息表 4. 立案审批表 5. 上诉移送函 6. 诉讼费收据 7. 原审法律文书 8. 上诉状 9. 答辩状 10. 第三人参诉

意见书 11. 上诉人身份证明、授权委托书、代理人手续 12. 被上诉人身份证明、授权委托书、代理人手续 13. 第三人身份证明、授权委托书、代理人手续 14. 上诉人提供证据材料 15. 被上诉人提供证据材料 16. 第三人提供证据材料 17. 谈话笔录(询问笔录、调查笔录、工作记录)18. 开庭公告 19. 开庭笔录 20. 当事人及其代理人书面代理意见 21. 调解材料、撤诉材料 22. 二审法律文书 23. 宣判公告 24. 宣判笔录(委托宣判函)25. 退卷函 26. 委托送达函 27. 其他诉讼材料 28. 送达回证、介绍信 29. 备考表 30. 证物袋 31. 卷底。

(三)民事执行案件正卷排列顺序

1. 案卷封面 2. 卷宗目录 3. 审判流程管理信息表 4. 立案审批表、委托法院函、高院函 5. 申请执行书 6. 民事判决书(调解书、裁定书)7. 企业法人营业执照复印件 8. 法人身份证明书 9. 授权委托书 10. 执行费收据 11. 执行通知书 12. 执行裁定书 13. 谈话笔录 14. 执行证据材料 15. 查封、扣押、查询、取证、冻结、扣划清单 16. 执行工作笔录 17. 委托评估拍卖(评估拍卖报告)呈请批示表 18. 合议庭笔录 19. 向庭长(院长)汇报笔录 20. 财务收据清单(及说明)21. 发还案款报告 22. 中止裁定、终结裁定书 23. 送达回证24. 备考表 25. 证物袋 26. 卷底。

(四)申请再审民事案件正卷排列顺序

1. 案卷封面 2. 卷宗目录 3. 审判流程管理信息表 4. 立案审批表 5. 申诉案件移送函 6. 原审法律文书 7. 申诉书 8. 委托手续 9. 证据材料 10. 谈话笔录、调查取证材料 11. 审委会决定 12. 驳回通知书 13. 再审裁定书 14. 宣判笔录、工作记录 15. 送达回证 16. 退卷函 17. 备考表 18. 证物袋 19. 卷底。

(五)民事案件副卷诉讼文书材料的排列顺序

1. 案卷封面 2. 卷宗目录 3. 阅卷笔录、庭审提纲 4. 审理报告 5. 笔录、记录(按时间顺序排列的合议庭笔录、汇报记录、审判委员会记录、研究记录、与有关部门内部交换意见记录)6. 内部请示及批复、内部函件 7. 裁判文书原本 8. 其他不宜对外公开的材料 9. 发回重审意见书 10. 司法建议、审查监督表等材料 11. 结案呈批表、延审呈批表 12. 备考表 13. 卷底。

注:申请再审案件的副卷在 2 与 3 之间依次加入庭长接待登记表和案件移送表。

三、诉讼材料的立卷、编目

(一)编写页号和目录

诉讼文书材料经过系统整理排列后,应逐页编号。页号一律用阿拉伯数字编写,正面书写在右上角,背面书写在左上角,背面无字迹的不编页号。卷宗封面、卷宗目录、备考表、证物袋、卷底不编页号。

卷内目录应按文书材料排列顺序逐项填写。卷内目录中各项编号的所在页号,除最后一项需填写起止页号外,其余各项只填写起始页号。目录中未编页码的空白行应用斜对角线(右斜线)划掉,不得使用S形、波浪形等曲线随意勾划。

(二)填写卷宗封面

卷宗封面必须按项目要求逐项填写齐全,字迹要清晰、工整,卷面做到整洁、规范。

1. 卷皮的书写

(1)审级的书写,用汉字数字的小写表示,如一审、二审等。

(2)年度和案号的书写一律用阿拉伯数字表示。年度的书写,不加括弧;案号的书写一律直接书写案号,不需用零补足位数。

(3)案由的填写应准确、规范。

(4)统计登记章应加盖在结案日期一栏,并尽量避开结案的月份和日期。

(5)卷皮上填写的归档日期必须与实际的归档日期保持一致。

(6)诉讼档案的保管期限分为永久、长期、短期三种。保管期限一项应按照《诉讼文书材料保管期限表》(见附表)对应填写。

2. 卷脊的书写

(1)卷脊书写的总体要求是:每一册归档卷宗均应书写卷脊;卷脊上的文字一律横写并应做到字迹清楚,笔道适当加重,数字之间的距离适当拉开,不扎堆。

(2)年度和案号的书写用阿拉伯数字表示。案号的书写一律直接书写案号,不需用零补足位数。

(3)卷脊上的年度、案号应与卷皮上、卷内法律文书、立案审批表、审判流程管理信息表上的年度、案号相一致。

(4)法律文书的案号如有变动,应及时发裁定予以更正并通知档案部门。

四、案卷装订

(一)案卷装订前的检查工作

卷宗装订前,应对诉讼文书材料进行全面检查:

1. 材料不完整的要补齐,破损或褪色、字迹扩散的要修补、复制。

2. 纸张过大的应自左向右、自上而下折叠,纸张过小、订口过窄的要加贴衬纸。折叠、加衬纸都应以 A4 办公纸为标准。

3. 外文及少数民族文字材料应附上汉语译文。

4. 需要附卷保存的信封,应打开展平加贴衬纸,邮票不得去掉。

5. 卷宗内严禁留置订书订、曲别针、大头针等金属物。

(二)卷宗的装订要求

1. 卷宗的装订必须牢固、整齐、美观,便于保管和利用。

2. 卷宗装订前应根据卷内文件材料的多少选择合适的卷皮。一般来说,当案卷厚度在 50 页以内时应选用 5mm 卷皮,当案卷厚度在 50—100 页时应选用 10mm 卷皮,当案卷厚度在 100—150 页时应选用 15mm 卷皮。每卷的厚度以不超过 150 页为宜,材料过多的,应按顺序分册装订。每册案卷都应重新编写页号。

3. 卷宗内文件材料应下对齐、右对齐,用线绳或装订机三孔一线装订。卷底应粘贴统一的卷内封条,由书记员在封条四边中间位置各骑缝加盖一枚名章。

4. 案卷装订完毕后,应认真检查卷内文件材料有无漏订、压字等现象,如有问题,则要拆卷重订。

5. 检查无误后,填写备考表,将本卷需要说明和记录的事项以及立卷人、检查人和立卷时间等项目填写清楚。

"本卷情况说明"一栏应填写卷内文书材料缺损、修改、补充、移出、销毁等情况并记录与本卷相关的实物档案归档情况。

"立卷人、检查人"一栏应由立卷人、检查人亲笔签名,一律不得用名章代替。

"立卷日期"一栏填写立卷完成的日期。

6. 凡能附卷保存的证物均应装订入卷。无法装订的可装入证物袋,并标明证物名称、数量、特征、来源。证物袋应三孔一线装订入卷,不得粘贴在卷底,不得用信封或文件袋等代替证物袋。不便附卷保存的证物应按《实物档案归档办法》的规定归档。

五、案卷归档

案卷归档时应注意以下问题:

1. 案卷归档前立卷人应在法院信息管理系统中完成案件归档信息的

录入。

2. 归档时立卷人应将卷皮各边尤其是卷脊按原有折痕叠成盒状，两册以上卷宗需用线绳捆扎。

3. 涉密案卷立卷人应在卷皮上“密级”一栏标注“机密”“绝密”字样，并在归档时告知接收人，以便单独保管。

4. 归档案卷经检查质量不合格的，由档案科在接收归档后 3 日内退回立卷人重新整理，立卷人应在 2 日内归还卷宗。

5. 已经归档的卷宗不得从卷内抽取文件材料；确需增添材料的，应在征得档案管理人员同意后，按立卷要求办理。

6. 诉讼文书材料经过收集、整理、立卷、编目、装订等环节，经检查无误后应在案件结案后 3 个月内到档案科办理验卷归档手续。

7. 调出人员和院内调动人员在离开原部门之前，应将符合归档条件的卷宗整理完毕后归档；对于上诉未回等其他暂时不宜归档的案卷，调动人员应与原部门的兼职档案员进行交接，由兼职档案员安排专人负责日后整理归档。

附:诉讼文书材料保管期限表

诉讼文书材料保管期限表

类别	划分方法	归档范围	保管期限
刑事类	按刑期划分	刑期20年以上的案件	永久
		刑期10年以上的案件	长期
		刑期10年以下的案件	短期
	按主体身份划分	涉及省级以上人民代表、政协委员犯罪的案件	永久
		涉及县级以上人民代表、政协委员犯罪的案件	长期
		涉及党、政、军、政法干部、民主党派和人民团体中职务相当于地级市、师级以上干部犯罪的案件	长期
		涉及企、事业单位中高级工程师、高级会计师、教授、研究员或同等职称以上人员犯罪的案件	长期
		涉及社会知名人士犯罪的案件	永久
		涉及邪教组织骨干分子犯罪的案件	永久
		涉及单位犯罪的案件	永久
		涉及外国人犯罪的案件	永久
	按案件的影响程度和审理程序划分	在本地区社会影响较大的案件	永久
		经再审改判的案件	永久
		发回补充侦察、撤诉、终止、移送的案件	短期
		减刑假释案卷应根据原判刑期划分保管期限,非本院审理的案件,减刑假释由本院处理的案件	短期

续表

类别	划分方法	归档范围	保管期限
民事　行政类	按诉讼标的大小划分	诉讼标的人民币100万元以上的案件	永久
		诉讼标的人民币50万元以上的案件	长期
		诉讼标的人民币50万元以下的案件	短期
	按当事人身份划分	涉及省级以上人民代表、政协委员的案件	永久
		涉及地、市、县级人民代表、政协委员的案件	长期
		涉及党、政、军、民主党派和人民团体中职务相当于地级市、师级以上干部的案件	长期
		涉及企、事业单位中高级工程师、高级会计师、教授、研究员或同等职称以上人员的案件	长期
		涉及社会知名人士的案件	永久
	按案件的影响程度和审理程序划分	在本地区社会影响较大的案件	永久
		涉外、涉港澳台、涉民族宗教的案件	长期
		发回重审、撤诉、移送、中止的案件	短期
		判决或调解后当事人反复申诉的案件	长期
		再审改判的案件	永久
	按案件的性质划分	房屋、土地、山林、水利等不动产权益的案件	永久
		著作权、专利、发明、商标等知识产权的案件	永久
		股票纠纷、破产、期货、融资等反映一定社会历史情况的案件	永久
		侵犯肖像、名誉、荣誉、姓名权的案件	长期
		国家赔偿的案件	永久

注：(1)划定刑事诉讼档案保管期限，一般以刑期长短为依据，同时参照犯罪主体身份、案件的性质综合考虑，共同犯罪和集团犯罪的案卷以其中的最长刑期划定保管期限；(2)民事、行政诉讼档案，一般根据诉讼标的的大小、当事人身份、案件的影响程度和审理程序及案件性质综合考虑；(3)执行案件以原审案卷保管期限划定；(4)审判监督案卷，原审法院是本院的，按原审案卷划定保管期限，不是本院的应定为短期；(5)诉讼档案的保管期限从案件的判决、裁定或调解发生法律效力后的下一年同一时间起计算。

附:卷宗目录

卷宗目录(诉讼案卷专用)

文件名称	页次	文件名称	页次

备注	(1)"页次"一项中,除最后一件需填写起止页号外,其余只填写起始页号。 (2)"本卷宗连面带底共计　页,附证物　袋"一项中,该页码应为目录中所编最大页码加2,用阿拉伯数字表示;证物袋的个数应用汉字数字的大写,如壹、贰等表示,如无,则用右斜线划掉。 (3)未编页码的空白行应用对角线(右斜线)划掉,不得使用S形、波浪形等曲线随意勾划。

本卷宗连面带底共计　　　页,附证物　　　袋。

附：备考表

备考表（诉讼案卷专用）

<table>
<tr><td colspan="2" align="center">（　　）京　　第　　号</td></tr>
<tr><td colspan="2" align="center">本卷　　立卷归档要求。</td></tr>
<tr><td colspan="2">本卷情况说明：</td></tr>
<tr><td colspan="2"></td></tr>
<tr><td colspan="2"></td></tr>
<tr><td colspan="2"></td></tr>
<tr><td colspan="2" align="right">立卷人：</td></tr>
<tr><td colspan="2" align="right">年　　月　　日</td></tr>
<tr><td colspan="2" align="right">检查人：</td></tr>
<tr><td colspan="2" align="right">年　　月　　日</td></tr>
<tr><td>备注</td><td>（1）“本卷立卷归档要求”一栏，应由检查人填写“符合”或“不符合”。
（2）“本卷情况说明”一栏，应填写卷内文书材料缺损、修改、补充、移出、销毁等情况并记录与本卷相关的实物档案归档情况；如无，则不需填写。
（3）立卷人、检查人一栏应由立卷人、检查人亲笔签名，不得用名章代替。
（4）立卷日期一栏应填写立卷完成的日期。</td></tr>
</table>

《最高人民法院各类案件诉讼文书材料排列顺序(试行)》

(法办〔2015〕179号)
(部分内容)

一、民事、行政、赔偿、执行案件正卷

1. 卷宗封面;
2. 卷内目录;
3. 案件登记表(二审案件登记表、申请再审案件登记表、申诉案件登记表、抗诉案件登记表、提审案件登记表、赔偿委员会决定案件登记表、执行申诉案件登记表、执行复议案件登记表,可以入正卷的人大代表关注案件材料);
4. 初访人员登记表或续访人员登记表;
5. 诉讼材料收取清单、当事人送达地址确认书;
6. 原审人民法院法律文书(一审、二审、申诉等,按时间顺序倒列);
7. 受理通知书、应诉通知书;
8. 诉讼费收取手续;
9. 上诉书、抗诉书、再审申请书、执行监督申请书、执行异议复议申请书、案件移送函等表明案件来源的材料;
10. 答辩意见;
11. 调卷函、送卷函;
12. 当事人身份证明、授权委托书:
(1)上诉人、再审申请人等身份证明、授权委托书;
(2)被上诉人、被申请人等身份证明、授权委托书;
13. 诉前保全、财产保全材料;
14. 调查、询问笔录、调查取证材料;
15. 当事人提供的证据材料:
(1)上诉人、申请再审人证据材料;
(2)被上诉人、被申请人证据材料;
(3)其他来源的证据材料;

16. 司法鉴定材料;

17. 传票;

18. 开庭通知、公告、庭审笔录、听证笔录;

19. 代理词;

20. 延长审理期限审批表、扣除审限审批表(此项如果认为不宜公开,可以入副卷相关位置);

21. 撤诉书、撤回执行异议复议申请书;

22. 调解笔录、调解协议、执行和解协议;

23. 本院法律文书正本(判决书、裁定书、调解书、决定书、司法建议书和其他法律文书正本);

24. 宣判公告、宣判笔录、委托宣判函;

25. 物证处理材料;

26. 妨碍诉讼的强制措施材料;

27. 民事、行政执行材料;

28. 委托送达函;

29. 送达回证;

30. 退卷函;

31. 党政机关、行业协会商会、社会公益组织和依法承担行政职能的事业单位,受人民法院委托或者许可,依照工作程序就涉及国家利益、社会公共利益的案件提出的参考意见等相关材料;

32. 领导干部干预司法活动、插手具体案件的批示、函文、记录等书面材料(上述记录的其他相关视听资料、电子数据等归档时应当注明去向);

33. 备考表;

34. 证物袋;

35. 卷底。

二、刑事案件(不含死刑复核案件)正卷

1. 卷宗封面;

2. 卷内目录;

3. 案件登记表;

4. 初访人员登记表或续访人员登记表;

5. 诉讼材料收取清单、当事人送达地址确认书;

6. 原审人民法院法律文书(一审、二审、申诉、提审、减刑、执行等,按时间顺序倒列);

7. 上诉状、抗诉书、案件移送函等表明案件来源的材料(如下级法院报请法定刑以下量刑的报告函等);

8. 答辩状;

9. 聘请、指定、委托辩护人材料;

10. 调卷函、送卷函;

11. 证据材料;

12. 调查、询问、讯问笔录、调查取证材料;

13. 司法鉴定材料;

14. 传票、提押票;

15. 开庭通知、公告、庭审笔录;

16. 公诉词、辩护词、证人证词、被告人陈述词;

17. 延长审理期限审批表(此项如果认为不宜公开,可以入副卷相关位置);

18. 撤诉书;

19. 本院法律文书正本(判决书、裁定书、刑事附带民事部分的调解书、协议书、决定书和其他法律文书正本);

20. 宣判公告、宣判笔录、委托宣判函;

21. 物证处理材料;

22. 妨碍诉讼的强制措施材料;

23. 送达回证;

24. 退卷函;

25. 党政机关、行业协会商会、社会公益组织和依法承担行政职能的事业单位,受人民法院委托或者许可,依照工作程序就涉及国家利益、社会公共利益的案件提出的参考意见等相关材料;

26. 领导干部干预司法活动、插手具体案件的批示、函文、记录等书面材料(上述记录的其他相关视听资料、电子数据等归档时应当注明去向);

27. 备考表;

28. 证物袋;

29. 卷底。

《实物档案管理办法》

第一条　为加强实物档案的管理，根据有关规定，制定本办法。

第二条　实物档案的归档范围主要包括本单位获得的各种荣誉证书、奖状、锦旗、奖杯、奖牌以及废止的各种印章，获赠的纪念品、宣传品及反映本单位不同发展阶段的产品样品，实体性科技成果、工装和设备等物品。

第三条　实物档案的归档时间一般自形成后的第二年六月底前向档案管理部门移交。由于特殊原因，应归档的实物确需在有关部门保留一段时间的，可将应归档实物移交档案管理部门后，再办理档案借用手续。

第四条　实物档案的归档要求：

（一）各部门要按规定的时间将应归档的实物档案移交档案管理部门，任何部门和个人不得随意将实物档案损坏、私存或转送他人；

（二）归档的实物档案要保持整洁、无破损。

第五条　实物档案按物品种类分类。

第六条　实物档案的档号一般包括档案类目号、年度号、顺序号。

第七条　实物档案按种类结合级别或时间进行排列。

第八条　实物档案以“件”为单位，在同一位置粘贴口取纸，并填写档号。

第九条　编制实物档案目录

实物档案目录采用《特殊载体档案目录》格式。

实物档案目录按实物档案的类别分别编制。

第十条　实物档案的交接应填写《档案移交（接收）登记表》，交接双方应在《档案移交（接收）登记表》上签字。

第十一条　实物档案的保管：

（一）实物档案一般应专库或专柜陈列保管；

（二）实物档案库房应保持整洁，定期除尘，避免褪色，确保实物档案完好无损；

（三）存放锦旗、证书等易虫蛀的橱柜，要投放防虫剂。

图书在版编目(CIP)数据

书记员工作实务 / 张明丽著. -- 2版. -- 北京 :
法律出版社, 2019(2025.1重印)
ISBN 978-7-5197-3344-5

Ⅰ. ①书… Ⅱ. ①张… Ⅲ. ①法院-书记员-工作-中国-高等职业教育-教材 Ⅳ. ①D926.2

中国版本图书馆CIP数据核字(2019)第057829号

书记员工作实务(第二版)
SHUJIYUAN GONGZUO SHIWU(DI-ER BAN)

张明丽 著

策划编辑 王 扬
责任编辑 王 扬
装帧设计 汪奇峰

出版发行 法律出版社
编辑统筹 法商出版分社
责任校对 周合芝
责任印制 胡晓雅
经　　销 新华书店

开本 710毫米×1000毫米 1/16
印张 22　字数 347千
版本 2019年6月第2版
印次 2025年1月第6次印刷
印刷 北京建宏印刷有限公司

地址:北京市丰台区莲花池西里7号(100073)
网址:www.lawpress.com.cn
投稿邮箱:info@lawpress.com.cn
举报盗版邮箱:jbwq@lawpress.com.cn
销售电话:010-83938349
客服电话:010-83938350
咨询电话:010-63939796

书号:ISBN 978-7-5197-3344-5　定价:58.00元